Racismo brasileiro

Ynaê Lopes dos Santos

Racismo brasileiro

Uma história da
formação do país

todavia

*Para todos nós que, apesar dos
pesares, somos (re)existência*

Passageiro do Brasil, São Paulo, agonia
Que sobrevivem em meio às honras e covardias,

Periferias, vielas, cortiços,
Você deve tá pensando
O que você tem a ver com isso?

Desde o início, por ouro e prata,
Olha quem morre, então
Veja você quem mata

Recebe o mérito a farda que pratica o mal,
Me ver pobre, preso ou morto já é cultural
Histórias, registros e escritos,
Não é conto nem fábula, lenda ou mito

Não foi sempre dito que preto não tem vez?
Então, olha o castelo e não
Foi você quem fez, cuzão

Racionais MC's, "Negro drama"

Introdução: Um presente de grego 11

Parte I: A Colônia 21

1. Os fortes portugueses que navegam 27
2. Os negros da terra e os negros na terra: Escravidão
e a organização do mundo colonial 39
3. "Corpo na América, alma na África": A aposta
na escravidão e no tráfico transatlântico 54
4. Mestiçagem: O cadinho e o nó colonial 70

Parte II: O Império do Brasil 85

5. Luzes, raça e escravidão no mundo em revolução 89
6. A soberania brasileira e a escolha pela escravidão 106
7. O Império do Brasil e sua paz ilegal e escravista 127
8. Abolicionismos e racismos no Brasil escravocrata 150

Parte III: A República 171

9. A Primeira República e sua arquitetura da exclusão 179
10. Brasil, meu Brasil brasileiro!: Era Vargas,
eugenia e uma nova nação 206
11. Ditadura militar e a aposta violenta
na falsa democracia racial 235
12. A carne mais barata do mercado é a carne negra 256

Epílogo: "Volte, pegue e aprenda a escutar" 277

Agradecimentos 285
Referências bibliográficas 287
Índice remissivo 303

Introdução
Um presente de grego

Hélade, século V antes da nossa era. A cidade de Abdera recebeu um dos homens mais conhecidos da história do Ocidente: Hipócrates. Convocado pelo conselho da cidade, sua função era buscar as razões para a loucura que subitamente acometera Demócrito, um dos grandes sábios de seu tempo. Para isso, Hipócrates foi ao seu encontro, e ambos travaram um diálogo fundamental da chamada Antiguidade clássica, transcrito em uma compilação de documentos de natureza médica, conhecido como *Corpo hipocrático*. Nesse diálogo entre dois titãs, eles tentaram compreender os limites da razão e da natureza humana. A intensidade da discussão é tamanha que Hipócrates se surpreende. O relato que recebeu dos conselheiros de Abdera sobre o estado de saúde mental de Demócrito em nada condizia com o que ele observava: a sabedoria do cidadão ilustre parecia mais vívida do que nunca.

O conflito entre a suposição da loucura de Demócrito por parte dos conselheiros de Abdera e a constatação de Hipócrates da lucidez do sábio fez com que o pai da medicina ocidental apresentasse a distinção entre *doxa* e *aletheia*. *Doxa* é conceito--chave na filosofia grega que define *opinião*, ao passo que *aletheia* é o conceito que designa a *verdade*. Mas não uma verdade dogmática. A *aletheia* é um caminho, que, como a própria origem da palavra nos aponta, retira do esquecimento, desvela, traz à luz. Um termo que, a um só tempo, designa a verdade e a realidade.

O leitor que pegou este livro nas mãos para entender um pouco mais da história do racismo no Brasil deve estar se perguntando por que cargas-d'água a autora começou sua abordagem recuperando um diálogo ocorrido entre dois pensadores gregos há quase 2500 anos. E a resposta a essa pergunta é: porque este livro é uma espécie de "presente de grego", no duplo sentido da expressão.

Me explico.

Quem ouviu falar da Guerra de Troia sabe que um "presente de grego" pode esconder surpresas, nem sempre prazerosas. O que significa dizer que esta introdução é, no mínimo, uma provocação. Como o próprio título sugere, este livro pretende apresentar parte dos aspectos da história do racismo no Brasil, o que, já adianto, significa tratar desses poucos mais de quinhentos anos do país.

No curso sobre Grécia Antiga ministrado por Rodrigo Lopez,[1] fui apresentada a um diálogo de mais de 2 mil anos, no qual a distinção feita por Hipócrates se mostrou fundamental para começar um livro que fala sobre esse tema. Em primeiro lugar, porque os conceitos expostos acima fazem parte do que convencionamos chamar de berço do Ocidente, a Grécia antiga. Em segundo lugar, porque vivemos num país que reconhece a existência do racismo, mas onde ninguém se diz racista. Essa combinação perversa resulta numa prática amplamente disseminada na qual todas as pessoas têm alguma opinião sobre o racismo, sem que necessariamente haja uma compreensão mínima da dimensão desse fenômeno.

Fazendo uso dos conceitos de Hipócrates, no Brasil, o racismo ainda é visto como *doxa*, ou seja, uma questão de opinião, ou, no bom português, como puro "achismo". Quantas vezes uma situação abertamente racista não foi interpretada como *"não foi bem assim"*, *"a intenção não era essa"*, *"eu não enxergo a cor, e sim seres humanos"* ou, até mesmo, *"é você quem vê racismo em tudo"*? Quem já tentou registrar uma queixa de racismo (seja de um indivíduo ou de uma instituição) sabe o quão difícil é essa

---

1 Rodrigo Lopez é ator, cultor e palestrante sobre Grécia Antiga. Seus cursos podem ser acessados em: <linktr.ee/greciaantigaelopez.>

tarefa, mesmo tendo uma lei que contemple o crime. Isso porque as pessoas que representam a lei no Brasil (mas não só elas) costumam ter uma imensa dificuldade em ver racismo nas ações que lhes são reportadas. Suas interpretações sobre os fatos com frequência esbarram nas opiniões que elas (ou os órgãos que representam) têm sobre o racismo.

Essa manutenção do racismo no campo pantanoso da mera opinião não se dá por acaso. A desqualificação — ou mesmo o esvaziamento — das ações de cunho racista serve como um importante mecanismo para deslegitimar quem sofre racismo. As discriminações e violências experimentadas pela população não branca muitas vezes são tachadas de exageradas ou, mais recentemente, de "vitimismo". A dificuldade em determinar o sujeito da ação racista invalida a denúncia, banalizando não só a atitude da vítima, mas também a queixa e o ato discriminatório em si. Uma fórmula perfeita para manter bem azeitado o funcionamento do racismo brasileiro.

Assim, entendê-lo como uma questão de "opinião" nada mais é do que perpetuar o próprio racismo. E aí voltamos à distinção de Hipócrates. No mundo moderno, do qual o Brasil faz parte, o racismo é uma *aletheia*: uma verdade que precisa ter suas práticas e histórias evidenciadas. Ele precisa ser desvelado. E nesse ponto está o X da questão: uma das grandes dificuldades para compreendê-lo como uma realidade concreta reside no fato de esse mesmo racismo compor a estrutura das sociedades da qual faz parte. Uma relação que foi bem definida pelo termo *racismo estrutural*.[2]

---

2 Recentemente, trabalhos importantes de autores brasileiros têm abordado o tema do racismo estrutural a partir de perspectivas distintas. O termo, muito em voga, precisa ser compreendido para não se tornar uma simples retórica ou um jargão esvaziado de sentido, que acaba por escamotear a centralidade que o racismo exerce na sociedade brasileira. Para tanto, sugiro a leitura dos seguintes autores: Abdias do Nascimento, *O genocídio do negro brasileiro: Processo de um racismo mascarado* (São Paulo: Perspectiva, 2016); Silvio de Almeida, *Racismo estrutural* (São Paulo: Jandaíra, 2019); Flavia Rios e

Ao afirmar que o racismo é estrutural, estamos dizendo que ele está em todo lugar, mesmo que não tenhamos consciência disso. Essa é uma dimensão que condiz com a verdade/realidade do racismo, mas que ao mesmo tempo parece torná-lo etéreo e, mais uma vez, bastante difícil de precisar. Ao iniciar o desvelamento do racismo, percebemos que as ações discriminatórias e violentas que ele gera são apenas parte do problema, o que constitui um fator fundamental — que em último caso define a vida e a morte de sujeitos —, mas que encobre fundações sólidas sobre as quais paira nossa normalidade. Talvez esta seja a forma mais simples de dimensionar o que é o racismo no Brasil: é grande parte daquilo que consideramos normal.

Isso ocorre porque o racismo é um sistema político integral. Charles W. Mills, um importante filósofo jamaicano nascido na Inglaterra, defende a necessidade de pensar o racismo a partir do que ele chamou de "contrato racial". Esse contrato pode ser entendido como uma estrutura de poder específica, definida por regras formais e informais, por privilégios socioeconômicos e pela distribuição diferenciada dos bens materiais, das oportunidades, dos ônus e dos bônus e, também, dos direitos e dos deveres.[3] Como é possível imaginar, essa distribuição diferenciada teria como base a cor da pele das pessoas.

E aí chegamos na segunda dimensão desse "presente de grego".

Ao tomar o racismo como uma verdade que precisa ser desvelada, percebemos que ele também é um sistema de poder que estrutura as sociedades modernas, organizando as violências que acometem as populações discriminadas e, ao mesmo tempo

---

Márcia Lima (Orgs.), *Lélia Gonzalez: Por um feminismo afro-latino-americano* (Rio de Janeiro: Zahar, 2020); Dennis de Oliveira, *Racismo estrutural: Uma perspectiva histórico-crítica* (São Paulo: Dandara, 2021).

3 Charles W. Mills, *The Racial Contract*. Ithaca; Londres: Cornell University Press, 1997.

construindo uma muralha de privilégios usufruídos exclusivamente por outro segmento social, no caso, a população branca. O racismo é um jogo de soma zero: a proporção da discriminação de um lado da equação é exatamente a mesma de privilégios do outro lado. E como o próprio nome sugere, o principal fator que determina quem é discriminado e quem é privilegiado é o lugar racial do indivíduo. Parafraseando o filósofo Cornel West, a experiência moderna do racismo se dá por meio de um sistema de poder embasado na (falsa) ideia da supremacia branca.[4]

Em geral, o racismo é abordado como um tema concernente à população negra ou não branca. Uma das razões para isso reside nas várias camadas de violência que atingem as chamadas minorias, silenciando-as histórica e politicamente. Mas há outro motivo para essa abordagem: ao racializar apenas a população não branca, os estudos sobre racismo acabam, justamente, tomando a experiência branca como universal, como se ela fosse uma espécie de régua do mundo, a partir da qual as demais existências humanas devem ser medidas. A racialização de negros, indígenas, asiáticos etc. pressupõe que a supremacia branca continua subsumida, operando por meio de uma força que não se revela.

Essa percepção parcial do racismo faz com que, nos círculos mais progressistas, ele seja comparado a uma doença que precisa ser expurgada. E numa perspectiva antirracista, seria muito mais fácil se essa metáfora condissesse com a realidade: bastaria buscar uma cura para o racismo e pronto. Mas não há pílula mágica, porque não estamos tratando de uma doença. Uma alegoria mais eficiente para compreender a real dimensão do racismo seria compará-lo ao sistema nervoso central do corpo humano. Não bastam remédios. É preciso reprogramar todo o nosso cérebro. E isso teria de ser feito por meio de

---

4 Cornel West, "A Genealogy of Modern Racism". In: Philomena Essed e David Theo Goldberg (Orgs.), *Race Critical Theories: Text and Context*. Malden: Blackwell, 2002, pp. 90-112.

exercícios constantes e ininterruptos que possam efetivamente transformar nosso organismo diante desse sistema.

Daí a importância de retomarmos o subtítulo deste livro. Ao propor "uma história da formação do país", estou partindo de duas premissas. A primeira é que não há história do Brasil sem o racismo. A segunda é que esse atravessamento aconteceu de formas distintas ao longo do tempo, pois o racismo é um sistema de poder e de opressão historicamente construído. Acredito que ao trabalhar a permanência e as mudanças do racismo no Brasil, podemos nos distanciar dessa aura falaciosa de naturalidade criada pela lógica racista e compreender com mais profundidade as engrenagens desse sistema.

Por isso, se o racismo brasileiro é um "crime perfeito", as investigações não podem se ater apenas às vítimas. É fundamental esquadrinhar também seus culpados. Ou, melhor, seus autores. Quem promove o racismo no Brasil? A quem interessa que se mantenha operante? Essas são perguntas norteadoras deste livro.

As respostas para tais perguntas perpassam pela constatação da complexidade do racismo e pela certeza de que nenhuma perspectiva de análise adotada é capaz de sozinha esgotar o assunto. No Brasil, temos — ainda bem! — uma produção vasta e importante de cientistas sociais e historiadores que examinam as mazelas do racismo,[5] focando principalmente na experiência negra. São estudos fundamentais para a denúncia da existência do racismo, a revelação de seu caráter estrutural e o exame das inúmeras violências que nos acometem diariamente e ao longo de toda a nossa história.

Não por acaso, um bom número desses estudiosos é de intelectuais negros e negras que, a despeito da lógica perversa do racismo brasileiro, conseguiram de alguma forma furar a bolha e

---

5 Andreas Hofbauer, *Uma história de branqueamento ou o negro em questão*. São Paulo: Editora Unesp; Fapesp, 2006.

se fazer ouvir.[6] Em certa medida, a maioria dessas obras parte do conceito grego de *aletheia* e traz para a superfície histórias e práticas da população negra (e das populações indígenas) que ficaram soterradas no tempo. Daí o uso recorrente dos conceitos de agência, empoderamento, ancestralidade, militância, visibilidade, ativismo, protagonismo, luta e resistências. Não seria exagero afirmar que este livro deve imensamente a essas obras e seus autores e suas autoras.

Todavia, se por um lado a luta e a resistência da população negra são pontos de partida deste trabalho — se não fossem elas, eu não estaria aqui, escrevendo este livro —, por outro, elas não respondem de todo às questões que lancei acima. Quero entender contra quem essas lutas foram implementadas, dando especial ênfase na compreensão de quais foram as escolhas políticas que viabilizaram o racismo se perpetuar de forma sistêmica. Justamente por isso, o foco deste livro reside na análise das ações daqueles que estiveram à frente do Estado brasileiro, definindo as políticas públicas e os projetos a ser implementados.

Desse modo, esta *história da formação do país* parte de uma abordagem clássica, que ainda reverbera entre os brasileiros, na medida em que dialoga diretamente com a construção oficial da

6 Muitos estudos realizados por historiadores negros e negras serão mencionados ao longo deste livro. É fundamental pontuar que a entrada cada vez maior de estudantes negros nas universidades brasileiras tem promovido uma importante mudança, inclusive na produção do saber historiográfico. As novas pertenças, as realidades distintas desses homens e dessas mulheres fazem com que outras perguntas sejam lançadas na compreensão da história brasileira. E daí se estruturam pesquisas que têm permitido um olhar crítico na forma como o passado nacional foi examinado e perpetuado. Ainda que sejamos minoria, principalmente nos programas de pós-graduação, os trabalhos de mestrado e doutorado feitos por historiadores negros têm revelado o quão racista é a história do Brasil, ao mesmo tempo que viabilizam que novas histórias, até então silenciadas, passem a ser contadas. Para aqueles que tiverem interesses mais específicos, sugiro a leitura do que vem sendo produzido pela Rede de Historiadorxs Negrxs, da qual faço parte.

história do país, disseminada durante décadas nos bancos escolares. Sendo assim, também quero falar sobre o que aprendemos ser a história do Brasil e como "naturalmente" fomos ensinados sobre o racismo que nos constitui, sem que tivéssemos consciência disso. Essa é mais uma das artimanhas desse racismo viscoso: imaginarmos que ele é e sempre foi a única alternativa possível, sem que pudéssemos entrar em contato com as disputas travadas pelos diferentes sujeitos históricos e os projetos de futuro que eles construíram por causa e a despeito disso.

Do ponto de vista historiográfico, a organização do livro não guarda nenhuma novidade. Muito pelo contrário. Faço uso da abordagem mais conservadora da história do Brasil, aquela que começa em 1500 e enxerga a trajetória deste país a partir das experiências políticas de suas classes dirigentes, partindo assim de uma perspectiva eurocêntrica e cronológica. Não porque acredito que seja a única ou a melhor forma de pensar a trajetória do país e de suas gentes. Longe disso. Mas porque essa escolha permite revisitar a construção e os funcionamentos da supremacia branca brasileira, apontando que, em última instância, o que aprendemos ser a história do país também é a do racismo brasileiro.

O livro está dividido em três partes, cada uma contendo quatro capítulos estruturados de forma cronológica. A primeira parte trata do período colonial, a segunda versa sobre o Império do Brasil e a terceira examina a história do Brasil República. Os capítulos têm em comum a análise das escolhas políticas que referendaram e construíram o racismo ao longo da história brasileira. Ainda que o foco esteja nas ações das classes dirigentes do país, este livro parte da premissa de que a história é e sempre foi um campo de disputas, ou seja, não existiu apenas uma percepção de mundo ou um projeto de futuro nos diferentes momentos da nossa história. Essa constatação é fundamental para compreender que o racismo sempre foi uma escolha política, e não uma condição dada.

Digo e repito: existem e existiram outros Brasis. A história do racismo brasileiro pode ser feita a contrapelo, por meio da trajetória das inúmeras formas de resistência que também constituem nossa história desde seu marco inicial. Na realidade, isso já vem sendo feito há muito tempo por diversos historiadores, sobretudo negros. Contudo, o objetivo deste livro é examinar a naturalização que a estrutura racista construiu em torno da pretensa supremacia branca. Sendo assim, trata deste lado propositadamente obscuro do racismo: as escolhas políticas e os privilégios experimentados pela população branca. Não por acaso, o título desta introdução é, justamente, *um presente de grego*.

Não há nenhuma pretensão minha em pensar que esta obra esgote a longa, complexa e imbricada história do racismo brasileiro. Não só porque defendo que a história do racismo no país é a própria história do Brasil, mas também porque, ao escrever o livro, me deparei com algumas limitações minhas. Duas em especial me chamaram a atenção: a constatação da necessidade de pensar a história do racismo atrelando a questão negra à indígena (um tema aqui apenas tangenciado); e a perspectiva abertamente sudestina da história do país que eu — uma paulistana — ainda carrego. Sendo assim, menos do que respostas prontas, gostaria que este livro se juntasse à profícua produção de muitos intelectuais brasileiros e ajudasse na formulação de novas perguntas e de novas interpretações sobre o Brasil.

Por isso, imagino que esta leitura não será exatamente prazerosa. Nem é essa a intenção. Se cabe a mim esperar alguma coisa de leitores e leitoras, é que o contato com as histórias aqui narradas cause algum tipo de incômodo. E que esse sentimento possa ser uma das tantas maneiras de nos exercitarmos na construção de um Brasil (e de um mundo) sem racismo. Porque o antirracismo não é um lugar a ser alcançado, mas o próprio caminho que precisamos trilhar.

Parte I
A Colônia

Eu sou uma escrava de Vossa Senhoria da administração do Capitão Antônio Vieira do Couto, casada. Desde que o capitão lá foi administrar que me tirou da fazenda algodões, onde vivia com o meu marido, para ser cozinheira da sua casa, ainda nela passo muito mal. A primeira é que há grandes trovoadas de pancadas em um filho meu sendo uma criança que lhe fez extrair sangue pela boca, em mim não posso explicar que sou um colchão de pancadas, tanto que caí uma vez do sobrado abaixo peiada; por misericórdia de Deus escapei.

Esperança Garcia (escravizada), capitania do Piauí, 1770

Toda história tem um começo.

Por vezes, esse começo antecede a própria história.

De certa maneira, é isso o que acontece com o racismo no Brasil. Porque a intrincada relação entre ambos começou muito antes de aquele ganhar os contornos conceituais que conhecemos hoje e de este existir enquanto Estado nacional. Foi ao longo do fazer história que o país se forjou talhado pela faca afiada do racismo.

Sendo assim, se fosse o caso de precisar uma data inicial para começarmos a pensar a história do racismo no Brasil, não haveria motivos para titubear: o dia 22 de abril de 1500, mais conhecido como "o dia do Descobrimento", seria nosso marco zero. A ideia do país sendo descoberto pelos portugueses já aponta para uma tomada de posição que enxerga a história brasileira a partir da perspectiva eurocêntrica e, consequentemente, branca. Quando as naus chefiadas por Pedro Álvares Cabral aportaram no que é hoje o litoral sul da Bahia, o que estava por trás da "terra à vista" era um território densamente povoado por sociedades indígenas.

As estimativas são bastante fluidas: algumas sugerem uma população de 3,5 milhões de habitantes, enquanto outras defendem que havia 8 milhões. Uma diferença significativa que já indica que o termo "índio" — criado pelos europeus no século XV para designar os habitantes nativos das Américas — não abarcava as complexas e distintas sociedades existentes, com línguas, organizações políticas e práticas culturais e econômicas próprias. Desse modo, e não por acaso, o Brasil descoberto pelos portugueses escondia as histórias de milhões de pessoas que viviam nestas paragens.

Mas não foi apenas a forte e diversificada presença indígena que a história brasileira oficial escondeu por muito tempo. A violência do sistema colonial é muitas vezes retratada de forma naturalizada, como se a escravização, a exploração e a própria colonização fossem estágios obrigatórios pelos quais a humanidade precisasse passar. Não foram. Foram escolhas feitas por uma parcela dos sujeitos que viveram naquele período, e essas escolhas foram questionadas inúmeras vezes, sobretudo por quem foi subjugado à violência do sistema colonial.

Esse mosaico de violências que constitui o nosso passado colonial esteve alicerçado na percepção que tomava a diversidade humana como desigualdade. Dependendo do local de nascimento, das características fenotípicas e da cor da pele, os sujeitos eram classificados e tinham a vida determinada por uma série de dinâmicas discriminatórias.

Muitos podem argumentar que seria um anacronismo (um pecado mortal entre os historiadores) utilizar o conceito de racismo como o conhecemos hoje para examinar o período colonial. E esse é um cuidado que todos aqueles que se propõem a fazer análises históricas devem ter. Porém, é fundamental pontuar que o racismo não brotou de uma simples ideia, numa data e num lugar precisos. O racismo, que ganhou roupagens científicas ao longo do século XIX e que até hoje alicerça a vida das sociedades modernas ocidentais, foi ao mesmo tempo produto e produtor de um duradouro e complexo período de nossa história: a Colônia.

A colonização das Américas fez parte de um processo de longa duração, que conectou as diferentes sociedades do globo. Tal conexão se deu por meio da expansão das culturas europeias e do estabelecimento de relações não horizontais com os demais territórios do mundo. Essa expansão não ocorreu sempre da mesma forma, mas foi marcada pela exploração e subjugação de povos a partir de critérios elaborados pelas sociedades europeias — fossem esses critérios religiosos e/ou raciais.

A modernidade inaugurada pelos e para os europeus no século XV trouxe consigo as bases do racismo. É no desenrolar dessa modernidade globalizada que ele se constitui como engrenagem central. Mas esse foi, como já dito, um processo longo e complexo.

I.
Os fortes portugueses que navegam

No ano de 1450, o rei português Afonso V recebeu uma epístola do papa Nicolau V. Para quem não está familiarizado com o termo, epístola era uma espécie de carta que, em vez de tratar de questões pessoais ou da vida cotidiana, expressava opiniões muitas vezes polêmicas, que geravam discussões. E esse era exatamente o objetivo do papa Nicolau V. No documento, ele mostrava seu desagravo com a forma desrespeitosa com a qual Afonso V havia tratado os restos mortais do próprio tio, o infante d. Pedro, logo após a fatídica Batalha de Alfarrobeira, ocorrida em maio de 1449.

Permeada de intrigas, as disputas entre as casas lusitanas de Bragança e Avis tiveram contornos trágicos, terminando com a morte de d. Pedro, que havia sido regente de d. Afonso quando este assumiu o trono, aos seis anos de idade. Para muitos contemporâneos, ainda que totalmente desnecessária, a morte do infante não era o maior dos problemas. O que realmente causou comoção e até mesmo indignação foi o pouco ou nenhum cuidado com os ritos fúnebres desse homem nobre, cujo corpo ficou abandonado no campo de batalha e foi recolhido por camponeses.

As disputas dinásticas não poderiam suplantar os códigos de conduta forjados pela moral católica. Ao negar um sepultamento digno ao tio, o rei Afonso V colocava suas rivalidades pessoais acima das obrigações como católico. E o papa Nicolau V não poderia se calar diante disso. Embora tenha demorado alguns anos para contornar seu erro, em 1455 o rei Afonso V autorizou o traslado do corpo do tio para o Mosteiro da Batalha, em Lisboa.

O papado de Nicolau V (1447-55) ficou marcado pelo restabelecimento de uma série de acordos diplomáticos entre a Europa católica. Nada mais natural que ele reprovar a atitude do rei d. Afonso V em relação aos restos mortais do tio. Mas não foi sua habilidade com os assuntos internacionais que marcou seu papado. Nicolau V ficou conhecido como o primeiro papa humanista da história.

Tommaso Parentucelli nasceu na região de Lunigiana (atual Itália) em 1397, e desde jovem mostrou interesse e paixão pelo conhecimento. Formado em teologia, sua dedicação logo chamou a atenção do bispo Niccolò Albergati, que se tornou seu benfeitor, facilitando não só a consolidação da sua formação, mas também sua vida dentro da Igreja católica. Eleito papa em 1447, Parentucelli decidiu homenagear Niccolò e adotou o nome Nicolau V.

Os primeiros anos de seu papado foram marcados por muitas mudanças. No campo político, Nicolau V foi meticuloso em retomar alianças rompidas por seu antecessor e foi responsável pela coroação de Frederico III, imperador do Sacro Império Romano Germânico (1452). Mas Nicolau V se consagrou na história como o papa que introduziu um novo espírito da Renascença, tanto do ponto de vista arquitetônico e artístico como intelectual. Restabeleceu o Vaticano como residência papal, ampliando e embelezando a capital do cristianismo, o que o levou a ser acusado de gastar fortunas no financiamento de obras artísticas. Foi com grande entusiasmo que ele aproximou a Igreja católica do humanismo, traduzindo livros gregos, empregando dezenas de estudiosos e construindo bibliotecas. Contrariando muitos de seus pares, Nicolau V acreditava ser possível que a fé católica e a filosofia, que trazia a potência e a ação humanas para o centro de todos os debates, convivessem.

Acontece que o humanismo defendido por Nicolau V e compartilhado por seus pares tinha limites bem circunscritos, que não por acaso esbarravam nas fronteiras do mundo católico e branco. Assim, o papa que entrou para a história por acreditar ser possível uma profissão de fé que reconhecesse a centralidade da experiência humana foi o mesmo que, em 1452, expediu a bula *Dum Diversas*, um documento que autorizava "invadir, buscar, capturar e subjugar os sarracenos e pagãos e quaisquer outros incrédulos e inimigos de Cristo", reduzindo-os à escravidão perpétua.

Essa bula favorecia um homem em específico. Ninguém menos que o rei d. Afonso V, o mesmo que por cinco anos se recusou a enterrar dignamente o tio. Logo se vê que o incidente em Alfarrobeira em nada abalou a sólida relação estabelecida entre a monarquia portuguesa e o papado, especialmente nas figuras do rei Afonso e de Nicolau V. Mesmo não tendo agido como um bom cristão na querela com o tio, foi ao rei português que o papa confiou a captura, subjugação e escravização dos inimigos de Cristo — um universo de pessoas que crescia à medida que os portugueses ampliavam seu conhecimento sobre o Atlântico.

A pactuação era tamanha que três anos mais tarde, em 1455, o papa Nicolau V expediu outra bula favorecendo abertamente o rei Afonso, que já começava a fazer jus à alcunha que o marcaria na história: Afonso, o Africano. A *Romanus Pontifex* reconhecia a legitimidade da escravização dos negros e guinéus, ao mesmo tempo que reservava ao dito rei português a "plena e livre faculdade [...] de invadir, conquistar, subjugar a quaisquer sarracenos e pagãos inimigos de Cristo, suas terras e bens, a todos reduzir à servidão e tudo praticar em utilidade própria e dos seus descendentes". E, para aqueles que se opusessem às medidas estipuladas naquela bula, restava apenas a excomunhão.

A humanidade celebrada por Nicolau V não se estendia a guinéus, negros, sarracenos e pagãos. Ao mesmo tempo, a falta de Afonso V para com seu tio defunto em nada obscureceu aquela que parecia ser a missão do rei de Portugal. Um propósito que era português, mas também católico, e que determinaria os rumos de um mundo que se conectava. No território que mais tarde se chamaria Brasil, a relação imbricada entre a Coroa portuguesa e a Igreja católica (e todos os seus preceitos) teve papel estrutural na organização racial da sociedade, forjando as bases do racismo que mais tarde organizaria o nosso país.

Navegar é preciso...

O título desta seção foi tirado de um dos versos de *Os lusíadas*, poema épico escrito pelo português Luís Vaz de Camões e publicado em 1572, quando Portugal ainda era uma das nações mais poderosas do globo. Esse poder vinha justamente do fato de os portugueses navegarem, fazendo disso sua força.

Portugal foi um dos primeiros Estados modernos a se organizar na Europa Ocidental, num movimento marcado pela ampliação do poder real — o monarca guerreiro também era responsável por julgar e legislar —, pelo apoio que o rei passou a receber de letrados e burgueses e pelas diversas alianças e disputas ocorridas entre o monarca e a aristocracia portuguesa. Esse movimento teve início nas primeiras décadas do século XII e se estendeu por mais de duzentos anos, até a fundação da dinastia de Avis, em 1385.

Mas não foram apenas os conflitos e as disputas da aristocracia que marcaram a formação de Portugal. Nesse mesmo intervalo, observa-se a construção de um profundo sentimento de identidade nacional alicerçado no catolicismo e solidificado pela experiência da reconquista e pela expulsão de judeus e muçulmanos que se recusaram a se converter ao cristianismo. No final do século XII e durante centenas de anos, ser português era, antes de tudo, ser católico.

A identidade católica não foi uma premissa exclusiva da formação nacional de Portugal. Todavia, é impossível compreender a identidade católica dos portugueses nesse período sem levar em consideração as Cruzadas. Entendidas como movimentos militares organizados cristãos que, grosso modo, tinham como objetivo recuperar a Terra Santa (Jerusalém) e expandir a fé cristã, as Cruzadas aconteceram entre os séculos XI e XIII e foram responsáveis por inúmeras transformações no continente europeu e na sua relação com a região hoje conhecida como Oriente Médio.

Não por acaso, a formação de Portugal se deu a partir do duplo movimento que conectava a ressignificação da identidade cristã com a expulsão dos muçulmanos que ocuparam o país por mais de quinhentos anos. Portugal não era apenas um país cristão. Também lutava pela cristandade e pelo bem maior que ela representava: a salvação do Ocidente.

Na vida comezinha, as Cruzadas fizeram com que a identificação religiosa se tornasse um ponto central para a sobrevivência de homens e mulheres que viviam na Europa, a ponto de estabelecerem condições para que preconceitos étnicos já existentes se renovassem num contexto de guerra,[1] tornando mais nítido quem deveria ser salvo e por quê. Por outro lado, mesmo que o resultado final das Cruzadas tenha representado a vitória muçulmana e a expulsão dos cristãos da Palestina, a emigração de milhares de pessoas e o contato mais intenso entre essas duas partes do mundo não geraram apenas confrontos bélicos e religiosos, mas reavivaram o comércio no

---

[1] Francisco Bethencourt, *Racismos: Das Cruzadas ao século XX*. São Paulo: Companhia das Letras, 2013, pp. 35-7.

Mediterrâneo, gerando uma série de transformações sociais, econômicas e políticas no continente europeu.

Nesse movimento complexo de formação nacional, a ideia da salvação se tornou um dos pilares da identidade portuguesa e foi um dos princípios que fez com que ganhassem o mundo, constituindo-se em uma talassocracia, um império que cruzava os mares. Parte significativa do que foi aprendido (e perdido) nas Cruzadas serviu de lição e combustível para o advento das grandes navegações.

A já citada obra de Luís de Camões dimensiona a importância do mar para os portugueses — a mesma que foi relida por Fernando Pessoa quatro século depois, no poema "Mar português". Não seria exagero pontuar que, no final do século XIV e início do XV, a existência da jovem nação estava condicionada à sua expansão marítima. Com a monarquia mais bem delineada sob o comando da dinastia de Avis, a única forma possível de crescer era pelo mar. A força do reino de Castela inviabilizava qualquer tentativa pela via terrestre. E a própria localização de Portugal no extremo ocidente europeu era um convite ao mar.

A conquista de Ceuta (1415), no Mediterrâneo africano, parecia ser o incentivo necessário para que o oceano Atlântico fosse desbravado. As chamadas ilhas Atlânticas, na época desabitadas, se tornaram grandes regiões produtoras de alimento para Portugal, reforçando assim o ímpeto expansionista. Ao longo do século XV, a busca pelo reino de Preste João, no coração da África, foi um dos principais ingredientes do movimento que levou Portugal a estabelecer contato com diferentes sociedades africanas, efetivado a partir de 1433, quando navegadores contornaram o cabo do Bojador, na costa do Saara Ocidental.

A partir de então, os lusitanos descobriram que o continente africano era mais extenso e muito mais complexo do que haviam imaginado, e que boa parte do imaginário construído sobre essa terra era não só fantasiosa, como cravejada de preconceitos e estereótipos. Os homens com olhos no meio da testa e as criaturas monstruosas imaginadas durante o período medieval não existiam. No seu lugar, os portugueses entraram em contato com uma série de sociedades soberanas, hierarquizadas e autossuficientes. Essa realidade e o desejo de contornar a África para chegar "às Índias" fizeram com que a relação com os guinéus — como eram chamados os povos africanos da costa ocidental — ganhasse novos sentidos e significados, inclusive para a sustentação econômica das navegações.[2]

Desse modo, se, por um lado, o contato com o continente ao sul do Saara representava a vitória dos portugueses sobre o mar, o mesmo não pode ser dito sobre as relações que eles estabeleceram com os ditos "guinéus". Até meados do século XVI, ainda que tenham tentado diversas vezes, os portugueses foram incapazes de dominar a imensa maioria dessas sociedades africanas, seja em termos militares ou políticos. Sem outra opção, restou aos lusitanos comercializar com essas sociedades africanas.

Foi esse contato entre povos soberanos que deu início ao tráfico transatlântico de africanos escravizados, que nos quatrocentos anos seguintes foi responsável pela estruturação do mundo colonial nas Américas, do próprio capitalismo e da era moderna. Esse sistema lucrativo, dinâmico e complexo de compra e venda de seres humanos, em grande medida, nos ajuda a compreender a história do racismo no Brasil.

O que nos importa por ora é salientar que, ao longo do século XV, o principal produto comercializado entre africanos e portugueses eram pessoas negras daquele continente, cuja

---

2 Um trabalho importante que analisa a formação do Império português é o de Charles R. Boxer, *O Império marítimo português, 1415-1825* (São Paulo: Companhia das Letras, 2002).

escravização estaria justificada, de acordo com a perspectiva portuguesa, pela sua infidelidade perante a fé católica e, em menor medida, pela cor da sua pele.

Antes de prosseguir a análise, é fundamental fazer uma ressalva que, não por acaso, lida diretamente com a imagem racista e estigmatizada que ainda paira sobre o continente africano. A África era (e ainda é) um continente povoado por inúmeras sociedades, com culturas, línguas e organizações socioeconômicas diversas. Dito de outra forma, o fato de os habitantes ao sul do Saara serem negros não lhes conferia (ao menos nos séculos XV e XVI) nenhum tipo de identidade racial.

Assim como aconteceu na Europa, na Ásia, nas Américas e na Oceania, era frequente no continente africano que povos vizinhos entrassem em conflito. Em inúmeras situações, o resultado desses embates bélicos era a captura de cativos de guerra, que seriam escravizados. Desse modo, é possível dizer que a escravidão era uma instituição que existia em muitas sociedades africanas antes mesmo do contato com europeus e muçulmanos. No entanto, tinha contornos diferentes do que a economia mercantilista organizada a partir de meados do século XV.[3]

Isso quer dizer que os africanos escravizavam seus "irmãos"? Não. Essa é uma pergunta leviana e, no limite, racista. O problema é que, devido à profunda ignorância que temos das histórias da África, os nomes das sociedades que formavam o

---

3 As dinâmicas da escravidão existente em parte das sociedades africanas e as transformações pelas quais a instituição passou com o estabelecimento do tráfico transaariano e transatlântico são tema de um importante debate historiográfico. Ver, sobre isso: Claude Meillassoux, *Antropologia da escravidão: O ventre de ferro e dinheiro* (Rio de Janeiro: Zahar, 1995); Paul F. Lovejoy, *A escravidão na África: Uma história de suas transformações* (Rio de Janeiro: Civilização Brasileira, 2002); John Thornton, *A África e os africanos na formação do mundo atlântico, 1400-1800* (Rio de Janeiro: Campus, 2004).

continente são desconhecidos para a maioria das pessoas. E como subproduto do racismo, reduzimos sua diversidade política com o gentílico *africano*. Mas um jejê não escravizava outro jejê, assim como um mandinga não escravizava outro mandinga, e um jalofo não escravizava outro jalofo. O que acontecia era a escravização de um povo por outro, assim como na Antiguidade clássica os romanos escravizaram outros europeus.

Desse modo, para algumas chefaturas africanas que entraram em contato com os portugueses e com outras sociedades europeias nos séculos XV e XVI, a venda de escravizados foi vista como um negócio atrativo. Em primeiro lugar, porque se livravam de possíveis problemas futuros, pois muitos dos cativos eram guerreiros oriundos de sociedades inimigas. Em segundo lugar, as chefaturas passaram a ter acesso a produtos que lhes conferiam distinção e status social, reforçando o poder político exercido nas sociedades que comandavam.

Para os portugueses, que durante o século XV não tinham sido bem-sucedidos em suas inúmeras tentativas de submeter militar e politicamente as sociedades da costa atlântica da África, esse comércio foi se tornando uma atividade cada vez mais vantajosa. Do ponto de vista econômico, os africanos escravizados não eram artigos caros em absoluto. Além de sua aquisição ter tornado a produção de gêneros primários (como trigo e cana-de-açúcar) mais lucrativa nas ilhas Atlânticas, esses homens e mulheres passaram a executar inúmeras atividades em grandes cidades da Península Ibérica — já em 1495, 10% da população lisboeta era composta de africanos escravizados. Os portugueses também obtiveram licenças (concedidas pelas elites africanas) para a construção dos fortes de Arguim (1455) e El Mina (1480-2), que não só facilitaram o próprio comércio de escravizados, como também serviram de base militar para que Portugal explorasse outros aspectos do continente.

A rentabilidade da mercantilização de africanos escravizados encontrou salvaguarda moral na Igreja católica. Em meio ao estabelecimento das redes de comércio, algumas interpretações de passagens do Antigo Testamento foram recuperadas a fim de justificar a escravização desses indivíduos. Num trecho especialmente conhecido, os africanos seriam amaldiçoados por serem descendentes diretos de Caim, que havia matado o próprio irmão. Em outra famosa história bíblica, a desgraça dos africanos se devia ao fato de eles serem descendentes da linhagem de Cam, o jovem que zombou e desrespeitou o pai — ninguém menos que Noé, responsável por salvar o mundo do grande dilúvio.

Nem sempre as narrativas conectaram pecado, escravidão e a cor negra.[4] Mas a retórica utilizada pelos muçulmanos na interpretação do Antigo Testamento, sobretudo na associação direta entre a cor negra dos africanos e o pecado de Cam, foi ganhando novas interpretações a partir do século XV. Durante e após esse período, o que se observou no repertório português e católico foi uma leitura na qual as maldições que se abateram sobre Caim e Cam se materializaram no nascimento do continente africano e, como consequência, na cor negra da pele de seus habitantes. O que começa a ser delineado é uma correlação entre pecado, lugar de nascimento e pertença racial.

Dessa forma, em meio a um processo que entrelaçava interesses econômicos, políticos e religiosos, a Igreja católica

4 Existe um importante debate que se propõe a analisar as justificativas morais para a escravização dos africanos, ressaltando o papel central desempenhado pela Igreja católica (e, mais tarde, pela protestante). Os estudos que se debruçam sobre o tema muitas vezes recuperam as acepções filosóficas empregadas por católicos para definir escravidão e servidão desde a chamada Idade Média, a fim de compreender as mudanças interpretativas sobre a instituição escravista. Destaco aqui dois trabalhos: David Brion Davis, *O problema da escravidão na cultura ocidental* (Rio de Janeiro: Civilização Brasileira, 2001); Robin Blackburn, *A construção do escravismo no Novo Mundo: Do Barroco ao Moderno — 1492-1800* (Rio de Janeiro: Record, 2003).

garantiu a justificativa moral para a escravização de africanos, especialmente os subjugados em nome do monarca de Portugal. Como as duas bulas papais expedidas por Nicolau V deixam transparecer, o principal argumento estava na *guerra justa*, que, desde o século XIII, era utilizada para fundamentar contatos militares travados entre portugueses, muçulmanos e judeus.

Assim como nas Cruzadas, a defesa moral da escravização de africanos se enquadrava no novo sistema classificatório de grupos étnicos desenvolvido em Portugal a partir da Reconquista, que acompanhava o movimento de expansão portuguesa (e, mais tarde, de outras nações europeias) pelo mundo. Assim, quando os portugueses aportaram no que hoje é o litoral brasileiro, eles já tinham um esquema étnico-racial delineado e hierarquizado, no qual a religião professada e a cor da pele eram critérios taxonômicos importantes.

As terras férteis e verdejantes

Formada por nove naus, três caravelas, uma naveta e cerca de 1,5 mil tripulantes, a frota de Pedro Álvares Cabral — que no oitavo dia de viagem já havia perdido uma das naus — saiu de Lisboa em 9 de março de 1500 rumo às Índias. Existe um debate historiográfico sobre o caráter acidental da chegada dessa frota ao Brasil, já que, em tese, a finalidade dessa marítima portuguesa era estabelecer uma nova rota para o Oriente. Discussões à parte, a viagem levou os portugueses para uma terra que lhes era completamente desconhecida, embora a viagem de Américo Vespúcio em 1499 já houvesse revelado a dimensão continental da América.

Boa parte do deslumbramento e do estranhamento dos portugueses naquele 22 de abril de 1500 está descrita na carta de Pero Vaz de Caminha, que para muitos é o documento que marca o nascimento do que viria a se chamar Brasil. Na missiva endereçada ao rei português d. Manuel I (sobrinho de Afonso v), o escrivão de Pedro Álvares Cabral narrou brevemente a viagem de 44 dias para, em seguida, descrever a terra descoberta, dando especial destaque às características e dinâmicas culturais dos habitantes nativos.

Como todo documento histórico, a carta é limitada e conta apenas uma versão do impactante encontro entre aquelas duas sociedades. Apesar de termos acesso apenas à versão lusitana, a leitura crítica do documento revela muito da mentalidade e do imaginário portugueses da época — e esse é um material riquíssimo para entender a história do racismo no Brasil.

Das muitas passagens escritas por Pero Vaz de Caminha, uma merece especial destaque. Já no fim da carta, o escrivão pontuou que, apesar da terra recém-descoberta ter bons ares e água infinita, "o melhor fruto, que nela se pode fazer, me parece que será salvar esta gente. E esta deve ser a principal semente que Vossa Alteza em ela deve lançar".[5]

Quem já teve a oportunidade de ler a carta de Pero Vaz de Caminha na íntegra perceberá que essa passagem tem um tom diferente. Até então, o escrivão narrava os costumes dos indígenas e, em segundo plano, fornecia informações mais gerais sobre o território. No trecho destacado, Pero Vaz deixou de lado a descrição para fazer uma recomendação a ninguém menos do que o rei de Portugal: o melhor que o monarca lusitano poderia fazer numa terra "sem ouro nem prata" era salvar a sua gente.

No mundo português de 1500, as alternativas para quem virasse as costas para o cristianismo era a morte ou a servidão perpétua. Pero Vaz de Caminha sabia disso ao escrever sua carta. Então, que tipos de salvação seriam possíveis nesse universo lusitano em construção?

---

5 A versão completa está disponível no site do Departamento Nacional do Livro, da Fundação da Biblioteca Nacional, disponível em: <objdigital. bn.br/Acervo_Digital/Livros_eletronicos/carta.pdf>. Acesso em: 8 fev. 2022.

2.
Os negros da terra e os negros na terra

Escravidão e a organização do mundo colonial

Negros da terra. Essa foi uma das primeiras expressões que os colonos portugueses utilizaram para se referir aos indígenas que viviam no território que eles julgavam ter descoberto. E, não, não havia confusões entre a tez mais escura dos *negros da guiné* (os africanos) e a dos indígenas, mesmo porque o tom avermelhado dos últimos sempre foi algo sublinhado nas inúmeras descrições feitas pelos europeus. Sendo assim, ainda que a expressão não dê conta de abarcar a imensa diversidade das sociedades indígenas no alvorecer do século XVI, ela diz muito sobre as visões de mundo dos portugueses de então, sobretudo no que diz respeito às diferenciações que faziam das sociedades com as quais travavam contato desde meados do século XV.

Quando as naus de Cabral chegaram a estas terras "férteis e verdejantes" em 22 de abril de 1500, trouxeram consigo homens que viviam em um mundo um tanto diferente daquele experimentado por Cristóvão Colombo e sua tripulação apenas oito anos antes, em 1492. O primeiro aspecto que o diferenciava era o fato de os portugueses já praticarem a escravização dos *negros da guiné* por meio do tráfico transatlântico — uma escravização que, vale dizer, estava diretamente atrelada à economia portuguesa e ao seu processo de expansão ultramarino desde meados do século XV, haja vista as experiências das ilhas atlânticas e o emprego significativo desses africanos escravizados em cidades importantes como Lisboa. O segundo era que a América já era uma realidade no universo de expectativas dos lusitanos. Isso significa dizer não só que a expedição de Pedro Álvares Cabral sabia da existência do continente (ainda que não tivesse noção de sua extensão), como também de seus habitantes, aqueles que eles chamavam de índios, mesmo que nunca os tivessem visto.

Essa ressalva é fundamental para compreender pontos centrais da história do Brasil, sobretudo no que diz respeito à instauração da escravidão em meio ao processo de colonização desse território que teve muitos nomes, mas que aqui vamos chamar de América portuguesa, demarcando assim a transformação política ocorrida em 7 de setembro de 1822, quando nasce o Brasil: um Império soberano.

A escravidão foi uma instituição que organizou a colonização portuguesa nas Américas ao longo dos seus mais de trezentos anos de existência. Isso não significa que ela tenha sido sempre a mesma, muito menos que tenha sido a única forma de exploração do trabalho. Mas, sem ela, a colonização não teria se efetivado. E ainda que a escravidão tenha tido uma história complexa e dinâmica, abarcando de formas distintas diferentes grupos humanos, a expressão utilizada pelos portugueses para se referir aos indígenas não deixa dúvidas: os escravizados eram sempre os não brancos, não importando muito, num primeiro momento, se eram os negros da terra ou os da África.

A possibilidade de tomar os nativos como "negros da terra" esteve diretamente ligada à possibilidade de explorar as sociedades indígenas (e até mesmo escravizá-las), uma prática que estruturou os anos iniciais da colonização, ganhando novos contornos a partir de finais do século XVI. Nos primeiros anos, a Coroa portuguesa esteve pouco preocupada com o controle e a administração de sua colônia recém-descoberta, deixando a cargo de iniciativas privadas a exploração do território e a extração do pau-brasil. Nesse período, os indígenas foram mais *negros da terra* que nunca.

Essa situação mudou drasticamente a partir de meados da década de 1530, em parte devido aos insucessos dos portugueses nas rotas do Índico, em parte por causa das tentativas realizadas por outras sociedades europeias de tomarem o território para si. Em 1534, após uma expedição pela colônia chefiada por Martim Afonso de Sousa, o rei português d. João III, conhecido como "O Colonizador", fez sua primeira tentativa de organizar a possessão americana, com a implementação das capitanias hereditárias. Sem alcançar o efeito desejado, em 1548 o rei criou o Governo-Geral, um modelo português que visava centralizar e criar mecanismos para reforçar e incentivar a administração colonial.

Do ponto de vista econômico, a colonização da América se tornou uma empreitada interessante e lucrativa para a Coroa portuguesa graças ao açúcar e ao universo criado em torno dele. Cultivado em engenhos localizados nas capitanias da região Nordeste, o açúcar criou uma dinâmica econômica que mais tarde seria implementada em outras colônias americanas (de forma muito mais eficiente e lucrativa): a produção em larga escala de um único gênero tropical, cultivado com a mão de obra dos africanos escravizados e de seus descendentes.

Por muito tempo vigorou uma análise rasa e racista do início da história do Brasil e da mudança ocorrida na mão de obra explorada pelos portugueses. Muitas gerações de brasileiros e brasileiras aprenderam (inclusive e em especial nas escolas) que as causas dessa "substituição" eram a pouca afeição dos indígenas ao trabalho pesado e a maior força física que, em tese, caracterizava os africanos. Esses argumentos são marcadamente racistas e perpetuaram ideias — vigentes até hoje — de que os "índios" seriam preguiçosos, enquanto os negros seriam como "animais de carga", cuja força inata os teria destinado ao trabalho braçal.

O único aspecto verdadeiro nesses argumentos — e que não por acaso aparece como uma premissa naturalizada — é que a escravidão moderna foi experimentada por negros e indígenas. No Brasil e no restante do continente americano, foi uma instituição marcada pela racialização de indivíduos não brancos, cujo reconhecimento como tal era imposto por pessoas brancas. Isso nos leva à constatação de que, no mundo colonial, ser branco era sinônimo de não ser escravizado, ou seja, de ser livre, uma afirmação que pode parecer óbvia, mas que não é nada banal, já que diz muito sobre as origens do racismo em meio à formação da Colônia.

Não restam dúvidas: foi a produção açucareira que permitiu à Coroa portuguesa organizar sua colônia no "Novo Mundo", dinamizando também o tráfico transatlântico de africanos escravizados, que passou a atender as Américas portuguesa e espanhola. Além de conseguir um bom preço no mercado europeu, a produção do "ouro branco" — ou seja, o açúcar — foi responsável pela entrada cada vez maior de africanos escravizados em todo o continente americano, em especial na sua porção portuguesa.

Mas o que foi feito dos negros da terra?

Ainda no que diz respeito ao universo açucareiro, é importante sublinhar que o cultivo do "ouro branco" também esteve atrelado à fertilidade do solo de parte da região Nordeste e à maior proximidade dessa região com a metrópole. Mesmo que a escravização de africanos tenha sido amplamente utilizada na produção açucareira, a implementação dos primeiros engenhos só aconteceu graças à escravização de indígenas, que, entre 1550 e 1580, compunham o maior percentual da mão de obra colonial. Nas três décadas seguintes, era comum encontrar indígenas e africanos (ambos escravizados) trabalhando lado a lado nos engenhos de açúcar. Embora o tráfico transatlântico já fosse praticado pelos portugueses, sua instalação e sistematização na América portuguesa demoraram algumas décadas. Nesse meio-tempo, o valor cobrado pelo africano escravizado chegava a ser três vezes maior que para a aquisição de um indígena escravizado, o que explicava a ampla disseminação da escravidão dos nativos até os primeiros anos do século XVII.[1]

O modelo de produção açucareira clássico, conhecido como plantation, formado por africanos escravizados e pela produção monocultora em grandes latifúndios, só se tornou uma realidade entre 1600 e 1610. Mas é fundamental pontuar que essa configuração não significou o fim da escravização indígena. Como é de imaginar, o extenso território da América portuguesa não se transformou num grande canavial. Embora responsável pelo sucesso da colonização até as décadas de 1630 e 1640, o modelo de produção açucareiro não foi o único praticado aqui. Junto com os senhores de engenho da região Nordeste, existiram colonos que se dedicaram a outras empresas coloniais, que foram fundamentais para o assentamento português no vasto território colonial, o que representava a diversificação dos produtos cultivados e do tipo de mão de obra empregada.

Vale destacar a colonização experimentada pelos portugueses e por seus descendentes na região Sudeste da colônia, mais especificamente na capitania de São Vicente (hoje o estado de São Paulo), lugar no qual foi organizado o movimento das bandeiras. Em grande medida, as ações dos bandeirantes estiveram atreladas ao antigo sonho do *el dorado*, intensificado com a descoberta das minas de Potosí, na atual Bolívia. Mais de um século se passou entre a notícia da prata encontrada na América espanhola e a descoberta do ouro na região das Minas. Na verdade, à medida que o tempo passava, o sonho dourado parecia cada vez mais distante.

[1] Ver um dos trabalhos pioneiros que analisa o emprego de mão de obra indígena escravizada na produção açucareira: Stuart B. Schwartz, *Segredos internos: Engenhos e escravos na sociedade colonial* (São Paulo: Companhia das Letras, 1988).

Nesse meio-tempo, as bandeiras — expedições chefiadas por bandeirantes que saíram da capitania de São Paulo e adentraram o sertão da colônia em busca de ouro — fizeram do apresamento e da escravização das populações indígenas sua forma de sustento. Milhares de sociedades nativas foram escravizadas — isso sem contar a morte de outros milhares de indígenas devido às muitas epidemias e à violência empregada no processo de escravização. Rapidamente criou-se uma intrincada rede de negociações nas capitanias do Sul e do pouco explorado Centro-Oeste, quase todo servido pela escravização indígena. A empreitada era tão lucrativa que valia a pena correr os riscos que ela representava: a escravização dos nativos era produto de guerras que os bandeirantes precisavam travar. Junto a isso, as bandeiras precisaram adentrar os sertões da colônia atrás de muitas sociedades indígenas em fuga, encarecendo os custos da empreitada.[2] Percebe-se, então, que a própria ideia de substituição da mão de obra indígena pela africana não só foi construída sob argumentos racistas, como é uma falácia. A escravidão de africanos e de seus descendentes ocorreu em paralelo à escravização indígena. Contudo, o peso que o trabalho desses escravizados tinha na organização do mundo colonial era bem distinto. Embora tenha tido muitos usos, a escravidão africana foi responsável pela produção dos gêneros de exportação, transformando-se na engrenagem que viabilizou não apenas a experiência exitosa da exploração colonial, como também a própria criação do mundo capitalista.

---

2 Uma das análises mais bem-acabadas sobre a escravização sistemática das populações indígenas que viviam no atual estado de São Paulo pode ser encontrada em John Manuel Monteiro, *Negros da terra: Índios e bandeirantes nas origens de São Paulo* (São Paulo: Companhia das Letras, 1994). Sobre a escravização de indígenas na região Nordeste, ver: Pedro Puntoni, *A guerra dos bárbaros: Povos indígenas e a colonização do sertão nordeste do Brasil, 1650--1720* (São Paulo: Hucitec; Edusp, 2002).

Já a escravidão indígena desempenhou um papel fundamental nas dinâmicas do mercado interno.

Diante dessas questões, podemos nos perguntar: não seria mais lucrativo para a metrópole investir de forma mais sistemática na escravização dos indígenas do que depender de um tráfico que precisava atravessar o oceano Atlântico?

A salvação e o infame comércio, ou vice-versa

Para compreender as razões que levaram ao uso sistemático de africanos escravizados na América portuguesa, é fundamental recuperar alguns aspectos econômicos, filosóficos e morais que ganharam relevo no século XVI e atravessaram praticamente toda a colonização. Por um lado, temos o já pontuado lucrativo comércio transatlântico de africanos escravizados, cujo início remonta a meados do século XV. A compra e venda de homens e mulheres oriundos da África ao sul do Saara foi responsável não apenas pelo estabelecimento de relações comerciais com sociedades africanas, como também pela exploração das ilhas atlânticas, exercendo um papel crucial na estruturação de Portugal como uma talassocracia, ou seja, um império ultramarino — que, entre o final do século XV e o começo da centúria seguinte, estava em plena expansão.

Sendo assim, por uma questão de causalidade e interesses mercantis, é fundamental explicitar que, no que se refere ao passado colonial brasileiro, não é a escravidão que explica o tráfico, mas o tráfico transatlântico que explica a escravidão. Ao adotar de forma sistemática a mão de obra de africanos escravizados, sobretudo nas plantations, a metrópole portuguesa ganhava duplamente. Primeiro, com a compra e venda desses africanos para os colonos daqui e de outras partes do continente, em especial espanhóis. Segundo, com os lucros advindos da exploração do trabalho desses escravizados, cuja parcela significativa era remetida para a metrópole, graças à adoção do exclusivismo colonial.

Para se ter uma ideia da intensa dinâmica que marcou o infame comércio, na década de 1560, a entrada anual de africanos escravizados na colônia girou em torno de 1500 pessoas. Entre os anos 1580 e 1620, o que se observa é um crescimento vertiginoso e constante, que fez com que o número de africanos escravizados desembarcados em um único ano ultrapassasse 13,5 mil almas — cifra que duplicaria no século XVIII.[3] Como será visto com mais vagar, o tráfico transatlântico de africanos escravizados pode ser compreendido como o grande ciclo econômico que atravessou todo o período colonial, definindo também aspectos centrais da formação do Estado brasileiro independente até 1850.

O doce extraído da cana, tão procurado no mercado europeu — e responsável por uma das maiores revoluções alimentares da humanidade —, teve o poder amargo de transformar o gentílico africano em sinônimo de escravo.

Junto com as vantagens econômicas que o tráfico transatlântico representava para as elites coloniais portuguesas, é imperioso apresentar um importante debate moral, filosófico e religioso travado em meados do século XVI que ultrapassou os limites do Império lusitano, se estendendo por toda a cristandade católica.

A chegada dos europeus nas Américas significou uma transformação sem precedentes na história da humanidade. Os habitantes desses dois continentes, que até então não sabiam da existência um do outro, passaram a travar relações baseadas na

---

3 As cifras citadas do tráfico transatlântico fazem parte do banco de dados Slave Voyages, uma plataforma pluri-institucional que permite o livre acesso aos números relativos ao infame comércio para as Américas dos primórdios até a década de 1860. Disponível em: <www.slavevoyages.org>. Acesso em: 8 fev. 2022.

construção de um sistema de exploração violento e desigual, que passou a conectar todas as sociedades banhadas pelo Atlântico.[4]

A sanha por ouro e metais preciosos que havia povoado o imaginário de grande parte dos europeus que se aventuraram a atravessar um oceano até então desconhecido rivalizou com o maravilhamento e a estranheza da chegada em terras inimaginadas, com habitantes igualmente impensáveis. Isso fez com que as primeiras décadas de contato entre europeus e sociedades indígenas fossem marcadas pela edificação de um sistema de exploração e pela tentativa de compreensão e de classificação da diversidade humana.

A violência de grande parte dos primeiros colonos, aliada às epidemias que trouxeram no antigo continente, abateram um percentual elevado das populações indígenas, sobretudo as que viviam nas ilhas caribenhas, que em 1511 (vinte anos após a chegada de Colombo) já haviam se transformado em um cemitério de indígenas. Para muitos colonos, não havia nenhum tipo de problema moral nessa exploração sistemática e violenta. A condição de pagãos colocava os indígenas num grau abaixo dos europeus católicos, o que era suficiente para a sua escravização ou para formas de exploração do trabalho próximas ao cativeiro, como a *encomienda*. Todavia, essa percepção não era unanimidade entre os europeus, principalmente em meio ao clero, que passou a ter a missão de evangelizar aquela imensidão de nativos. Missionários católicos e protestantes que haviam entrado em contato com os diferentes grupos indígenas lideraram discussões acerca da natureza desses homens e mulheres "recém-descobertos", que à primeira vista pareciam não ter nem *lei*, nem *rei* e muito menos *fé*.

---

4 Sobre o impacto do encontro entre europeus e indígenas entre finais do século XV e começo do XVI, ver Tzvetan Todorov, *A conquista da América: A questão do outro* (São Paulo: Martins Fontes, 1982).

Entre os anos 1550 e 1551, os direitos e tratamentos destinados aos indígenas foram discutidos no primeiro debate moral dessa natureza, que aconteceu na cidade de Valladolid, na Espanha. Os debatedores foram o frade dominicano Bartolomeu de Las Casas e o jurista Juan Ginés de Sepúlveda. Ambos apresentaram argumentos morais e teleológicos sobre as questões relativas à colonização da América e à conversão dos índios ao cristianismo.

Las Casas foi enfático na defesa dos indígenas, argumentando que o sistema de *encomienda* instaurado pela Coroa espanhola acabou resultando na escravização das sociedades nativas, ação que era contrária aos princípios cristãos e à missão evangelizadora da colonização. Sepúlveda, por sua vez, defendia a teoria da escravidão natural, que justificava a escravização das populações indígenas, já que as sociedades nativas eram "naturalmente inferiores", desprovidas de moralidade e racionalidade, e que, por isso mesmo, deveriam obedecer àqueles que lhes eram superiores: os colonos europeus.

Os juízes de Valladolid suspenderam o debate sem chegar a uma conclusão, sob o argumento de que era necessário realizar novas investigações sobre o tema. Prometeram, no entanto, apresentar uma resposta por escrito, o que nunca aconteceu. Mesmo sem um veredito final, Las Casas e Sepúlveda se consideraram parcialmente vitoriosos. E eles não estavam de todo equivocados em pensar dessa forma. De maneira geral, a argumentação moral que prevaleceu defendia que os indígenas deveriam ser catequizados, contemplando assim a argumentação principal de Las Casas. Para aqueles que recusassem a salvação cristã, restavam a guerra justa e a consequente escravização, pontos defendidos por Sepúlveda

Ainda que o debate de Valladolid mereça ser conhecido de forma mais aprofundada, aqui vale observar que foi nessa ocasião que Las Casas publicizou de forma sistemática uma série de argumentos que vinha elaborando havia anos, condenando a escravização indígena. No campo das ideias, ele defendia que a evangelização (a maior missão de qualquer católico) só atrairia os povos caso a pregação se desse de forma pacífica. Assim, a escravização inviabilizaria a catequese. Partindo da uma convivência longa e intensa com sociedades nativas de diferentes partes das Américas, Las Casas defendia que os indígenas eram "homens" e, portanto, têm "almas racionais", que deveriam ser salvas pelas palavras de Cristo.[5]

Apesar de muito tocado pelas atrocidades que testemunhara, Las Casas também sabia da necessidade da exploração do trabalho para fazer valer a colonização. Desse modo, ainda na década de 1520, ele não se fez de rogado e, ao criticar a escravização e/ou exploração indígena, apresentou como opção viável a escravização de africanos, propondo essa alternativa para importantes lideranças coloniais e para o papa. Anos mais tarde, ele teria se arrependido dessa posição, criticando o que chamava de "cegueira" dos portugueses, que pareciam replicar no continente africano a *guerra justa* da Reconquista, sem levar em consideração as características dos guinéus. Porém, a crítica aos modos como a escravização dos africanos se dava não chegou a se transformar em um combate ao tráfico transatlântico.

Las Casas falava a partir do universo espanhol na América, mas o que dizia repercutia em toda a cristandade, marcando com suas ideias o alto escalão da Igreja católica. Há quem defenda que suas pregações chegaram a influenciar o papa Paulo III. Verdade ou não, o fato é que em 1537 o papa publicou a bula *Sublimis Deus*, definindo que "índios e todos os outros povos que venham a ser descobertos pelos cristãos não devem em

---

5 Ver Bartolomé de las Casas, *Brevíssima relação da destruição de África* (Lisboa: Antígona, 1996).

absoluto ser privados de sua liberdade ou da posse de suas propriedades, ainda que sejam alheios à fé de Jesus Cristo; e que eles devem livre e legitimamente gozar de sua liberdade e da posse de sua propriedade; e *não devem de modo algum ser escravizados*".

Vale lembrar que a Igreja católica foi o braço direito (e esquerdo) do empreendimento colonial na América portuguesa, cabendo a seus membros não só organizar a vida cotidiana, como também estabelecer os parâmetros morais que a sustentariam. Portanto, é muito emblemático que o clero tenha elaborado críticas sistemáticas à escravização indígena por mais de trezentos anos e, por outro lado, nunca tenha produzido uma crítica contundente ao chamado tráfico negreiro. Os mesmos homens que se lançaram em defesa da salvação dos indígenas (muitas vezes dedicando a vida à causa) silenciaram, ou até mesmo incentivaram, a escravização de africanos. Aos negros da terra cabia a salvação; aos da guiné, a escravidão.

Mas a vida na colônia era por demais complexa. A proibição da escravização indígena pela bula *Sublimis Deus* não se efetivou, tanto que Las Casas manteve sua defesa por mais quarenta anos. Na década de 1570, para reforçar a postura evangelizadora da colonização, tanto a Coroa portuguesa quanto a espanhola promulgaram leis proibindo a escravização desmedida dos indígenas, o que acatava parte dos argumentos da Igreja a favor do salvamento das almas dos nativos americanos. Entretanto, essas mesmas leis deixavam brechas que permitiam que esses indígenas fossem escravizados sob a alegação da *guerra justa*.

Em grande medida, os argumentos de Las Casas foram endossados por outros missionários contemporâneos a ele que atuaram na América portuguesa. Ainda no século XVI, o padre Manuel da Nóbrega (1517-70), jesuíta português que chefiou a primeira missão na colônia e que, apesar de reconhecer o que considerava uma série de costumes e práticas condenáveis entre as sociedades nativas (como o famigerado canibalismo), defendia a existência de um "índio notável", que tinha potencialidades para ser salvo e viver aos modos católicos. Esse era o indígena que as missões deveriam lapidar, a despeito das péssimas condutas de muitos colonos, que faziam uso extremado da violência e afugentavam os nativos da graça maior.

As reflexões de padre Manuel da Nóbrega a favor da salvação indígena não necessariamente condenavam a escravização deles. Seus escritos apresentam outras instâncias da complexidade que marcaria a colonização na América portuguesa,[6] como o fato de muitas missões jesuíticas terem escravizado populações nativas em meio ao processo de catequese. Por mais contraditório que possa parecer, a escravidão indígena foi uma realidade em muitos aldeamentos, cujo sustento material vinha da exploração do trabalho dos homens e das mulheres que os jesuítas, em tese, estavam salvando.

A construção do mundo colonial era herdeira direta das hierarquias étnicas do universo português da Reconquista, o que fez com que as relações na América portuguesa estivessem baseadas no suor e no sangue de indígenas e africanos. Esse foi o começo de nossa história.

O paradigma de Palmares

"É gente bárbara, que vive do que rouba." Foi assim que o fidalgo português Caetano de Melo e Castro, que chegou a ser governador da capitania de Pernambuco, definiu os bandeirantes. Sua opinião era compartilhada por muitos senhores

---

6 Sobre as ações dos jesuítas em relação à instituição escravista, ver Carlos Alberto de Moura Ribeiro Zeron, *Linha de fé: A Companhia de Jesus e a escravidão no processo de formação da sociedade colonial — Brasil, séculos XVI e XVII* (São Paulo: Edusp, 2011).

de engenho dessa mesma capitania, que, mesmo sofrendo havia décadas com as fugas de seus escravizados para o quilombo dos Palmares, adiaram ao máximo convocar os paulistas para lutar contra os palmarinos. Vistos como "selvagens que viviam no meio do mato", sem nenhuma civilidade, os bandeirantes chegaram a ser considerados mais perigosos do que os negros de Palmares. No entanto, à medida que o quilombo crescia, os escravocratas os viam cada vez mais como uma alternativa possível aos engenhos de açúcar da região, fazendo com que o horror aos bandeirantes ganhasse contornos mais suaves.

Não foram duas nem três vezes que os senhores daquela capitania se organizaram para tentar debelar o quilombo. Até mesmo o rei de Portugal Pedro II chegou a escrever para Zumbi dos Palmares propondo um acordo de paz que garantiria a liberdade de alguns poucos palmarinos se a maior parte dos quilombolas fosse novamente reduzida à escravidão. Mas nem isso pareceu surtir efeito.

No ano de 1685, frente à recusa de Zumbi em aceitar as propostas de negociação de paz feitas pelo monarca português, o então governador de Pernambuco, Souto Maior, decidiu tomar uma medida radical, convocando os temidos paulistas para exterminar o quilombo. O nome escolhido para chefiar a expedição foi o de Domingos Jorge Velho, que na época era conhecido pela brutalidade e pela violência no aprisionamento e na escravização de indígenas. Jorge Velho vivia numa região que hoje faz parte do Piauí, o que tornava sua viagem à capitania de Pernambuco mais curta do que se viesse de São Paulo. Ainda assim, a expedição demorou quase seis anos para chegar. A principal razão de tamanha demora estava na capitania vizinha, do Rio Grande do Norte, que em 1688 convocou às pressas o mesmo bandeirante para acabar com a rebelião dos indígenas janduís, sublevados sob a liderança de Canindé.

Entre 1688 e 1695, os colonos e as autoridades coloniais se curvaram à animosidade e à selvageria que eles mesmos enxergavam nos bandeirantes para garantir que a ordem fosse restabelecida. Ao que tudo indica, a ascendência portuguesa comungada entre senhores de engenho de Pernambuco e bandeirantes de São Paulo falou mais forte. Mesmo tendo que conviver com os "maus modos" de Domingos Jorge Velho, ao fim de 1695, tanto Canindé como Zumbi dos Palmares estavam mortos, e os focos de resistência liderados por eles haviam sido debelados.

A vitória da lógica escravista naquele fim de 1695 nos ajuda a compreender duas questões estruturais do passado colonial brasileiro. A primeira reside na constatação da soberania da ordem escravocrata. Não existia diferença ou disputa política entre a população branca da América portuguesa que falasse mais alto do que a manutenção do sistema escravista. No entanto, e aí vamos para a segunda questão, apesar das opressões vividas, aqueles que foram profundamente explorados e vilipendiados também compuseram ativamente o desigual jogo de poder instaurado, fazendo da resistência um dos maiores exercícios de política no período colonial.[7]

---

[7] Embora seja reconhecidamente o maior quilombo das Américas, a história de Palmares não foi objeto de muitas pesquisas, o que de certa forma indica a limitação de parte da historiografia brasileira, que durante muito tempo pareceu não enxergar a extensão e a importância desse quilombo. Mesmo assim, é possível pontuar trabalhos que foram fundamentais não só no exame das dinâmicas que constituíram a história de Palmares e de seu entorno, mas que, ao fazê-lo, revelaram as agências e as ações políticas de sujeitos que por muito tempo foram encarados pela historiografia como espectadores dos processos históricos. Nesse sentido, vale a pena destacar os seguintes trabalhos: Beatriz Nascimento, *Uma história feita por mãos negras* (Org. Alex Rattz. Rio de Janeiro: Zahar, 2021); Décio Freitas, *Palmares, a Guerra dos Escravos* (Rio de Janeiro: Graal, 1978); Edison Carneiro, *O Quilombo dos Palmares* (São Paulo: Brasiliense, 1947); Flávio Gomes, *Palmares: Escravidão e liberdade no Atlântico Sul* (São Paulo: Contexto, 2005); Silvia Hunold Lara, *Palmares & Cucaú: O aprendizado da dominação* (São Paulo: Edusp, 2021).

3.
"Corpo na América, alma na África"

A aposta na escravidão e no tráfico transatlântico

Por quase quinze anos Tereza de Benguela foi a maior liderança do Quilombo de Quariterê. Formado por negros escravizados e indígenas fugidos na década de 1740, o quilombo se situava às margens do rio Guaporé, na Vila Bela da Santíssima Trindade, capital de Mato Grosso. O primeiro líder do quilombo havia sido José Piolho, esposo de Tereza de Benguela, que morreu em meados da década de 1750. A partir de então, sua esposa assumiu a liderança dos quilombolas, sendo conhecida como rainha Tereza de Benguela, uma mulher africana que governou o quilombo à moda parlamentar, já que contou com o auxílio de conselhos e instituições administrativas em sua gestão.

O principal documento sobre o quilombo é o *Anal da Vila Bela do ano de 1770*. Graças a esse documento, é possível saber que os quilombolas confeccionavam suas próprias roupas, possuíam duas tendas de ferreiros para o conserto de armas, cultivavam algodão, além de produzirem alimentos suficientes para sua subsistência e para a comercialização na vizinhança. Mas pouco sabemos sobre a rainha Tereza, as organizações internas do quilombo e as dinâmicas culturais que permeavam a vida dos quilombolas. Por isso, até hoje alguns aspectos das histórias do Quilombo de Quariterê e da própria Tereza de Benguela estão rodeados por uma aura mítica. A causa de sua morte, por exemplo, não foi esclarecida. Aprisionada após uma expedição em junho de 1770, Tereza foi levada para uma cela, onde sofreu uma série de violências. Há quem acredite que ela morreu de tristeza, dias depois de perder a liberdade duramente conquistada. Mas também existem os que defendem que foi assassinada pelas autoridades coloniais. O fato é que, após sua morte, ela foi esquartejada e teve a cabeça exposta para servir de exemplo àqueles que ousassem desafiar o sistema escravista.[1]

Embora existam muitas lacunas no que sabemos sobre a história da rainha Tereza e do quilombo que ela governou, alguns aspectos desse episódio reforçam aquilo que a experiência palmarina já havia escancarado: "Onde houve escravidão, houve resistência".

Ao longo dos séculos XVII e XVIII, a escravidão, sobretudo a de africanos, se espalhou por todo o território colonial, até mesmo em regiões recém-anexadas. A capitania do Mato Grosso foi fundada em 1748 numa região que, de acordo com o Tratado de Tordesilhas (1494), pertencia ao domínio espanhol. Como ocorrido no restante da região Centro-Oeste do Brasil, a fundação dessa capitania esteve diretamente ligada à expansão territorial das possessões portuguesas na América, que, por sua vez, teve o movimento das bandeiras e a busca por ouro e pedras preciosas como seus principais motores. Cinco anos depois da sua fundação, já temos registro do quilombo que muito incomodou as autoridades locais.

O poder amargo do açúcar, que organizou boa parte das capitanias do Nordeste no século XVII, não ofuscou a busca por ouro. Mesmo que esse não tenha sido o único objetivo para a

---

1 Sobre as histórias do Quilombo de Quariterê e de Tereza de Benguela, ver: Maria de Fátima Costa, "Alexandre Rodrigues Ferreira e a capitania de Mato Grosso: Imagens do interior". *História, Ciências, Saúde: Manguinhos*, Rio de Janeiro, v. VIII, suplemento, pp. 993-1014, 2001; Emmanuel de Almeida Farias Jr., "Negros do Guaporé: O sistema escravista e as territorialidades específicas". *Ruris: Revista do Centro de Estudos Rurais*, Campinas, v. 5, n. 2, pp. 85-116, set. 2011.

formação do movimento das bandeiras — afinal de contas, a escravização de indígenas havia se mostrado um negócio lucrativo —, foi pelas ações dos bandeirantes que a região das Minas foi encontrada, reacendendo sonhos seculares, reorganizando a administração de toda a colônia e conectando a América portuguesa ao sistema mundial de forma inédita.

A febre do ouro fez com que milhares de "aventureiros" adentrassem os sertões e levassem consigo instituições do mundo colonial português. Do ponto de vista administrativo, vale a pena destacar a criação da capitania de Minas Gerais (que foi desmembrada da capitania de São Paulo em 1720) e a mudança da capital do vice-reino para a cidade do Rio de Janeiro, em 1763. Essa reorganização foi acompanhada de uma intensa ocupação da região por meio da construção de vilas e cidades, gerando a necessidade de criação de um mercado interno que desse conta do sustento desses novos centros urbanos, fomentando assim a pecuária, a agricultura e os ofícios mecânicos.[2]

A escravidão de africanos acompanhou intensamente o processo de ocupação da região, em grande medida devido aos conhecimentos que certas sociedades africanas (principalmente da África Central) detinham sobre a atividade mineradora. A presença de escravizados africanos e nascidos na Colônia era tamanha que, no final do século XVIII, eles compunham mais da metade da população da capitania de Minas. Essa presença não só testemunhava a intensificação do infame comércio, como anunciava a expulsão, a dizimação e a exploração das sociedades indígenas que ali viviam.

As grandes regiões marcadas pela mineração de ouro e pedras preciosas também se tornaram palco de inúmeras formas

---

2 Ver Flávia Maria da Mata Reis, *Das faisqueiras às galerias: Explorações do ouro, leis e cotidiano nas Minas do século XVIII (1702-1762)* (Belo Horizonte, Universidade Federal de Minas Gerais, 2007, dissertação de mestrado).

de resistência praticadas pelos sujeitos escravizados e explorados. A formação de quilombos continuou sendo uma dessas maneiras de resistir.[3] Sendo assim, além de remontar trajetórias de luta e de configurações políticas que foram sistematicamente silenciadas na história oficial brasileira, uma leitura a contrapelo do Quilombo de Tereza de Benguela evidencia um crescimento vertiginoso da instituição escravista na América portuguesa, mais especificamente de africanos escravizados.

Compreender as razões e consequências desse crescimento é lidar diretamente com a estruturação racial do passado colonial, ressaltando a centralidade que o tráfico transatlântico e a escravidão tiveram nessa organização social.

O infame comércio

"Tumbeiro." Esse era um dos sinônimos utilizados para se referir aos navios negreiros que transportavam africanos escravizados para as Américas. A escolha desse substantivo não era aleatória: a violência inerente à escravidão somada às horrendas condições sanitárias da travessia marítima fizeram desses navios verdadeiras tumbas transatlânticas. As estimativas apontam que de 10% a 15% dos africanos que embarcavam nos tumbeiros morriam durante o percurso. Fome, sede, doenças, tristeza, castigos e inclusive suicídio eram as causas da mortandade de uma viagem cujo destino final era a escravidão. E, mesmo assim, o tráfico transatlântico de africanos

---

3 Para um panorama interessante sobre quilombos organizados na região das Minas Gerais e do Mato Grosso, ver os capítulos escritos por Carlos Guimarães, Donald Ramos, Laura de Mello e Souza, Luiza Rios Ricci Volpato e Mary Karasch no clássico de João José Reis e Flávio dos Santos Gomes (Orgs.), *Liberdade por um fio: História dos quilombos no Brasil* (São Paulo: Companhia das Letras, 1996).

escravizados se configurou como um dos comércios mais lucrativos de toda a história da humanidade.

Conforme visto, os portugueses foram os pioneiros no comércio de africanos escravizados. Ainda no século XV, Portugal iniciou suas transações com algumas regiões do continente africano, tendo o aval e as bênçãos da Igreja católica. Com o advento da colonização das Américas, os portugueses passaram a transportar africanos escravizados para diferentes localidades do continente, inclusive para possessões da Coroa espanhola. O monopólio lusitano começou a sofrer concorrência no início do século XVII, quando holandeses, ingleses e franceses também fizeram do tráfico transatlântico uma peça-chave no funcionamento de seus próprios impérios ultramarinos.

Talvez um dos exemplos mais emblemáticos do caráter estruturante do tráfico transatlântico na dinâmica do mundo colonial possa ser visto nas invasões holandesas (1630-54) na América portuguesa. Ao organizarem a ocupação da capitania de Pernambuco, os holandeses compreenderam que o controle da produção açucareira não se daria apenas pelo domínio dos engenhos de açúcar. Era fundamental controlar as rotas de africanos escravizados para a região, já que no início do século XVII eles já eram a principal mão de obra no fabrico do açúcar. Ao se lançar sobre o Império português, os batavos organizaram ações nos dois lados do Atlântico. A expulsão dos holandeses obedeceu à mesma lógica: as tropas lusitanas (compostas de colonos e portugueses) atuaram tanto nas cidades de Olinda e Recife como na costa africana de Angola.[4]

---

4 Sobre a invasão holandesa e as consequências da expulsão dos batavos da produção açucareira da região, ver Evaldo Cabral de Mello, *O negócio do Brasil: Portugal, os Países Baixos e o Nordeste* — (1641-1669) (São Paulo: Companhia das Letras, 2011); Robin Blackburn, *A construção do escravismo no Novo Mundo*, op. cit.

No caso da América portuguesa, o tráfico transatlântico foi definidor para as dinâmicas que pautaram a instituição escravista, o que significa dizer que o infame comércio teve um papel crucial na organização e no desenvolvimento da sociedade colonial. Os números não nos deixam mentir. As estimativas mais aceitas apontam que, entre 1560 e 1850, cerca de 11 milhões de africanos escravizados desembarcaram nas Américas, aproximadamente 5 milhões só no território brasileiro, o que indica que mais de 40% de todos os africanos escravizados tiveram o Brasil como destino final.

O pioneirismo português — que durante certo tempo representou quase um monopólio das rotas de comércio transatlânticas — explica uma pequena parte desse quadro. Dentro do Império português, o tráfico transatlântico deixou de ser uma atividade exercida apenas por lusitanos para também se tornar uma empresa chefiada por colonos, grande parte deles nascida na América portuguesa. Essa constatação nos leva ao questionamento de uma máxima que foi amplamente difundida nos bancos escolares do Brasil: que o período colonial teria sido caracterizado pelo comércio triangular.

De fato, durante as primeiras décadas da colonização, a metrópole portuguesa estabeleceu um comércio com suas possessões ultramarinas, no qual os africanos escravizados eram vendidos para os colonos americanos por intermédio de traficantes portugueses, que, por sua vez, vendiam o açúcar (ou outro produto tropical) para comerciantes igualmente portugueses, que revendiam o produto no mercado europeu. Parte do lucro advindo dessa transação era utilizado para a compra de novos africanos escravizados, alimentando assim um ciclo ininterrupto. A partir de meados do século XVII, o que se observa é a construção de um comércio bilateral entre a América portuguesa e sociedades africanas, sem a intermediação da metrópole. Um dos exemplos dessa relação bilateral pode ser atestado na escolha do Rio de Janeiro como centro administrativo de Angola, no ano de 1648.

Essa constatação aponta para dois aspectos cruciais e pouco explicitados de nossa história. O primeiro é que a compreensão da história brasileira só acontece na medida em que se conhece suas articulações com o continente africano. O segundo, que deve ser muito sublinhado, reside no fato de que colonos (e mais tarde brasileiros) foram os maiores responsáveis pelo grande volume de africanos escravizados que desembarcou aqui.

O tráfico transatlântico era uma atividade de alto risco. Tanto era assim que em muitos casos os traficantes preferiam comprar porcentagens de navios negreiros do que ser proprietários de um ou dois tumbeiros. Essa estratégia diminuía os riscos financeiros, já que uma travessia atlântica poderia passar por tempestades, motins e até mesmo ataques piratas. Os lucros eram proporcionais ao risco. Na verdade, durante os trezentos anos de vigência do tráfico transatlântico, nada deu mais dinheiro do que comprar, transportar e vender africanos.[5]

A presença e a atuação sistemática de traficantes "brasileiros" foram fundamentais para o grande afluxo de africanos para a América portuguesa, o que, por sua vez, foi definidor para as práticas privadas de controle sobre os escravizados. É importante pontuar que o valor monetário de um africano escravizado nunca foi baixo. E por ser uma propriedade relativamente

---

5 Um trabalho fundamental, que analisa com profundidade o estabelecimento do comércio bilateral entre a América portuguesa e as sociedades da África Central (principalmente onde hoje é Angola), é o de Luiz Felipe de Alencastro, *O trato dos viventes: Formação do Brasil no Atlântico Sul* (São Paulo: Companhia das Letras, 2000). Outro importante trabalho, que inclusive ajuda a compreender algumas permanências da dinâmica do tráfico bilateral após a Independência do Brasil em 1822, é o de Manolo Florentino, *Em costas negras: Uma história do tráfico de escravos entre a África e o Rio de Janeiro — séculos XVII e XIX* (São Paulo: Editora Unesp, 2015). Ver também: João Luís Fragoso, *Homens de grossa aventura* (Rio de Janeiro: Civilização Brasileira, 1998).

cara, era de esperar certo zelo por parte dos proprietários. No entanto, as dinâmicas estabelecidas no comércio bilateral permitiram uma oferta constante de africanos escravizados, o que fez com que muitos proprietários explorassem de maneira desmedida esses homens e mulheres, o que invariavelmente causava a morte prematura deles. Após aportar no Brasil, o tempo médio de vida de um escravizado era de cerca de uma década. Todavia, essa perda de bem semovente parecia pouco importar, em especial para os senhores de grandes plantéis de escravizados. Nesses dez anos de intensa labuta, o escravizado trabalhava o suficiente para pagar o que havia custado ao seu senhor e ainda produzia um excedente, que permitia que seu proprietário comprasse outros dois escravizados de mesmo porte.

A intrincada rede econômica criada pelo tráfico transatlântico resultou em inúmeras fortunas para colonos da América portuguesa — e, mais tarde, para cidadãos do Império do Brasil. Isso porque grande parte dos produtos utilizados nesse comércio bilateral era produzida na colônia através do trabalho de escravizados. Cachaça, açúcar mascavo e tabaco tiveram boa recepção nas sociedades africanas que se envolveram no tráfico. Isso sem contar a farinha de mandioca e o charque, que eram com frequência utilizados na alimentação dos africanos durante a travessia atlântica.

Sustentáculo de toda a experiência colonial, o tráfico transatlântico tinha uma dinâmica que complexificava e diversificava ainda mais a economia da América portuguesa. Sem dúvida alguma, o destino principal da maior parte dos africanos escravizados eram as atividades voltadas para o mercado externo, como as produções de açúcar e algodão e a atividade mineradora. Mas as facilidades criadas pelo comércio bilateral permitiam que pessoas de condições módicas pudessem adquirir africanos escravizados por meio de cartas de crédito, cujo valor era pago pelo trabalho do escravizado.

Numa perspectiva puramente economicista, é possível dizer que o tráfico transatlântico foi o maior ciclo econômico do passado colonial brasileiro. A dimensão que o infame comércio ganhou fez com que a América portuguesa, além de ser a região que mais recebeu africanos escravizados, também fosse, provavelmente, onde havia o maior número de senhores de escravos — uma categoria ampla que abarcava tanto quem a muito custo havia comprado um escravizado quanto aqueles que tinham uma centena deles.

Os números do tráfico para a América portuguesa são a maior evidência do quão lucrativo foi esse comércio. A descoberta do ouro fez com que a entrada de africanos escravizados sofresse um aumento vertiginoso. Nas décadas áureas da mineração, entravam anualmente na colônia entre 12 mil e 23 mil africanos escravizados, e cerca de 30% aportavam na região Sudeste. Essa cifra indica um aumento de quase 100% em relação a meados do século XVII, quando a produção açucareira do Nordeste vivia seu momento mais pujante. O curioso é que, mesmo com a queda brusca da extração aurífera a partir da década de 1760, os números do tráfico transatlântico continuaram operando num crescente até 1808, quando ocorreu a transferência da corte portuguesa para o Rio de Janeiro. Se no século XVII pouco mais de 750 mil africanos escravizados desembarcaram por aqui, na centúria seguinte esse número ultrapassou os 1,9 milhão de almas, cifra que continuou crescendo até 1850.[6]

As razões desse crescimento são muitas: o já citado boom aurífero; a maior fiscalização da proibição da escravização indígena; a diversidade econômica da colônia, baseada na mão de obra escravizada; a maior demanda do mercado mundial por

6 Os números apresentados estão na base da dados do Slave Voyages. Disponível em: <www.slavevoyages.org/>. Acesso em: 8 fev. 2022.

açúcar nos últimos anos do século XVIII, em decorrência da Revolução do Haiti (1791-1804); a atuação de traficantes brasileiros em outras localidades da América do Sul, sobretudo na região do Prata, entre outras. Na virada do século XVIII para o XIX, vender escravizados continuou sendo num negócio e tanto.

Portanto, não é de estranhar que durante todo o período colonial não tenha havido nenhuma crítica contundente ao comércio negreiro. Não podemos esquecer que o século XVIII foi o "Século das Luzes", quando os ideais iluministas foram elaborados e propagados, sendo abertamente utilizados pelas metrópoles na tentativa de racionalizar a administração de suas colônias. Palavras como liberdade e igualdade começaram a ganhar novos sentidos, mas pareciam interditadas para grande parte da população que vivia nas Américas.

O aspecto que, porventura, era criticado por missionários e religiosos era o elevado grau de violência praticado pelos mercadores de gente. O comércio de africanos era moralmente justificado, mas os traficantes deveriam saber dosar a mão. No universo português, padre Antônio Vieira foi um dos intelectuais que chamaram a atenção para essa questão, lembrando aos traficantes que eles, como bons cristãos, deveriam praticar suas funções sem esquecer dos princípios básicos do catolicismo. De todo modo, a escravidão continuava sendo vista como o purgatório em vida para africanos e seus descendentes.

Ainda assim, a escravidão não era uma condição perpétua e imutável. Os portugueses, ao adotar o Código Justiniano como inspiração para elaborar as leis que regiam seu império ultramarino, previram que escravizados poderiam alcançar a liberdade por meio da alforria. Aqueles que conseguissem acumular o valor estipulado ou que por alguma razão fossem abonados por seus proprietários se transformavam em homens e mulheres forros, também chamados de libertos.

Essa possibilidade, mesmo que remota, funcionou como válvula de escape para uma sociedade forjada na escravidão e no tráfico transatlântico, na medida em que tornava a liberdade algo almejável.[7] Não é de surpreender que a sociedade que mais recebeu africanos escravizados tenha sido também a com maior índice de alforrias. O fato de os milhares de africanos que aqui desembarcaram saberem que a liberdade poderia ser adquirida de forma legal foi determinante no estabelecimento das relações privadas com seus proprietários, bem como nos tipos de luta empregados contra a escravidão.

Mas tomemos cuidado. Ainda que legalmente permitida e socialmente difundida, o percentual de escravizados que conseguiam a alforria variava entre 1% e 2%. A imensa maioria morria nessa condição. E embora tenha sido uma prática costumeira em todo o passado colonial, não existiam leis específicas que regessem a manumissão. Isso significa dizer que quem definia os termos da aquisição da alforria era o proprietário, que em última instância podia se negar a libertar um escravizado, mesmo que ele ou ela tivesse o dinheiro para isso. E mais: a precariedade da liberdade garantida pelas cartas de alforria era tamanha que um proprietário poderia simplesmente deixar de reconhecer o documento e exigir a reescravização. No entanto, esta última possibilidade era remota, pois a intensidade do tráfico garantia que qualquer proprietário pudesse comprar um novo cativo. O terror psicológico e o uso deliberado de chantagens fizeram da precariedade jurídica da alforria uma ferramenta de sustentação do clientelismo: muitos libertos, com

---

7 Sobre a correlação entre tráfico, alforria e resistência escrava, ver: Rafael de Bivar Marquese, "A dinâmica da escravidão no Brasil: Resistência, tráfico negreiro e as alforrias, séculos XVII a XIX". *Novos Estudos Cebrap*, São Paulo, n. 74, pp. 107-23, mar. 2006.

medo de terem suas alforrias contestadas, continuavam próximos a seus antigos proprietários, perpetuando a noção de que eram "senhores".

As dinâmicas do tráfico transatlântico tornaram o Brasil o lugar que mais recebeu africanos em toda a América, gerando uma sociedade de proprietários de escravizados, indivíduos que construíram seus patrimônios, seus lugares sociais e o próprio exercício da política a partir da compra, venda e escravização de outros homens e mulheres — que, não por acaso, eram todos negros.

O governo dos escravizados

A escravidão é uma instituição que existe na humanidade há milhares de anos, e suas origens remontam à Revolução Neolítica, ocorrida há aproximadamente 12 mil anos, quando a domesticação da natureza também representou a exploração do trabalho de seres humanos, à semelhança do que era feito com os animais. Desde então, a escravidão foi adotada em diferentes sociedades e de formas distintas, sendo possível categorizar seus usos em dois grandes grupos: as sociedades com escravos e as escravistas.

No primeiro se encontram sociedades em que o trabalho dos escravizados teve um papel pontual na dinâmica econômica. Podemos citar como exemplo o Egito antigo, a Europa medieval, microssociedades africanas, o Império asteca e até mesmo o mundo capitalista que vivemos hoje — que parece conviver sem muitos problemas morais com a escravidão. No segundo estão as sociedades cujas dinâmicas econômicas se organizaram a partir do trabalho de escravizados. Exemplos importantes são a Grécia clássica, o Império Romano e os impérios muçulmanos que existiram até o final do século XIX.

As sociedades coloniais fundadas nas Américas a partir do século XVI se enquadram no segundo grupo — sobretudo o Brasil, o Caribe e os Estados Unidos, que fizeram uso deliberado da escravização de africanos e de seus descendentes. Em todo o continente, o trabalho dos escravizados foi a mola propulsora do mercantilismo, se constituindo como uma das bases da formação do capitalismo. Mas havia uma particularidade na escravidão experimentada na modernidade: ela era racializada. Ou seja, as pessoas que estavam sujeitas à escravização pertenciam a raças determinadas. Isso quer dizer que negros (em maior escala) e indígenas (em menor escala) podiam ser reduzidos à escravidão, o que significa que a população branca esteva protegida dessa instituição nefanda.[8]

Entender a América portuguesa como uma sociedade escravista deve ir além de pensar as inúmeras atividades a cargo dos escravizados. Durante o período colonial e por quase todo o Império, grande parte dos trabalhos manuais, principalmente os que necessitavam de força física, foi executada por pessoas escravizadas. Fosse nos plantéis de cana, na produção do açúcar, nas plantações de algodão e de tabaco, na extração do ouro e de pedras preciosas, no pastoreio do gado e na produção do charque, na lavagem das roupas, na limpeza e nos cuidados das casas, na amamentação dos filhos dos proprietários, no trabalho de estiva nas cidades portuárias, no calçamento das ruas, na venda de alimentos — fossem atividades vinculadas ao mercado internacional ou ao mercado interno —, tudo dependia em grande medida do trabalho de escravizados.

8 Para uma análise mais sociológica da escravidão na sua dimensão institucional em diferentes momentos e localidades, ver Orlando Patterson, *Escravidão e morte social: Um estudo comparativo* (São Paulo: Edusp, 2008); Igor Kopytoff, "Slavery". *Annual Review of Anthropology*, Palo Alto, v. II, pp. 207-30, 1982.

No entanto, a escravidão é uma relação composta de dois sujeitos: o escravizado e seu proprietário. Na América portuguesa, era comum que o dono do escravizado fosse chamado de *senhor* (*a*) *de escravo*, uma expressão que revela um jogo de poder no qual os dois ocupavam posições antagônicas, em que um é dono do outro.

Sendo assim, o contrário de ser escravizado não era ser livre, mas proprietário de escravizados. Essa constatação é fundamental para entender não só os diversos sentidos de liberdade que existiram durante a vigência da escravidão, como também para compreender que ser proprietário era estar o mais longe possível da chance de ser escravizado. Ou seja, era o lugar de maior prestígio social e o que garantia mais segurança.

Os senhores de escravizados não compunham uma classe homogênea. Eles não usufruíam das mesmas condições econômicas nem tinham a mesma atuação e influência políticas, travando muitas vezes grandes conflitos entre si. Mas eram os homens mais ricos e com maior poder de decisão da colônia — e foram os seus interesses que ditaram boa parte das dinâmicas do mundo colonial. Sendo assim, a administração dos escravizados era algo que competia aos proprietários, que, na prática, decidiam todas as instâncias da vida material dos primeiros: o que eles comeriam, o que vestiram, no que e quanto tempo trabalhariam, se poderiam ou não se casar.

Os senhores de escravizados da América portuguesa eram homens que professavam (com diferente intensidade) a fé católica. Desse modo, suas escolhas muitas vezes eram tangenciadas pelos preceitos da Igreja católica, principalmente no que diz respeito aos limites do uso da violência e o que seria considerado tolerável pela instituição. Embora não existisse nenhum tipo de sistematização do que seria a conduta do "bom e pio proprietário", alguns missionários jesuítas escreveram tratados e manuais nos quais organizaram aquilo que consideravam o bom governo dos escravos. Tais publicações podem ser entendidas como uma resposta aos movimentos insurretos, ao aumento de fugas e à formação de quilombos no final do século XVII.

No entanto, a preocupação desses missionários passava longe de qualquer crítica à instituição escravista ou ao comércio negreiro. Jesuítas como Jorge Benci e André João Antonil queriam garantir que os possíveis excessos dos proprietários fossem contidos para tornar a violência inerente a uma sociedade escravista algo mais palatável. Assim, as principais indicações previam justamente que os proprietários deveriam ser homens justos, pios e tementes a Deus. Respeito aos domingos e aos dias santos, batismo e introdução aos preceitos católicos, ração adequada, castigos exemplares e pedagógicos: eram esses os temas sobre os quais os manuais se debruçavam.[9] O objetivo desses documentos era promover uma escravidão que fosse resultado de uma boa dosagem de paternalismo com a aplicação correta de castigos físicos.

Essa postura também era compartilhada pela metrópole lusitana. Ao contrário do que aconteceu em outras partes do continente americano, aqui nunca houve uma legislação específica para a escravidão, o que tornava a situação jurídica dos escravizados um tanto complexa. Por um lado, é possível pontuar que a definição máxima do que era um escravizado moderno era ser propriedade privada de alguém. Porém, não qualquer propriedade. Do ponto de vista jurídico, por ser um bem que também era uma pessoa, o escravizado era um "bem semovente", ou

---

9 Silvia Hunold Lara (Org.), "Legislação sobre escravos africanos na América portuguesa". In: José Andrés-Gallego (Coord.) *Nuevas aportaciones a la historia jurídica de Iberoamérica*. Madri: Fundación Histórica Tavera; Digibis; Fundación Hernando de Larramendi, 2000 (CD-ROM); Rafael de Bivar Marquese, *Feitores do corpo, missionários da mente: Senhores, letrados e o controle dos escravos nas Américas, 1660-1860*. São Paulo: Companhia das Letras, 2004.

seja, um ser humano que era uma coisa e, portanto, não tinha nenhum direito, inclusive o de se tornar proprietário.

No entanto, do ponto de vista penal, a responsabilização dos escravizados pelos seus atos estava prevista nas Ordenações Manuelinas e Filipinas — códigos jurídicos do Império português, promulgados em 1512 e 1603, respectivamente. Caso cometessem algum crime, responderiam legalmente, podendo ser levados à Justiça e ser condenados. Ou seja, na esfera penal, o escravizado era reconhecido como pessoa. Para além disso, as Ordenações Manuelinas sugeriam que fossem batizados e reconheciam as doações que porventura recebessem de seus proprietários, incluindo a alforria, mas não iam muito além disso.

Ao longo dos trezentos anos de colonização, construiu-se um pacto entre os poderes metropolitano, eclesiástico e dos colonos, fazendo com que o tráfico negreiro e a escravidão fossem válidos, legítimos e até mesmo justos, fosse pelas leis divinas, fosse pela "lei dos homens" (leia-se aqui: homens brancos europeus). Essa pactuação, por sua vez, coroava o domínio dos proprietários, fazendo de suas casas-grandes verdadeiros castelos de privilégios.

Então, sejamos categóricos: durante o período colonial, todo e qualquer tipo de luta contra a escravidão foi protagonizado pela população escravizada e por seus descendentes que de algum modo haviam conquistado a liberdade. Esses homens e mulheres tinham seus corpos na América, mas suas almas e origens remontavam à África.

4.
Mestiçagem

O cadinho e o nó colonial

No ano de 1757, o rei de Portugal d. José I e seu ministro, o marquês de Pombal, publicaram um documento que teve profundo impacto no Estado do Grão-Pará e Maranhão, sendo estendido para toda a colônia no ano seguinte. Elaborado em 1755, o Diretório dos Índios trouxe uma série de mudanças na governança das populações indígenas da América portuguesa.

Esse documento fazia parte de uma política vigorosa, levada a cabo pelo marquês de Pombal, que visava ampliar o controle da metrópole. Em 1755, a Coroa portuguesa já havia promulgado uma lei que restituía a liberdade das populações indígenas, impedindo que missionários controlassem os assuntos administrativos e laicos das aldeias. A decisão vinha para selar essa agenda política, determinando o fim das missões religiosas e instituindo um diretor dos índios, que seria nomeado pelo governador-geral.

De forma bem resumida, o documento expressava três preocupações importantes da Coroa: garantir a civilização dos indígenas dentro do modelo europeu, proteger o território colonial e fortalecer a autoridade metropolitana. Para tanto, as populações indígenas passaram a adotar nomes e sobrenomes portugueses, foram obrigadas a usar vestimentas e a viver em moradias no estilo ocidental, além de ser incentivadas a realizar casamentos com a população branca. Também fez parte do Diretório a distribuição de terras para o cultivo, uma medida que visava tanto manter os indígenas em territórios específicos, como introduzir o trabalho remunerado na produção e na comercialização agrícolas, permitindo assim que a atividade pudesse ser tributada.

A sanha em "civilizar" as populações indígenas encontrou uma série de dificuldades, como abusos de poder, jornadas de trabalho exaustivas e mortandade, além de muita resistência. Fugas de indígenas para regiões mais interioranas (sobretudo de floresta) se tornaram ainda mais frequentes. O malogro foi tamanho que em 1798 o Diretório foi extinto pela Coroa, deixando como herança a manutenção de políticas metropolitanas que se viam no direito e no dever de salvar as populações indígenas de seus rituais pagãos e de seu modo de vida selvagem.[1]

Para além de todas as violências físicas e simbólicas endereçadas às populações indígenas, o Diretório dos Índios também revela as conexões de hierarquias sociais e raciais que já regiam a América portuguesa, inclusive no que diz respeito à população negra. Isso fica especialmente evidente quando o Diretório determina que:

> Entre os lastimosos princípios, e perniciosos abusos, de que tem resultado nos Índios o abatimento ponderado, é sem dúvida um *deles a injusta, e escandalosa introdução de lhes chamarem Negros*; querendo talvez com a infâmia, e vileza deste nome, persuadir-lhes, que a natureza os tinha destinado

---

1 Para entender um pouco mais sobre as histórias vinculadas ao Diretório, ver Rita Heloísa de Almeida, *O Diretório dos Índios: Um projeto de "civilização" no Brasil do século XVIII* (Brasília: Editora da UnB, 1997); Mauro Cezar Coelho, "A construção de uma lei: O Diretório dos Índios". *Revista do IHGB*, Rio de Janeiro, n. 168, v. 437, pp. 29-48, out.-dez. 2007; Elisa Fruhauf Garcia, "O projeto pombalino de imposição da língua portuguesa aos índios e a sua aplicação na América meridional". *Tempo*, Niterói, v. 12, n. 23, pp. 23-38, 2007; Patrícia Maria Melo Sampaio, "'Vossa Excelência mandará o que for servido...': Políticas indígenas e indigenistas na Amazônia portuguesa do final do século XVIII". *Tempo*, Niterói, v. 12, n. 23, pp. 39-55, 2007.

para escravos dos Brancos, como regularmente se imagina a respeito dos Pretos da Costa da África. E porque, além de ser prejudicialíssimo à civilidade dos mesmos Índios este abominável abuso, seria indecoroso às Reais Leis de Sua Majestade chamar Negros a uns homens, que o mesmo Senhor foi servido nobilitar, e declarar por isentos de toda, e qualquer infâmia, habilitando-os para todo o emprego honorífico: *Não consentirão os Diretores daqui por diante, que pessoa alguma chame Negros aos Índios, nem que eles mesmos usem entre si deste nome como até agora praticavam; para que compreendendo eles, que lhes não compete a vileza do mesmo nome, possam conceber aquelas nobres ideias, que naturalmente infundem nos homens a estimação, e a honra.* [Grifo meu.]

Mesmo com a linguagem do português escrito no século XVIII, esse trecho do Diretório apresenta de maneira muito direta que o termo "negro" estava associado à infâmia e à vileza e por isso não deveria mais ser utilizado para se referir aos indígenas. Não devemos esquecer que no início do processo colonial era usual que os colonos chamassem os nativos de *negros da terra*, uma expressão que carregava em si a possibilidade de escravização das populações indígenas, considerando que os negros de África já eram sistematicamente escravizados. Desse modo, a partir da publicação do Diretório, a estima e a honra dos indígenas eram reconhecidas pelas autoridades metropolitanas.

Honra e estima. Foram as palavras utilizadas para se contrapor ao negro. A degeneração não estava atrelada à condição de escravizado — ao menos não de forma expressa —, mas à cor negra.

Seria mais fácil compreender a organização social da América portuguesa se o status dos indivíduos fosse totalmente determinado pelo fator racial. Aos indígenas caberia a catequese; aos africanos, a escravização; e aos portugueses, a colonização.

No entanto, ainda que a imensa maioria dos escravizados (africanos e nascidos nas Américas) tenha morrido nessa condição, a possibilidade da alforria permitiu a presença significativa de libertos e de seus descendentes no tecido social.

Isso leva a uma constatação importante: se a escravidão era uma condição racializada, a liberdade não era. Porém se engana quem imagina que existisse apenas um tipo de liberdade. Durante a vigência da escravidão — e até os dias atuais —, negros e brancos não experimentaram os mesmos sentidos e possibilidades de liberdade.

E aí temos um dos grandes nós da questão racial na América portuguesa. A correlação entre cor negra e escravidão fez com que ambas as palavras fossem tomadas como sinônimos em diversas ocasiões. Muitos documentos da época utilizavam os termos *negro* ou *preto* para se referir a indivíduos escravizados. Embora a população escravizada fosse majoritariamente negra, nem todos os negros eram escravizados. Logo, os indivíduos de cor negra carregavam na pele a marca da escravidão — uma marca que o estatuto da liberdade não tinha como apagar.

Como se pode imaginar, a liberdade das pessoas negras não era a mesma usufruída pelas brancas. Se na América portuguesa a pertença racial não determinava quem era livre, definitivamente delimitava a extensão dessa liberdade, criando um escalonamento entre os indivíduos que gozavam dessa condição. Tanto que havia a expressão *população livre de cor*. Toda vez que uma pessoa livre e não branca era citada (sobretudo nos documentos produzidos pelos órgãos administrativos), sua pertença racial era mencionada, como um lembrete: mesmo reconhecida, a liberdade da população negra e mestiça parecia fora do lugar. Nem é preciso dizer que o contrário não acontecia. Dificilmente indivíduos brancos tinham sua pertença racial anunciada, fosse nos documentos oficiais, fosse na vida comezinha.

Se a escravidão podia ser um sinônimo da cor negra, a liberdade era uma condição naturalizada para pessoas brancas.

No entanto, as diferentes experiências de liberdade também foram atravessadas por uma condição que marcou nossa história desde muito cedo: a miscigenação. Não estamos falando aqui do "Brasil brasileiro, meu mulato inzoneiro" cantado nos versos de Ary Barroso. Era uma mestiçagem originada em uma sociedade patriarcal e escravocrata, onde violências sexuais contra mulheres negras e indígenas eram frequentes, constituindo mais uma forma de dominação.

Reconhecer a origem violenta da mestiçagem é fundamental para a compreensão da história do racismo no Brasil. Isso porque um dos atenuantes do racismo brasileiro reside justamente no alto índice de miscigenação da nossa população, que vem desde o período colonial. É como se, de alguma forma, o fato de homens portugueses terem tido filhos com mulheres indígenas e negras suavizasse a estruturação racista sobre a qual nossa sociedade se formou.

A miscigenação não é nem nunca foi um fator atenuante do racismo brasileiro, mas um elemento complicador de como as hierarquias raciais e o próprio racismo foram construídos. A percepção que toma a miscigenação como uma contraprova do racismo no Brasil nada mais é do que uma poderosa arma de perpetuação desse mesmo racismo. Sem dúvida alguma, as práticas que determinaram os processos de miscigenação não foram as mesmas ao longo de nossa história nem em todo o vasto território brasileiro. Mas há uma origem comum na violência que constituiu as relações sociais, políticas e culturais do nosso passado colonial.

Os portugueses que se lançaram nas grandes navegações, circundando o continente africano e colonizando a América portuguesa, até poderiam ser mais afeitos a misturas interétnicas se comparados a pessoas oriundas de outras sociedades europeias. Essa característica explicaria em parte o número elevado de interações sexuais e até mesmo relações amorosas com mulheres (e homens) de origens não europeias.

Mas não nos deixemos enganar: tais relações foram estabelecidas em meio a estruturas de poder absolutamente desiguais, nas quais muitas vezes as mulheres eram propriedade desses portugueses, o que lhes retirava o domínio sobre o próprio corpo. A lascívia muitas vezes atribuída aos portugueses trazia como "brinde" uma violência sexual[2] que foi naturalizada pelo silenciamento e que fez disso uma das principais características do racismo brasileiro.

Sangue impuro, cor desonrada

A desonra e a vileza que o Diretório dos Índios atribuía à expressão "negros da terra" pareciam colocar um ponto-final em uma prática amplamente difundida na colônia. No entanto, os princípios norteadores desse documento produzido pela elite administrativa e ilustrada da Coroa tinham uma história antiga, que remontava ao processo de reconquista da Península Ibérica.

A expulsão dos muçulmanos e a consolidação das monarquias portuguesa e espanhola solidificaram as identidades dessas nações a partir da cristandade. Desde o século XIII, ser português era sinônimo de ser católico. Contudo, entre os séculos VIII e XIII, o território que viria a ser Portugal foi invadido, ocupado e dominado pelos muçulmanos. Foi um período

---

2 O historiador Charles R. Boxer é taxativo ao criticar a pretensa ausência de discriminação racial por parte dos portugueses. Seus argumentos estão em boa parte das obras em que ele analisa a formação do Império português. Ver Charles R. Boxer, *O Império marítimo português, 1415-1825*, op. cit.; id., *Relações raciais no Império colonial português, 1415-1825* (Rio de Janeiro: Tempo Brasileiro, 1967).

extenso e complexo, que deve ser analisado fora das estereotipias que o Ocidente criou em torno do islamismo, em especial por ter representado a convivência entre católicos, muçulmanos (também chamados de mouros) e judeus. Desse modo, a reconquista também foi um meio de expurgar todos os não cristãos da região.

E para garantir que a limpeza étnico-religiosa havia sido bem-feita, foram elaborados estatutos de limpeza de sangue, que dividiam as sociedades ibéricas em dois grupos: os cristãos-velhos — puros por excelência — e os impuros, que até o século XV eram os judeus, os mouros e seus descendentes. Com a consolidação do Império português, os estatutos de pureza de sangue foram utilizados para garantir que apenas cristãos-velhos pudessem fazer parte de ordens militares, câmaras municipais, confrarias, cargos de magistratura, bem como do clero secular e regular. Além da exclusão dos descendentes de mouros e judeus, tais estatutos também viam com maus olhos os indivíduos que ganhavam a vida com atividades manuais, classificando-os de desonrados. Logo se vê que tais estatutos estabeleciam uma relação direta entre a honra e a pureza de sangue.

Em tese, a pureza de sangue não estava vinculada à cor da pele, mas às origens e pertenças religiosas das pessoas. Todavia, em meio à construção da sociedade colonial, surgiu uma camada social composta de pessoas livres de cor: alforriados e livres, negros e mestiços, cujo estatuto jurídico impedia que fossem regidos pelas mesmas leis e práticas que governavam as populações escravizadas.

O que se observa a partir do século XVII é uma conexão cada vez mais forte entre aqueles que eram considerados de sangue impuro e a cor não branca de sua pele. Sendo assim, a expansão e a consolidação do Império português (na América, na África e na Ásia) foram responsáveis pela elaboração de novos critérios de inserção social e de discriminação.[3] Essa redefinição de quem seria impuro e desonroso manteve os privilégios dos cristãos-velhos e de seus descendentes puros, ou seja, aqueles que não haviam sido maculados por religiões pagãs, pela baixeza do trabalho manual e muito menos pelo sangue africano.

A presença cada vez maior da população livre de cor, sobretudo dos chamados mulatos (que naquela época costumavam ser filhos de homens brancos com mulheres negras e escravizadas), obrigou que novas sanções fossem criadas. No ano de 1671, a metrópole portuguesa expediu uma ordenação real que ampliava uma proibição de 1497, determinando que todo homem que quisesse se candidatar para qualquer cargo público ou funções oficiais teria que provar que não era cristão-novo, mouro ou mulato, e que sua esposa não tinha nenhuma dessas características. Décadas depois, na região mineradora — marcada por uma intensa mobilidade social, graças ao maior número de alforrias —, a Coroa expediu outro decreto de natureza semelhante, exigindo que os candidatos aos cargos municipais da capitania de Minas Gerias tivessem ascendência branca pura e que fossem casados com mulheres iguais a eles.[4]

Foi nessa relação de "morde e assopra" que a Coroa portuguesa ergueu um império ordenado pela discriminação, cujas bases foram se tornando cada vez mais raciais. Por um lado, havia o reconhecimento da alforria como lei costumeira e inexistia proibições formais contra a miscigenação. Por outro, foram sendo criados instrumentos legais que dificultavam e/ou impediam a mobilidade e a ascensão social de sujeitos considerados

---

3 Hebe Mattos, "A escravidão moderna nos quadros do Império português: O Antigo Regime em perspectiva atlântica". In: João Fragoso, Maria Fernanda Bicalho e Maria de Fátima Gouvêa (Orgs.), *O Antigo Regime nos Trópicos: A dinâmica imperial portuguesa (séculos XVI-XVIII)*. Rio de Janeiro: Civilização Brasileira, 2001, pp. 141-624. **4** Larissa Vianna, *O idioma da mestiçagem: As irmandades de pardos na América portuguesa*. Campinas: Editora da Unicamp, 2007.

impuros. E essa impureza, que antes era medida pelo local de nascimento e pela fé professada, passou a ter também na cor negra da pele um dos seus maiores e mais nefandos indícios.

O que se observa é a construção de um gradiente de cores na sociedade colonial. Se a pessoa negra ou mulata (para usar um termo da época) fosse escravizada, seu estatuto jurídico e, como consequência, suas interdições eram facilmente delineados. Mas essa mesma definição não era tão visível no caso das pessoas negras livres e libertas. Dependendo do tom da pele do sujeito em questão, bem como da sua posição socioeconômica, ele/ela estaria sujeito a interdições específicas, que não atingiam a população branca.

Essa gradação dentro da chamada "população de cor" pode ser verificada nos muitos termos utilizados para designar tais pessoas: "negro", "preto", "mulato", "pardo", "cafuzo", "cabra", os quais hoje podem ser tomados como sinônimos, mas na época tinham sentidos diversos. *Preto* era amplamente utilizado para se referir a pessoas escravizadas, ao passo que *negro* podia indicar também homens e mulheres libertos ou livres. Embora pudessem ser usados para se referir à mesma pessoa, *pardo* e *mulato* também tinham sentidos distintos. A palavra *mulato*, por ter na sua origem a ideia de que o indivíduo era produto do cruzamento de seres diferentes, costumava ter uma conotação muito mais ofensiva do que *pardo*, que era uma alusão à cor do pardal.[5]

Tais distinções criaram uma hierarquia de tons de pele, na qual o estágio mais condenável era o da pele negra, enquanto o mais privilegiado era o da cor branca. Todas as possibilidades existentes entre esses dois extremos estavam organizadas a partir dessa distinção fundante.

---

5 Para importantes trabalhos que analisam os interditos e as dinâmicas estabelecidas pela população negra e mestiça livre, ver A. J. R. Russell-Wood, *Escravos e libertos no Brasil colonial* (Rio de Janeiro: Civilização Brasileira, 2005); Silvia Hunold Lara, *Fragmentos setecentistas: Escravidão, cultura e poder na América portuguesa* (São Paulo: Companhia das Letras, 2007).

A colônia dessa gente de cor

Como era esperado, os sentidos e valores atribuídos aos termos utilizados para designar a população não branca mudaram ao longo do tempo. Em grande medida, tais mudanças foram resultado das ações dessas "pessoas de cor", que, apesar dos interditos, lutaram e até mesmo ultrapassaram os limites impostos pela Coroa portuguesa. Nosso passado colonial está repleto de "dispensas de cor" solicitadas por homens livres e mulatos que queriam entrar em ordens religiosas. Apesar das proibições, alguns mulatos também ingressaram na Universidade de Coimbra. Isso sem contar as muitas mulheres negras (escravizadas, mas sobretudo livres e libertas) que ignoraram as leis que as proibiam de usar ouro, joias e roupas luxuosas.[6]

Nessa sociedade desigual, instituições foram criadas exclusivamente para a população livre de cor. As milícias negras eram corpos militares compostos de homens negros livres e libertos, que lutavam em nome do rei português. Um dos casos mais notórios foram os Henriques, uma milícia negra da

---

6 A historiografia brasileira e brasilianista tem importantes trabalhos que analisam com profundidade as possibilidades de ascensão social da população livre de cor. Na realidade, esse é um tema que gera salutares debates acadêmicos, demonstrando o quão complexa era a interseção da mobilidade social com a pertença racial no Brasil Colônia, como demonstram as obras de Junia Furtado, Ronald Raminelli e Eduardo França Paiva. Estudos mais recentes têm dado especial atenção à "população de cor" livre da América portuguesa. Ver Anderson José Machado de Oliveira, "Padre José Maurício: 'Dispensa da cor', mobilidade social e recriação de hierarquias na América portuguesa". In: Roberto Guedes (Org.). *Dinâmica imperial no Antigo Regime português: Escravidão, governos, fronteiras, poderes, legados — séc. XVII-XIX* (Rio de Janeiro: Mauad X, 2011, pp. 51-66); Lucilene Reginaldo, "'Não tem informação': Mulatos, pardos e pretos na Universidade de Coimbra (1700-1771)". *Estudos Ibero--Americanos*, Porto Alegre, v. 44, n. 3, pp. 421-34, 2018; Jerônimo Aguiar Cruz, "Terra de Pardo: Entre forros, reinóis e lavouras de cana — Campo Grande, Rio de Janeiro, 1720-1800". *Salvador: Afro-Ásia*, n. 61, pp. 37-77, 2020.

capitania de Pernambuco comandada por Henrique Dias, que atuou em expedições contra os holandeses, tendo sido um dos poucos homens negros agraciado por um rei português.

Outra importante associação negra autorizada pela metrópole e pela Igreja eram as irmandades negras. A história das irmandades religiosas remonta à Idade Média, quando devotos de determinados santos criaram, com o aval da Igreja católica, organizações cujo principal objetivo era fazer caridade e ampliar a fé cristã. As irmandades negras seguiam os mesmos preceitos das demais: todos os membros deveriam pagar uma taxa anual, que seria revertida para festas, rituais fúnebres e missas. A grande diferença dessas irmandades estava na condição de seus membros — a maioria era formada por escravos e/ou libertos — e no fato de elas adorarem santos negros, como Nossa Senhora do Rosário, santo Elesbão, santa Ifigênia e são Benedito.

Muitos senhores e a própria Igreja católica viam com bons olhos a formação dessas irmandades, pois acreditavam que essa era mais uma maneira de controlar a população escrava e liberta, já que esta passaria a compartilhar a mesma religião de seus proprietários ou ex-senhores — uma religião que defendia a escravização dessa mesma população.

Contudo, embora tivessem a mesma fé religiosa, as irmandades negras foram espaços importantes de sociabilidade para negros cativos e alforriados. Os membros criavam laços de amizade, parentesco e, sobretudo, solidariedade: muitas vezes, o padrinho de um recém-nascido era escolhido dentro da irmandade da qual os pais da criança faziam parte. Casamentos entre escravos ou de cativos com libertos também ocorriam dentro dessas organizações. Elas ainda garantiam um enterro e um cortejo fúnebre dignos para todos os seus membros.

Além disso, em alguns casos, as irmandades negras ou irmandades de "homens pretos" eram formadas por africanos escravizados de uma mesma procedência. Escravos e libertos *angola* ou *congo* se reuniam e formavam um grupo, reforçando assim identidades oriundas do outro lado do Atlântico. Em determinadas situações, esses escravos também cultuavam entidades religiosas africanas ou atribuíam as mesmas características de deuses da sua terra aos santos católicos, como a forte relação estabelecida entre são Jorge e o orixá Ogum.

Além de ampliar as redes de parentesco, as irmandades negras tiveram um papel importante na luta pela liberdade. Diversos escravos africanos e crioulos conseguiram obter sua alforria graças à poupança feita por seus "irmãos" de credo. Assim que comprava a liberdade de um membro, a irmandade começava uma nova poupança para ajudar outra pessoa.

Todos os anos, cada irmandade fazia uma festa para seu santo padroeiro. Esse era o momento mais importante para essas associações. A comemoração era composta de uma longa procissão, uma missa solene e uma grande festa com muita música, dança e batuque. Também era aí que a irmandade coroava seu rei e sua rainha. Para os escolhidos, esse era um momento de grande prestígio.

A devoção de escravizados e libertos fez com que algumas irmandades negras ganhassem muita notoriedade e se transformassem em organizações com bastante dinheiro. Um exemplo disso é que, no Rio de Janeiro, a igreja de Nossa Senhora do Rosário e a de São Elesbão e Santa Efigênia foram construídas na região central da cidade.

Africanos e crioulos escravizados conseguiram desenvolver uma ideia de família muito próxima daquela encontrada em diferentes regiões da África: a da família extensa. Já que os laços de parentesco originais haviam sido rompidos pela escravização e pelo tráfico, muitos cativos encontraram no *apadrinhamento* uma forma eficaz e legítima (perante os olhos dos senhores, da Igreja católica e do Estado) de reconstruírem suas redes familiares. O compadrio também foi utilizado como uma estratégia na luta pela liberdade, pois padrinhos e madrinhas, principalmente os alforriados e livres, se comprometiam a se empenhar pela obtenção da liberdade de seus afilhados.[7]

Por isso afirmo que, no período colonial, a luta pela liberdade foi uma experiência protagonizada pela população negra. Apesar de não ter sido experimentada da mesma forma por todos, dependendo de variantes como origem, status e o tom da pele, em algumas situações essa luta ultrapassou a instituição escravista e se transformou em uma crítica à própria colonização.

É muito significativo que o movimento insurreto do período colonial mais conhecido seja a Inconfidência Mineira (1789), que sem dúvida questionou a ordem vigente, colocando a república no horizonte de expectativas, mas que não teceu nenhuma crítica à escravidão. Alguns anos depois, em 1798, na Bahia, outra sublevação ganhou as ruas e os corações dos habitantes de Salvador. Muito influenciada pelos ideais ilustrados, pela abolição da escravidão na colônia francesa de São Domingos (futuro Haiti), mas também fruto de um olhar crítico sobre a estrutura colonial, a Conjuração Baiana não só pregava o fim da colonização e a criação de uma república, como também defendia a abolição da escravidão. A sublevação foi controlada pelas forças coloniais e metropolitanas, e seus principais líderes foram condenados à forca. Seus nomes eram: Lucas

---

7 As irmandades negras são temas pujantes da historiografia brasileira, que demonstram a intrincada relação entre questões raciais, origem, catolicismo (e suas releituras), resistência e disputa de poder. Trabalhos fundamentais sobre o tema são: Mariza de Carvalho Soares, *Devotos da Cor: Identidade étnica, religiosidade e escravidão no Rio de Janeiro, século XVIII* (Rio de Janeiro: Civilização Brasileira, 2001); Anderson José M. Oliveira, "Santos negros e negros devotos: A Irmandade de Santo Elesbão e Santa Efigênia no Rio de Janeiro, século XIX". *Cativeiro e Liberdade*, Rio de Janeiro, UFRJ, Niterói, UFF, v. 4, 1997; João José Reis, "Identidade e diversidade étnicas nas irmandades negras no tempo da escravidão". *Tempo*, Rio de Janeiro, v. 2, n. 3, 1997; Lucilene Reginaldo. *Os rosários dos angolas: Irmandades de africanos e crioulos na Bahia Setecentista* (São Paulo: Alameda, 2011).

Dantas, Manuel Faustino, Luís Gonzaga e João de Deus. Todos homens negros.

Sendo assim, antes mesmo de ser um país soberano, ainda nos anos finais do século XVIII, dois movimentos de cunho separatista — e muito embebidos dos ideais iluministas e liberais — ganharam notoriedade no mundo colonial: a Inconfidência Mineira (1789) e a Conjuração Baiana (1798). No primeiro caso, temos um movimento protagonizado pelos setores médios da sociedade colonial, mais especificamente homens brancos que viviam na região mineradora — um movimento que dizia muito sobre os interditos coloniais na região e sobre um horizonte republicano, que se mostrava cada vez mais presente no Ocidente.

Já a Conjuração Baiana — também conhecida como Revolta dos Alfaiates ou Revolta dos Búzios — foi um movimento de cunho mais popular, contando com a participação ativa de escravizados e homens e mulheres negros e livres. Assim como a Revolução Haitiana, almejava a república e o fim da escravidão, mostrando que existiram outros projetos de futuro em meio à colonização da América portuguesa.

Em ambos os casos, as autoridades coloniais foram implacáveis com as lideranças desses movimentos, deixando claro que o preço a ser pago por esse tipo de insurreição era um só: a forca. No entanto, mesmo tendo idêntico destino, os protagonistas desses movimentos tiveram um tratamento muito diferenciado. Enquanto Tiradentes, o mártir da Inconfidência Mineira, se tornou um herói brasileiro, cuja morte é comemorada com um feriado nacional, os líderes da Conjuração Baiana são pouco mencionados, exceto Cipriano Barata. As trajetórias de vida e as reivindicações de Lucas Dantas de Amorim Torres, Manuel Faustino dos Santos Lira, Luís Gonzaga das Virgens e João de Deus do Nascimento ainda são tratadas como anedotas de nossa história. Seria desprezo ou medo de pensar a história brasileira a partir de líderes revolucionários negros, como aconteceu com a experiência haitiana?

Parte II

O Império do Brasil

Se a justiça, por ter olhos vendados,
É vendida, por certos Magistrados,
Que o pudor aferrando na gaveta,
Sustentam — que o Direito é pura peta;
E se os altos poderes sociais,
Toleram estas cenas imorais;
Se não mente o rifão, já mui sabido:
— Ladrão que muito furta é protegido —
É que o sábio, no Brasil, só quer lambança,
Onde possa empantufar a larga pança!

Luiz Gama, *Sortimento de gorras*
para a gente do grande tom, 1859

Independência ou morte!

Esse deve ter sido um dos gritos mais emblemáticos da história brasileira. Talvez o mais importante, já que foi às margens do rio Ipiranga que d. Pedro I anunciou um novo período da nossa história. Na verdade, era o próprio Brasil que nascia com esse brado, rompendo com uma trajetória que desde 1500 havia deixado o território — o mais lucrativo do Império lusitano — sob a administração e a exploração portuguesas.

Há quem diga que essas três palavras pouco mudaram o funcionamento da história do Brasil. Argumentos para isso não faltam. O novo imperador e proclamador da Independência era ele mesmo português, filho do rei de Portugal e, consequentemente, herdeiro do trono da até então metrópole. Assim, uma pergunta absolutamente cabível seria: ele se referia a que tipo de independência?

As desconfianças em relação aos limites políticos da Independência declarada em 7 de setembro de 1822 se avolumam à medida que se observa que houve pouca ou nenhuma mudança na estrutura econômica e na estratificação social nos anos subsequentes à criação do Império do Brasil — uma estrutura que Caio Prado Jr. identificou como "os sentidos da colonização".

Mas nem sempre as respostas que procuramos estão nas mudanças. Sobretudo quando estamos pensando na história do Brasil. Por diversas vezes, a chave para a compreensão da trajetória brasileira reside, justamente, em observar o que se manteve. Ou melhor, aquilo que se escolheu manter.

Não por acaso, a história do racismo no Brasil é, também, uma história de permanências.

87

5.
Luzes, raça e escravidão no mundo em revolução

A expressão "independência ou morte" apareceu em um contexto bem mais radical do que em 7 de setembro de 1822. Anos antes, mais especificamente em 1º de janeiro de 1804, Jean-Jacques Dessalines fez uso dessa expressão em meio à Declaração de Independência do Haiti. Ao contrário de d. Pedro I e de tantos outros homens que proclamaram a emancipação das nações americanas, Dessalines não fazia parte das elites políticas coloniais. Ele era um ex-escravizado que se juntou às tropas revolucionárias daquela que foi a maior e mais exitosa revolução escrava da história.

Em agosto de 1791, escravizados da colônia mais lucrativa das Américas iniciaram uma insurreição sob as bênçãos dos líderes do vodum, uma religião de matriz africana amplamente difundida na ilha. O movimento foi formado e chefiado por escravizados de São Domingos, uma colônia francesa, que, marcados pela violência no corpo e na alma, exigiam melhores condições de vida. Aquela não era a primeira nem seria a última revolta escrava das Américas. Mas foi uma insurreição na qual os escravizados puderam ler suas reivindicações sob as lentes de um novo ideal de mundo que, em tese, não lhes dizia respeito. Marcados pelos princípios de igualdade, liberdade e fraternidade que tomavam as ruas da França e que já haviam sido apregoados no recém-criado Estados Unidos da América (1776), os escravizados de São Domingos ressignificaram os ideais do Iluminismo, revelando a um só tempo a sua radicalidade máxima e as suas limitações.

A Revolução do Haiti (1791-1804) foi um dos episódios mais complexos da história moderna. Ela terminou com a vitória dos escravizados, desnudando assim toda a racialidade que alicerçava o Antigo Regime — um sistema social e político no qual o poder estava centralizado nas mãos do monarca (o absolutista), e a sociedade estava dividida em estamentos que eram definidos pela origem social dos indivíduos. No entanto, não estranhe se você conhecer pouco ou nada sobre ela. A chamada história oficial foi construída para que fatos como os que se passaram no Haiti fossem silenciados.[1] E ainda que seja quase irresistível, nosso objetivo aqui não é mergulhar nos treze anos dessa revolução, mas pontuar que a criação de uma república americana constituída por negros que aboliram a escravidão foi uma mudança de paradigmas no mundo atlântico, um verdadeiro divisor de águas.[2]

Por um lado, a Revolução do Haiti era a materialização do medo de todos que lucravam com uma sociedade escravista: ela instituiu a abolição da escravidão, o fim do tráfico transatlântico e o estabelecimento de uma nova ordem social protagonizada pelos escravizados. Por outro lado, escancarou a profunda racialização que marcava as relações sociais, políticas e

1 No Brasil, a história da Revolução do Haiti ainda é muito pouco conhecida e debatida, tanto no meio acadêmico quanto entre o público mais amplo. Destaco aqui duas importantes obras recém-publicadas no país que analisam os silenciamentos dessa revolução: Michel-Rolph Trouillot, *Silenciando o passado: Poder e a produção da história* (Curitiba: Huya, 2016); Susan Buck-Morss, *Hegel e o Haiti* (São Paulo: N-1, 2017). 2 Para saber mais sobre a Revolução do Haiti, recomendo o clássico de C. L. R. James publicado originalmente em 1938 e traduzido aqui apenas em 2000, *Os jacobinos negros: Toussaint L'Ouverture e a Revolução de São Domingos* (São Paulo: Boitempo, 2000). Sugiro ainda as leituras de Laurent Dubois, *Avengers of the New World: The Story of the Haitian Revolution* (Cambridge: The Belknap Press, 2004); Carolyn E. Fick, *The Making of Haiti: The Saint Domingue Revolution from Below* (Knoxville: University of Tennessee Press, 1991).

econômicas do mundo moderno. Não por acaso, além dos franceses, também os ingleses e os espanhóis enviaram forças para tentar contê-la. O pavor de um levante negro era maior do que qualquer contenda de cunho nacionalista e parecia extrapolar todos os ideais humanitários compartilhados naquele momento.

Esse é um ponto fundamental da Revolução Haitiana. Ela revelou os limites das transformações que fundaram um novo tempo na história do Ocidente e que tinham como premissa a centralidade do homem. Tais transformações têm histórias complexas e por vezes contraditórias, que merecem ser estudadas com mais vagar. No entanto, para nos ajudar a pensar nessa história do racismo brasileiro, é essencial pontuar que elas alcançaram todos os aspectos da vida ocidental: no fazer político, na organização social, nas atividades econômicas e na percepção filosófica do mundo.

De um ponto de vista mais amplo, as mudanças anunciadas a partir do século XVIII ficaram conhecidas como Iluminismo, um movimento de ideias que enaltecia o indivíduo e seu *direito de pensar livremente* e *de a tudo criticar*, fazendo da experiência e da existência humanas sua principal matéria-prima. A liberdade era, pois, um conceito-chave, a premissa do movimento das luzes, que passou a organizar as ações e os pensamentos das elites intelectuais, econômicas e políticas da Europa e das Américas e que muitas vezes se concretizou na racionalização do mundo e na possibilidade de suspeitar de qualquer tipo de dogma (fosse religioso ou político), impulsionando uma outra forma de fazer ciência.

De modo paralelo e correlato ao Iluminismo, o liberalismo se organizou como uma filosofia cuja aplicação político-econômica também tinha a liberdade individual como coluna de sustentação. Tal liberdade não deveria ser maculada por fanatismos religiosos, governos despóticos ou concentração de poder. E essa liberdade precisava ser espelhada na organização econômica da sociedade, sobretudo no que diz respeito às transações comerciais. O Estado deveria se isentar de interferências nessa área, permitindo que o livre-comércio estabelecesse as regras do jogo.

Não por acaso, muitos de nós atrelamos a dupla Iluminismo e liberalismo ao conjunto de ideias que empreendeu uma crítica ferrenha ao Antigo Regime, tornando-se assim o pilar ideológico de grande parte das revoluções que marcaram a entrada na contemporaneidade.[3] A Revolução Francesa, a decapitação do rei Luís XVI, o fim das castas sociais, a Declaração dos Direitos do Homem e do Cidadão, o abolicionismo, os processos de independência dos países americanos e o fim do exclusivismo colonial são feitos que inauguraram nosso tempo. A liberdade era, pois, a nova palavra de ordem.

Havia, porém, um limite muito evidente para toda essa liberdade, que foi ultrapassado quando os escravizados negros de São Domingos decidiram que liberdade e igualdade também eram direitos que eles deveriam experimentar. E aí chegamos na parte "menos nobre" das transformações que marcam o mundo que conhecemos hoje: elas foram pensadas *por* e *para* um grupo específico e previamente estabelecido de indivíduos. Fazendo um trocadilho, estava claro que esse grupo era composto única e exclusivamente de homens brancos.

Na perspectiva de iluministas e liberais, a igualdade era uma *igualdade entre iguais*, pensando a humanidade a partir da

---

3 Iluminismo e liberalismo têm uma vasta literatura. Como historiadora, considero fundamental a leitura dos textos e das obras produzidos pelos homens que fizeram parte desses dois movimentos filosóficos, para que se possa ter contato direto com a maneira como eles concebiam o mundo. Um exame a contrapelo permitirá um olhar crítico desses pensadores. Para analisar a história desses movimentos, sugiro as seguintes leituras: Jorge Grespan, *Revolução Francesa e Iluminismo* (São Paulo: Contexto, 2003); Domenico Losurdo, *Contra-história do liberalismo* (São Paulo: Ideias & Letras, 2015).

experiência de homens brancos e europeus — e de seus descendentes diretos. O mesmo valia para a liberdade. Ainda que houvesse discussões e debates, a maior parte deles entendia que a escravidão, uma instituição que nega igualdade e liberdade aos escravizados, era um mal necessário ou um bem positivo. Ela até poderia ser moralmente condenável, mas era entendida como uma realidade que havia garantido o progresso da humanidade. Portanto, o que estava em jogo não era a perspectiva do escravizado, mas a do senhor (e proprietário) de escravos. Em última instância, a escravidão era vista como um direito garantido justamente por causa da liberdade e da igualdade que embasavam esses pensamentos.

Por isso, não há nenhuma contradição ao observar que, ao longo dos séculos XVIII e XIX, quando o Iluminismo e o liberalismo transformavam intensamente a forma de ver e de organizar o Ocidente, o tráfico de africanos escravizados se intensificava de uma forma nunca vista, sendo uma espécie de motor que garantia a construção do novo projeto de civilização, do qual somos herdeiros diretos. Isso equivale a dizer que escravidão e liberdade não eram incompatíveis. Muito pelo contrário: eram duas pontas muito bem articuladas desse mundo que se construía.

Nesse contexto, o conceito de *raça* foi redesenhado para servir como uma mola mestra da viabilidade de um mundo no qual liberdade, igualdade, razão e civilidade eram usufruídas por um grupo específico e previamente definido. Embora a experiência colonial tenha sido estruturada pela discriminação e estratificação social a partir de critérios fenotípicos e de origem, o mundo da igualdade e da liberdade só foi possível com a classificação e a hierarquização da humanidade. A partir do início do século XIX, *raça* passa a ser um conceito que classificava os seres humanos, isso graças à razão defendida pelos iluministas (e elevada à nona potência pelos positivistas), que transbordou os debates filosóficos e se fez presente na implementação de políticas em todas as nações que visavam desfrutar da civilização iluminista e liberal.

O Iluminismo desenvolvido por homens que compartilhavam a cor branca e nacionalidades europeias esteve na base de muitos estudos científicos que defendiam a desigualdade entre os seres humanos. Em meados do século XVIII, por exemplo, o médico e botânico sueco Lineu foi pioneiro na definição biológica de raça, classificando o que ele chamou de "variedades das espécies humanas". Já o naturalista francês Georges-Louis Leclerc desenvolveu a teoria da degenerescência: a humanidade teria uma origem comum (Adão e Eva, ambos brancos) e, por razões climáticas, pobreza extrema e doenças, foi se diferenciando ao longo da história, criando raças distintas. O médico inglês Charles White discordava de Leclerc e apostava nas origens múltiplas da humanidade, acreditando que cada raça era uma espécie separada, criada por ação divina para ocupar um território específico do planeta. Entre os iluministas, havia um debate de fundo sobre a origem única (monogenia) e a origem diversa (poligenia). Todavia, a crença na desigualdade entre os seres humanos era ponto pacífico.[4]

Ao longo do século XIX, a herança do pensamento iluminista foi fundamental para o desenvolvimento do racismo científico, essa pseudociência que acreditava em evidências empíricas que comprovariam a inferioridade ou a superioridade de determinados grupos humanos. A ideologia forjada pelo racismo científico, ou racismo biológico, chegou ao século XX e só passou a ser amplamente combatida após o Holocausto vivenciado na Segunda Guerra Mundial (1939-45).

4 Obras interessantes que discutem a historicização do conceito de raça, sobretudo na virada do século XVIII para o XIX, são: Francisco Bethencourt, *Racismos*, op. cit.; Stephen Jay Gould, *A falsa medida do homem* (São Paulo: WMF Martins Fontes, 2014).

Grande parte dos cientistas do século XIX mantiveram a defesa de que a humanidade estava dividida em raças distintas, que não teriam o mesmo grau de desenvolvimento. Ainda no início do século XIX, intelectuais como Georges Cuvier e Arthur Schopenhauer fizeram da ciência uma plataforma ideológica de propagação do racismo, utilizando para isso as técnicas desenvolvidas pela antropologia física, a antropometria e a craniologia. Como veremos mais adiante, o racismo científico ganhou nova envergadura com a publicação dos trabalhos de Charles Darwin em 1859. Entretanto, antes disso, foram os estudos dos cientistas que compactuavam com o racismo científico que deram o tom da ideologia no Ocidente.

Era um sistema quase perfeito: homens brancos (europeus em sua maioria) desenvolveram uma nova mentalidade, na qual a liberdade e a igualdade são entendidas como conceitos que definem a experiência humana. Para dar conta da "grandiosidade" do mundo que criavam, eles consideraram suas experiências como *universais*, tomando a si próprios como exemplares dessa humanidade que ansiava o progresso.

Entretanto, esse mesmo mundo estava organizado numa prática amplamente sistematizada de exploração do trabalho humano em regime de servidão. Aqueles que estavam sujeitos à escravidão eram seres humanos biologicamente inferiores, assim como os não brancos incivilizados, que, se não fossem escravizados, deveriam ser "salvos" pela colonização. O circuito estava fechado. Mas eis que surgiram os revolucionários de São Domingos, que colocaram em xeque todo esse sistema, ousando projetar possibilidades de mundo até então impensáveis. Não é de estranhar que a Revolução do Haiti tenha sido vista com profundo temor. Um medo tão profundo, que ganhou um nome: haitianismo.

E o Brasil nisso tudo? Bem, o Brasil foi mais uma nação americana que nasceu em meio a esse processo de profundas transformações, construído em um mundo no qual as ideias de nação, progresso, civilidade e a própria humanidade estavam unicamente vinculadas à população branca vinda da Europa. De forma peculiar, nossa história entrelaça todas essas questões ao longo do passado colonial e escravista. Não à toa as elites brasileiras da época conseguiram desenhar um projeto muito bem-acabado, no qual o racismo (agora científico) garantia a manutenção da organização social, econômica e, em grande medida, política de um país que buscava sua liberdade e sua igualdade.

O medo criado pela Revolução do Haiti foi uma realidade que se expressou de diferentes formas entre as elites escravistas das Américas e da Europa. Junto com o receio de que o episódio pudesse se repetir em outros lugares, essa revolução foi um fator definitivo para a elaboração de novas percepções de mundo. Duas têm importância significativa para o Ocidente, de forma geral, e para o Brasil, em particular.

Na Inglaterra, a Revolução do Haiti teve impacto direto na ampliação das vozes abolicionistas no Parlamento. Tanto que em 1807, a Inglaterra, o país que mais lucrou com a vinda de africanos escravizados em toda a história, decidiu abolir o tráfico transatlântico em todo seu império, medida que foi ampliada em 1815, quando os britânicos definiram o fim do tráfico ao norte da linha do equador, iniciando uma ofensiva política externa antitráfico. Além de pressionar seus parceiros econômicos, os britânicos também reservaram parte de sua Marinha para salvaguardar o Atlântico e garantir (militarmente) que o tráfico não ocorresse — nem que para isso fosse necessário abater um navio negreiro com toda a tripulação dentro.

A França, outra importante potência econômica e política da época, fez uma leitura muito própria da Revolução do Haiti, pois esta representou não só a perda da sua colônia mais lucrativa nas Américas, como foi a primeira grande derrota de

Napoleão Bonaparte. Em 1803, Bonaparte vendeu a Louisiana para os Estados Unidos e mudou os rumos de seu projeto colonial, centrando suas forças no controle do Velho Mundo. Em novembro de 1806, o imperador francês redimensionou as disputas contra a Grã-Bretanha por meio da implementação do Bloqueio Continental, uma medida que teve impacto direto no mundo português e, consequentemente, no Brasil.[5]

Em 1807, o exército de Napoleão Bonaparte avançava pelo território europeu. As forças lusitanas não tinham condições de contê-lo. Era questão de tempo para que a Coroa portuguesa tivesse o mesmo destino da vizinha Espanha, cujo monarca havia sido destronado e substituído por José Bonaparte, irmão do imperador francês. Nesse contexto, foi tomada a decisão inédita de transferir a corte portuguesa para sua colônia americana.

Quem ainda guarda a imagem de um d. João bonachão e desleixado dificilmente entende o feito concretizado por ele. Contrariando todas as expectativas e seguindo os conselhos de d. Rodrigo de Sousa Coutinho — seu braço direito na época —, o príncipe regente transferiu a sede da corte imperial de Lisboa para o Rio de Janeiro, garantido assim a soberania e a integridade do seu império e, de quebra, mantendo (e fortalecendo) os laços diplomáticos e econômicos com a Inglaterra, nação arquirrival da França napoleônica. Sem sombra de dúvidas, a história não pode ser resumida a "uma jogada de mestre" de d. João, mesmo porque não houve consenso entre os conselheiros do príncipe regente. Todavia, não há como negar que o filho da rainha louca (d. Maria) conseguiu um feito e tanto: o infante d. João driblou Napoleão Bonaparte e se manteve soberano. Tal medida foi muito bem recebida pelo governo

---

5 Para uma análise interessante que permite observar parte das reverberações da Revolução Haitiana no mundo atlântico, sobretudo no que diz respeito à manutenção ou à abolição da escravidão, ver Robin Blackburn, *A queda do escravismo colonial — 1776-1848* (Rio de Janeiro: Record, 2002).

britânico, que não só escoltou a viagem da corte, como ampliou a parceria comercial com o Império português.[6]

Para grande parte da historiografia brasileira, a transferência da corte foi um elemento central para o processo de independência do Brasil. Dito de outra forma, não há como compreender o nosso Sete de Setembro sem recuar no tempo e entender o que foi o período joanino. A vinda da família real significou um reenquadramento da organização política de todo o Império ultramarino, cujas consequências foram sentidas de formas distintas nas diferentes partes dos domínios portugueses. Nunca na história um monarca europeu havia colocado os pés em solo americano. O impacto dessa mudança foi brutal para o Império português como um todo e para a colônia do Brasil, em particular.

Por ter sido eleita corte, o Rio de Janeiro se tornou um espaço privilegiado para a compreensão dos desdobramentos dessa transferência e para a elaboração dos projetos imperiais que estavam sendo gestados num mundo em que as defesas da liberdade e da escravidão eram duas faces da mesma moeda.

Por definição, a corte é a residência do soberano. Assim, o Rio de Janeiro, que desde 1763 era a capital do vice-reino, deveria ser reconfigurado para fazer jus à sua nova condição de sede imperial. Antes mesmo de aportar na cidade, d. João proclamou, em 1808, a abertura dos portos para as nações amigas — decreto que privilegiou as relações econômicas do Império português com a Inglaterra — e permitiu que as atividades da praça comercial carioca ocorressem numa lógica mais próxima daquela defendida pelo liberalismo, viabilizando a entrada massiva de uma série de produtos manufaturados, cujo acesso

6 Para aprofundar os estudos das decisões políticas que estiveram por trás da decisão de transmigrar a corte portuguesa para o Rio de Janeiro, uma obra fundamental é a de Valentim Alexandre, *Os sentidos do Império: Questão nacional e questão colonial na crise do Antigo Regime português* (Lisboa: Afrontamento, 1993).

era dificultado pelo exclusivismo colonial. Um novo mercado consumidor estava sendo criado.

Já no Rio de Janeiro, uma série de medidas foi tomada, transformando a malha urbana da cidade. Um aspecto central foi a transferência de órgãos administrativos responsáveis pela organização de todo o Império português e de aparelhos culturais característicos de uma sociedade de corte, como a Biblioteca Real, o Jardim Botânico e o Museu Real. A imprensa, até então proibida, foi instaurada por meio da Imprensa Régia, permitindo o funcionamento de tipografias e jornais. O Banco do Brasil foi fundado, assim como a Academia Real Militar. Escolas de formação superior, também interditadas até então, foram abertas no Rio de Janeiro e na Bahia. Não bastava garantir o cenário de uma sociedade de corte. Os personagens precisavam estar a caráter, e a trama deveria ser finamente executada — afinal, havia um sentido de civilidade em jogo.

Para além da ocupação dos sobrados localizados nas freguesias centrais, do aterramento de brejos e pântanos, da abertura de ruas, da construção de edifícios e do calor tropical, havia um elemento crucial que caracterizou a transformação do Rio de Janeiro em corte: o crescente número de escravizados (boa parte deles africanos) que pululavam pela cidade. E aqui temos uma questão central da política implementada no período joanino: a repactuação da instituição escravista.

Quem vivia no Rio de Janeiro antes de 1808 não se surpreendia com a forte presença de escravizados, porém era notável a ampliação desse segmento. É preciso pontuar, porém, que em 1761 a escravidão foi abolida em Portugal, sede do Império lusitano. Na época, o objetivo do marquês de Pombal era retirar esse "ímpio e desumano abuso" e introduzir o reino nos signos de civilidade compartilhados por outras nações europeias. Ou seja, parecia haver uma incompatibilidade entre a ideia de civilização e escravidão.

Ainda que o número de escravizados em Portugal tenha diminuído significativamente a partir dessa data, a medida de Pombal em nada afetou os territórios americanos. Por aqui, a escravidão continuava a ser uma instituição reguladora da vida colonial. A aparente incompatibilidade entre a presença real e a manutenção do escravismo chegou a ser comemorada por alguns escravizados do Rio de Janeiro, que acreditavam que a vinda do príncipe regente e de sua família significaria a abolição, pois onde o rei morava até então não havia escravidão. Quanta ingenuidade!

Nem bem havia se instalado no Rio de Janeiro, d. João expediu três cartas régias nas quais autorizava a escravização indígena por meio das *guerras justas*, que haviam sido suspensas pelo marquês de Pombal. Tal medida resultou na escravização maciça de diferentes grupos indígenas em várias localidades do Brasil e na dizimação dos botocudos que viviam em Minas Gerais. Não restavam dúvidas quanto à política pró-escravista do príncipe regente. É possível afirmar sem nenhuma reserva que o período joanino foi um momento de reafirmação da escravidão, no qual houve um acréscimo significativo do tráfico transatlântico.

Portanto, o Rio de Janeiro não se tornou a corte do Império português apesar dos escravizados, mas graças a eles. Foi o trabalho de milhares de africanos e cativos nascidos no Brasil que permitiu que uma nova experiência de civilidade fosse construída.[7] A elevação da cidade à sede imperial revelava que liberdade, igualdade e soberania poderiam conviver muito bem

---

7 Sobre as transformações no Rio de Janeiro a partir de 1808, levando em conta a dimensão escravista da cidade, ver Mary C. Karasch, *A vida dos escravos no Rio de Janeiro (1808-1850)* (São Paulo: Companhia das Letras, 2000); Ynaê Lopes dos Santos, *Além da senzala: Arranjos escravos de moradia no Rio de Janeiro (1808-1850)* (São Paulo: Hucitec, 2011).

com escravização e tráfico de seres humanos. Bastava que cada grupos estivesse no seu "devido lugar".

Os testemunhos e relatos deixados por viajantes estrangeiros são uma fonte importante para comprovar a política pró-escravista portuguesa. Europeus e estadunidenses que passaram a visitar o Rio de Janeiro com mais frequência a partir da abertura dos portos (1808) ficavam impressionados com a prodigiosa quantidade de homens e mulheres negros que perambulavam pela cidade, executando as mais variadas tarefas. Alguns chegaram a comparar a zona portuária com o coração da África. Dados apontam que, entre 1808 e 1821, aproximadamente 839 mil africanos escravizados aportaram no Brasil, sendo que quase 40% desse número desembarcou no Valongo, o maior porto de entrada de africanos escravizados do mundo — a Versalhes tropical também era negra e escravista.[8]

Justiça seja feita: antes mesmo de 1808, boa parte da elite econômica carioca já estava diretamente ligada ao tráfico transatlântico. Conforme visto no capítulo 3, a descoberta do ouro e de pedras preciosas na região de Minas Gerais reorganizou toda a estrutura administrativa da América portuguesa, reposicionando a colônia e o próprio império na economia mundial. O Rio de Janeiro, que desde meados do século XVII já era sede administrativa de assuntos relativos a Angola, se tornou o principal ponto de entrada de milhares de africanos escravizados empregados na região mineradora e de saída do ouro adquirido nas minas.

---

8 Dados sobre o tráfico transatlântico para o Rio de Janeiro podem ser vistos em Manolo Florentino, *Em costas negras: Uma história do tráfico de escravos entre a África e o Rio de Janeiro (séculos XVIII e XIX)* (São Paulo: Editora Unesp, 2015). Sobre o Rio de Janeiro se tornar a corte do Império português, ver Kirsten Schultz, *Versalhes tropical: Império, monarquia e a Corte real portuguesa no Rio de Janeiro, 1808-1821* (Rio de Janeiro: Civilização Brasileira, 2008).

Ao longo do século XVIII, a elite fluminense fez fortuna apostando e investindo no tráfico transatlântico, mesmo após a "febre do ouro". Tanto foi assim, que desde o início do Oitocentos até o final do período joanino, dezessete famílias (entre elas as Ferreira, João Gomes Vale, Rocha, Gomes Barroso, Pinheiro Guimarães, Ferreira Santos, Velho) controlavam sozinhas mais da metade dos desembarques de africanos no Valongo. Além de ser uma baía aparentemente mais segura, o Rio de Janeiro se tornou um centro irradiador e decisório, a partir do qual essa nova elite abertamente escravocrata fazia valer seus interesses econômicos e políticos. Essa rede criada pelas famílias escravocratas fluminenses foi fundamental tanto na escolha quanto na organização do Rio de Janeiro como nova corte do Império português a partir de 1808. Vale lembrar que Paulo Fernandes Viana, o homem que esteve à frente da Intendência-Geral de Polícia da Corte, era ninguém menos do que o genro de Carneiro Leão, um dos maiores traficantes da época, e avô do futuro duque de Caxias.

O aumento da escravidão no período joanino era prova que, mesmo sendo uma atividade de alto risco, o infame comércio era extremamente lucrativo. Exemplo disso está nos valores praticados na compra e venda de africanos: em 1810, um africano escravizado era comprado por 70$000 réis no porto de Luanda e revendido por 119$000 réis nos barracões do Valongo. Dez anos depois, o preço pago por um africano escravizado oriundo do mesmo porto era de 75$000 réis, e seu valor de venda no Valongo já atingia 152$000 réis (um lucro de mais de 100%).

Tal crescimento incidiu diretamente em órgãos responsáveis pela administração da cidade, mais especificamente na Intendência-Geral da Polícia da Corte — uma das instituições lisboetas que foram replicadas em terras cariocas. No Rio de Janeiro, a Intendência de Polícia se constituiu como uma espécie de elo entre as diferentes instâncias administrativas da cidade (limpeza, saúde e segurança). É fundamental destacar que uma função nevrálgica desse órgão era o controle da população escravizada, controle esse que fazia uso deliberado da violência, desrespeitando inclusive os procedimentos legais. O major Vidigal, umas das figuras-chave da Intendência de Polícia no período joanino, alegava que a pele negra já era por si só um indício de criminalidade — uma prática que atravessou toda a história do Brasil Império e que até hoje se faz sentir na atuação da Polícia Militar.[9]

Também cabia à polícia a aplicação de castigos a escravizados que cometiam delitos, além da busca e do aprisionamento de foragidos. Tanto era assim que havia uma prisão específica para escravizados, o Calabouço, para onde eram enviados aqueles que haviam tentado fugir, os que de alguma forma tinham desrespeitado as leis municipais, os capoeiras e quem havia sido enviado pelo proprietário.

A força do sistema escravista — quer nas articulações das famílias de traficantes, quer no uso massivo de escravizados para o funcionamento da corte — foi um dos alicerces do período joanino. Justamente por isso, o corpo diplomático de d. João se dedicou às negociações com a Inglaterra sobre o possível fim do tráfico transatlântico, defendendo a política pró-escravista sistematizada por d. Rodrigo de Sousa Coutinho, entre 1810 e 1811, resultando na assinatura da Convenção Adicional de 28 de julho de 1817. Nos capítulos 6 e 7, iremos analisar detidamente as questões relativas à extinção do tráfico transatlântico. Por ora, é importante pontuar que todas as vezes que d. João VI precisou escolher entre as exigências abolicionistas dos ingleses e os interesses dos seus súditos (todos

9 Thomas H. Holloway, *Polícia no Rio de Janeiro*. Rio de Janeiro: Editora FGV, 1997.

proprietários de escravizados), ele ficou com a segunda opção. Assim, nem mesmo a pressão exercida pela maior potência do mundo atlântico alterou os padrões do Brasil escravista. O período joanino viu também o aumento do uso da mão de obra escrava e a repactuação do infame comércio.[10] A escolha pela escravidão e pelo tráfico transatlântico parecia ser uma das poucas certezas da classe proprietária da América portuguesa em um período marcado por tantas transformações.

A vida política da antiga colônia sofreu uma série de revezes a partir de 1808, sendo um dos aspectos mais evidentes a centralidade exercida pela política e pela economia do Rio de Janeiro, o que gerou insatisfações em diversas partes do país. Um dos melhores exemplos dessa disparidade de relevância política é a famosa Revolução Pernambucana, de 1817, encarnada na figura de Frei Caneca. O movimento estava alicerçado em ideais liberais e tinha como objetivo não só o fim do jugo colonial, mas também a instauração de uma república. A insurreição chegou a ganhar as ruas e apoio internacional, mas sua vida foi relativamente curta: durou pouco mais de dois meses, quando foi debelada pelas forças reais.

Entre os muitos aspectos que marcaram o movimento, não é de causar espanto que seu caráter libertário e emancipatório esbarrasse na manutenção da escravidão. Se, por um lado, os revoltosos estavam disputando outros sentidos de organização e participação política — arriscando a vida pela causa —, por outro, havia algo que os conectava às forças contra as quais estavam se sublevando: para ambos os lados, a escravidão se apresentava como uma instituição inquestionável. Um dos

---

10 Ver Cecília Helena Oliveira, "Repercussões da revolução: Delineamento do Império do Brasil, 1808-1831". In: Keila Grinberg e Ricardo Salles (Orgs.), *O Brasil Imperial — volume 1 — 1808-1831* (Rio de Janeiro: Civilização Brasileira, 2009), pp. 15-54.

entraves do levante foi justamente saber como lidar com a possível participação de escravizados.

O Brasil soberano nasceu em meio a um mundo que apregoava os ideais de igualdade, liberdade e fraternidade, ao mesmo tempo que escravizava africanos numa sanha nunca antes vista. A ciência se tornava um sistema de conhecimento cada vez mais válido no Ocidente, alicerçando suas bases epistemológicas na defesa da desigualdade biológica (ou natural) dos seres humanos e tornando a racialização uma metodologia de pesquisa e de análise do mundo.

Se, por um lado, a Independência do Brasil foi feita a partir de uma base escravista, por outro, não podemos esquecer que nesse mesmo período estavam sendo construídos projetos de nação que excluíam a escravatura. Essa constatação é fundamental para entender que, a partir de 1822, manter a instituição escravista foi uma escolha política e econômica, não um fato inevitável.

6.
A soberania brasileira e a escolha pela escravidão

Itaparica, Bahia, 1823. A ilha teria sido mais um palco das Guerras de Independência, que sangraram o Brasil entre 1822 e 1823. Ali, Maria Felipa de Oliveira teria comandado uma tropa composta de mais de duzentas pessoas. Um detalhe importante — dois, na verdade: Maria Felipa era uma mulher negra e liberta que ganhava a vida como marisqueira, e sua tropa não era formada por soldados treinados, mas por indígenas, escravizados e gente livre e pobre, que, armados com folhas de cansanção, teriam lutado corpo a corpo com soldados portugueses, depois de incendiarem mais de quarenta embarcações inimigas. Esse foi um dos episódios mais emblemáticos da Guerra de Independência na província da Bahia, conhecido como o Dois de Julho, data em que os baianos finalmente expulsaram o Exército português de seu território.[1]

Muito pouco se sabe sobre a história de Maria Felipa. Sua origem e a data do seu nascimento são desconhecidas. Alguns arriscam que ela seria oriunda de povos da África ocidental,

---

1 Poucas obras analisam a experiência de Maria Felipa na luta pela Independência brasileira. Um dos trabalhos mais relevantes é o de Eny Kleyde Vasconcelos Farias, *Maria Felipa de Oliveira: Heroína da Independência da Bahia* (Salvador: Quartetto, 2010). Vale ressaltar que a figura de Maria Felipa reacende um importante debate sobre o uso da oralidade na construção do saber histórico. Dessa forma, sugiro a leitura do texto de Janaína Amado, "O grande mentiroso: Tradição, veracidade e informação em história oral". *História*, São Paulo, n. 14, pp. 125-36, 1995.

conhecidos como "sudaneses", o que em tese explicaria seu porte e sua desenvoltura nos campos de batalha. Também são poucos os documentos escritos que falam dela e de sua tropa, o que fez com que tais histórias fossem vistas como mitos ou lendas. No entanto, o reconhecimento da oralidade como um instrumento de análise histórica permitiu o contato não só com Maria Felipa, mas também com tantos outros personagens que não ficaram registrados nos anais da história oficial — não porque não tivessem existido, mas porque suas existências foram por muito tempo vistas como de menor importância.

Na verdade, a aura mitológica acompanha boa parte desse momento de fundação nacional. O próprio grito do Ipiranga é um feito descrito com pompas e circunstâncias que não corresponde à realidade. Uma das premissas do ofício do historiador é que ele deve ler as entrelinhas e questionar a forma como o passado chega até nós. Todavia, o que nos interessa na história de Maria Felipa e sua tropa é lembrar que a Independência brasileira foi um processo marcado pela atuação de diferentes atores sociais e com significativa participação popular. E que, sim, guerras foram necessárias para que esse processo se efetivasse. Nosso processo de emancipação remonta a 1808, aos desdobramentos da transferência da corte portuguesa para o Brasil e aos sentidos de pátria e de nação que foram gestados.

Desta feita, a teimosia em apresentar a nossa história como um mar de águas calmas é uma decisão política bem orquestrada, que faz com que percamos a chance de compreender nossa trajetória de maneira mais complexa e crítica ao silenciar propositalmente uma série de sujeitos e processos históricos. Também se engana quem imagina que o grito do Ipiranga em setembro de 1822 possa ser resumido a um grande acordão entre as elites políticas da colônia que se extinguia. As lutas e batalhas da emancipação brasileira não começaram naquele 7 de setembro nem se restringiram a ele.

Como visto, o período joanino (1808-21) tampouco foi um "mar de rosas". A elevação do Rio de Janeiro à corte do Império português criou uma relação profundamente assimétrica entre os territórios que compunham o Brasil, tanto do ponto de vista político como econômico. Em parte, a decisão de incorporar esse lado do Atlântico ao Reino Unido de Portugal, Brasil e Algarves, em 1815, foi uma tentativa de diminuir essas assimetrias ao permitir que a então colônia passasse a usufruir da condição de Estado do Brasil. Mas nem isso foi suficiente. Basta lembrar que uma das principais insatisfações dos grupos que se sublevaram na Revolução Pernambucana em 1817 era a forte presença portuguesa nos cargos de administração pública, além de impostos excessivos que eram cobrados sem ser acompanhados de representatividade política e paridade econômica.

Além disso, essa decisão criou animosidades em Portugal. Muitos reinóis não admitiam o fim da condição colonial e exigiam a volta de d. João VI — que parecia muito satisfeito com a vida que levava na sua Versalhes tropical e escravista. A Revolta do Porto, em 1820, e sua chegada a Lisboa foram um aviso e tanto para o monarca lusitano. Além de se ver obrigado a voltar às pressas para a pátria-mãe com toda a corte — com exceção de seu primogênito, Pedro de Alcântara —, d. João VI teve que jurar uma Constituinte de cunho profundamente liberal em 1821, abolindo o absolutismo.

Herdeiro de todo o Império lusitano, d. Pedro I teve uma juventude bem agitada. Não apenas pelas transformações que assolavam o mundo e os territórios de seu pai, mas também pela postura pouco ortodoxa — classificada por muitos de seus biógrafos como libertina e arruaceira. Todavia, as aventuras, as peripécias e as confusões nas quais se meteu quando jovem em nada se comparavam às mudanças que assolaram sua vida entre março de 1821 e março de 1824. Em um intervalo de três anos, o jovem príncipe português, que na sua meninice olhou com maus olhos a transferência da corte para o Rio de Janeiro, transformou essa cidade e todo o território da antiga colônia em um império só seu.

Se recuperarmos o fio da história, lembraremos que a Constituinte de Lisboa em 1821 acabou revelando não apenas as muitas insatisfações existentes dentro do Império português, como as múltiplas identidades que o compunham. O Atlântico e toda a experiência colonial conectada por ele durante mais de trezentos anos pareciam intransponíveis naquele momento. Por um lado, não havia mais como manter uma corte nos trópicos. Por outro, também era impossível ignorar todas as transformações pelas quais havia passado essa corte, que se recusaria a perder poder e prestígio. O restabelecimento da condição colonial estava fora de questão para aqueles que já respondiam pelo gentílico de brasileiros.

Por conta disso, no dia 7 de março de 1821, semanas antes do embarque definitivo de seu pai, d. Pedro foi elevado ao posto de príncipe regente, passando a governar o Estado do Brasil. Os meses seguintes foram marcados por muitas tensões e disputas, principalmente entre portugueses peninsulares e colonos brasileiros. Cada grupo defendia o que entendia ser o Império português e o lugar político que deveria ocupar. E quanto mais se debatia a Constituinte, mais evidente ficava a impossibilidade de tecer uma alternativa que contemplasse ambos os lados.

Nem mesmo o retorno de d. João VI e a proclamação de uma Constituição frearam os desejos de grande parte dos súditos que viviam em Portugal de restabelecer dinâmicas e interditos da experiência colonial. Por isso, d. Pedro se viu obrigado a reforçar sua escolha por permanecer no Brasil, no famoso Dia do Fico, ocorrido em 9 de janeiro de 1822. A tensão nessa data foi tamanha que, em resposta à decisão do príncipe regente, o comandante-geral português liderou um motim com quase 2 mil homens. A sublevação terminou depois que 10 mil brasileiros armados e a Guarda Real da Polícia controlaram a situação e os insurretos foram enviados para Portugal. A decisão de permanecer no Brasil desafiava as cortes portuguesas e acenava à causa brasileira, demonstrando o quão difícil seria a manutenção da unidade do Império ultramarino português.[2]

Tendo anuído em realizar uma Assembleia Constituinte no Brasil, no fim de agosto de 1822, sob influência liberal, d. Pedro fez uma viagem a São Paulo para garantir o apoio dos políticos daquela capitania. Durante a volta à corte, ele recebeu duas cartas, uma de sua esposa, a princesa Leopoldina, e outra de José Bonifácio, seu mentor político e intelectual. Ali ele descobriu que, diante das medidas das cortes portuguesas, sua esposa havia assinado a declaração de Independência do Brasil, fazendo valer sua condição de regente. Às margens do rio Ipiranga, d. Pedro empunhou sua espada e jurou dar ao país a liberdade. Não havia mais dúvida: era independência ou morte. A atitude sem muitas pompas, tomada no calor das emoções, foi recompensada dias depois, em 12 de outubro de 1822, quando o príncipe regente foi aclamado imperador.

A partir de então, d. Pedro se viu realizando a hercúlea tarefa de governar um país recém-nascido numa condição inusitada. O monarca do Brasil não era brasileiro. E se isso não fosse suficiente, era o herdeiro legítimo de Portugal, o que colocava sob suspeição a soberania recém-conquistada. Por esse

2 O Brasil tem uma historiografia séria e competente que se debruça sobre a análise da formação do Estado nacional brasileiro no período imperial, descortinando diversas camadas desse longo e complexo processo. Destaco aqui: István Jancsó (Org.), *Brasil: Formação do Estado e da nação* (São Paulo: Hucitec, 2003); id. (Org.), *Independência: História e historiografia* (São Paulo: Hucitec, 2005); Keila Grinberg e Ricardo Salles (Orgs.), *O Brasil Imperial*, op cit.

motivo, ele abdicou do trono lusitano, embora tenha deixado claro que, caso seu pai desejasse voltar ao Brasil, renunciaria ao trono em favor dele.

O fantasma da colonização ajuda a compreender por que os conflitos armados — que entraram para os anais da história como Guerra de Independência — tinham como objetivo principal a expulsão do Exército português. As campanhas que ganharam contornos mais dramáticos ocorreram no Pará, no Maranhão, no Piauí, na Bahia e na Província Cisplatina (atual Uruguai). Os conflitos carregam muito dos sentimentos pátrios de cada um desses lugares, mas uma coisa é certa: além dos soldados do lado brasileiro (em Maranhão temos o "batismo" do futuro duque de Caxias), outros segmentos engrossaram as tropas na luta contra os portugueses.

O Dois de Julho da Bahia talvez seja o episódio mais conhecido, ainda que continue sendo ensinado nas escolas a partir de uma perspectiva de história local, com pouco diálogo com a dita história oficial. Perdemos, assim, uma oportunidade e tanto de entender a participação popular no processo de independência brasileiro. Movimento complexo, que vale ser conhecido nos seus detalhes, é importante pontuar que a Guerra de Independência da Bahia teve grande adesão de diferentes setores sociais. Jornalistas, profissionais liberais, senhores de escravizados, escravizados, livres e libertos, homens e mulheres compuseram as tropas que lutaram pela independência.

Em meio às batalhas, se destacaram as ações de três mulheres — Joana Angélica, Maria Quitéria e Maria Felipa —, vindas de condições sociais e pertenças raciais distintas. Elas estavam envolvidas nas disputas em torno dos sentidos do Brasil que nascia, porém, na narrativa oficial, a participação da população negra foi propositadamente deixada de lado.

Existiram também as "tropas de cor", compostas de homens negros (livres e libertos, além de escravizados — muitos dos quais se juntaram graças à promessa do governo provincial de que receberiam alforria gratuita), que chegaram a conformar o principal contingente nas lutas travadas em fevereiro de 1823. A racialização do lado brasileiro era tamanha que alguns observadores da época chegaram a afirmar a existência de "um partido negro" no movimento de Dois de Julho. Ainda marcados pela Revolução do Haiti e pelo haitismo, alguns não escondiam o medo que sentiam desse suposto "partido".[3]

Não foi apenas nos campos de batalha que d. Pedro I precisou lidar com a complexa tarefa de governar um país de dimensões continentais. Depois de proclamar a Independência e de ter sido aclamado como soberano do Império do Brasil, d. Pedro I convocou a Assembleia Constituinte, que iniciou seus trabalhos em 3 de maio de 1823. Parte dos parlamentares convocados havia participado da Assembleia Constituinte de Lisboa, em 1821: uma experiência que foi fundamental para a delimitação de interesses comuns a quem vivia no Brasil, mas que também já apontava que o assunto exploração colonial não garantia unanimidade entre eles.

Assim, as diferentes perspectivas da classe política brasileira também se fizeram presentes na Assembleia Constituinte do Rio de Janeiro. Tal pluralidade era perceptível nos inúmeros debates travados durante os seis meses de elaboração do texto constitucional. Algumas discussões eram polidas, outras, profundamente acaloradas. Debates sobre a manutenção da escravidão e sobre possíveis tentativas de estender o tráfico transatlântico (cujo fim já havia sido acordado entre d. João VI e os ingleses) acirraram os ânimos em muitas sessões, assim

3 Ver: João José Reis, "O jogo duro do Dois de Julho: O 'Partido Negro' na Independência do Brasil". In: João José Reis e Eduardo Silva, *Negociação e conflito: A resistência negra no Brasil escravista* (São Paulo: Companhia das Letras, 1989, pp. 79-98).

como ao definir quais indivíduos poderiam usufruir dos direitos e deveres da cidadania que se desenhava.

Aqui vale fazer um parêntese importante, que nos ajuda a compreender a existência de diferentes projetos para o Brasil que nascia. Em meio à Assembleia Constituinte, José Bonifácio de Andrada e Silva, considerado o Patriarca da Independência, elaborou uma "Representação à Assembleia Geral Constituinte e Legislativa do Império do Brasil sobre a escravatura". De família aristocrática paulista, Bonifácio cumpriu a cartilha de boa parte da elite intelectual da América portuguesa e se formou na Universidade de Coimbra. Depois de formado, viajou e estudou em outros países europeus, o que resultou numa estadia de trinta anos no velho continente, quando se aproximou dos ideais abolicionistas ingleses e de uma percepção diferente da sociedade brasileira, que nem sempre era compartilhada por seus conterrâneos.[4]

Em certa medida, isso já se anunciara em seu "Apontamento para a civilização dos índios bravos do Império do Brasil", que chegou a ser apresentado na Assembleia Constituinte. Mas não parou por aí. O já citado "Sobre a escravatura" era um plano detalhado: Bonifácio previa a extinção do tráfico, a abolição gradual da escravidão, a inserção efetiva de negros e indígenas como mão de obra livre e acesso facilitado à terra (sim, Bonifácio chegou a formular uma reforma agrária). Os argumentos

4 José Bonifácio de Andrada e Silva é uma figura central no processo de Independência, sobretudo nas disputas políticas que marcaram o Primeiro Reinado. Portanto, a leitura de sua obra é uma forma interessante de adentrar os meandros da história política brasileira. A representação "Sobre a escravatura no Brasil" está disponível em: <www2.senado.leg.br/bdsf/item/id/518681>. Acesso em: 14 fev. 2022. Sugiro também a leitura de alguns estudos que se debruçaram sobre a sua vida: Miriam Dolhnikoff, *José Bonifácio* (São Paulo: Companhia das Letras, 2012); Ana Rosa Coclet Silva, "Criar a nação por herdar o Império: Tradição e modernidade no projeto nacional de José Bonifácio". *Esboços*, Florianópolis, UFSC, v. 19, pp. 236-53, 2012.

levantados pelo autor eram inúmeros: imoralidade da escravidão, irracionalidade econômica de uma sociedade escravista diante do avanço industrial, falta de compaixão cristã, entre outros. Porém o documento de um dos mais importantes estadistas brasileiros não chegou a ser formalmente apresentado, e seus argumentos foram ignorados pela maior parte dos parlamentares, que eram abertamente favoráveis a manter a escravidão. Como bem sabemos, o caminho escolhido foi outro.

Mesmo sem unanimidade, a estratégia da Assembleia Constituinte foi silenciar sobre a escravidão, assegurando assim sua continuidade. O mesmo não aconteceu com outras questões.[5] O peso político de d. Pedro I e os limites estabelecidos para os deputados portugueses numa nação soberana foram temas que tencionaram parlamentares e monarca. Um incidente alheio à elaboração do texto constitucional, que resultou na morte de um boticário no Rio de Janeiro, foi a faísca para um barril de pólvora prestes a explodir.

Em 12 de novembro de 1823, d. Pedro I dissolveu a Assembleia Constituinte. Dias depois, nomeou um Conselho de Estado formado por homens escolhidos a dedo, que se reuniram a portas fechadas e concluíram o texto que foi jurado como Carta Constitucional em 25 de março de 1824. A dissolução da Assembleia se desdobrou na prisão e deportação dos opositores de d. Pedro I, entre eles ninguém menos que José Bonifácio, que havia sido seu mentor político e amigo.

---

5 Sobre os silêncios em relação a raça e escravidão na experiência constitucional nas assembleias de Lisboa e do Rio de Janeiro, ver Márcia Regina Berbel e Rafael de Bivar Marquese, "The Absence of Race: Slavery, Citizenship, and Pro-Slavery Ideology in the Cortes of Lisbon and the Rio de Janeiro Constituent Assembly (1821-4)". *Social History*, Londres, v. 32, pp. 415-33, 2007; Márcia Regina Berbel, Rafael de Bivar Marquese e Tâmis Parron, *Escravidão e política: Brasil e Cuba, c. 1790-1850* (São Paulo: Hucitec; Fapesp, 2010).

Os leitores atentos aos meandros do racismo no Brasil podem estar se perguntando: "Mas, afinal de contas, o que esse breve sobrevoo sobre os anos iniciais do Império do Brasil tem a ver com o racismo que nos estrutura?". Absolutamente tudo.

Não seria exagero pontuar que as inúmeras disputas políticas experimentadas nos primeiros anos do Brasil Império e que causaram conflitos pessoais, sociais, políticos e militares tinham uma espécie de base comum, o que permitiu que não afetassem a integridade do país que se construía: o comprometimento com a ordem escravocrata. Era isso que não estava sendo dito com o silêncio da Assembleia Constitucional sobre a manutenção da escravidão — e que se manteve na Carta Constitucional de 1824.

Nesse sentido, é crucial lembrar que, com a queda do Antigo Regime, a Constituição se tornou uma espécie de pacto político fundador e organizador dos países independentes do Ocidente, algo que hoje parece quase "natural", mas que tem uma história recente inspirada em ideais iluministas e liberais. Composta de um conjunto de normas jurídicas, o documento define os princípios políticos de um Estado e estabelece procedimentos, poderes e direitos de um governo, reconhecendo inclusive direitos individuais.

Com a Carta Constitucional de 1824 não foi diferente, porém ela guardava algumas particularidades. Uma das mais expressivas era o poder Moderador, ou o quarto poder, que deveria ser exercido única e exclusivamente pelo imperador.[6] O poder Moderador tinha o intuito de garantir que o equilíbrio

---

6 Elaborado pelo pensador político de origem suíço-francesa Benjamin Constant (1767-1830), o poder Moderador foi mais uma particularidade da formação nacional brasileira. Para uma compreensão mais detalhada, sugiro a leitura da tese de doutorado de Silvana Mota Barbosa, *A sphinge monárquica: O poder Moderador e a política imperial*, defendida no Instituto de Filosofia e Ciências Humanas da Unicamp, em Campinas, em 2001.

entre o Executivo, o Legislativo e o Judiciário fosse mantido, dando ao monarca a prerrogativa de dissolver o Congresso Nacional, nomear o poder Executivo e os ministros do Supremo Tribunal. Essa medida estava de acordo com a perspectiva de poder de d. Pedro I e atravessaria toda a experiência política do Brasil Império. Ainda assim, foi muito criticada, como na Confederação do Equador, que eclodiu em Pernambuco em 2 de julho do mesmo ano.

Central para a organização do Estado brasileiro a partir de 1824, o quarto poder não maculou a natureza abertamente liberal da Carta Constitucional — um liberalismo que, vale dizer, conviveu muito bem com a manutenção da escravatura. Essa combinação fica especialmente evidente no artigo 179, que versava que "a inviolabilidade dos direitos civis e políticos dos cidadãos brasileiros, que tem por base a liberdade, a segurança individual e a propriedade, é garantida pela Constituição do Império".[7] Ainda que o título já seja bem elucidativo, é fundamental pontuar que esse artigo representou uma ruptura efetiva nas práticas e nos costumes do Antigo Regime e da experiência colonial. Um dos aspectos que comprovam isso é a abolição da tortura, dos açoites e das penas cruéis a todos os cidadãos brasileiros, que a partir de então seriam regidos pela mesma lei, sem nenhum tipo de distinção de origem ou racial.

No entanto, quem eram esses cidadãos? Todos aqueles nascidos no Brasil, fossem livres ou libertos. Os filhos de pais brasileiros nascidos no estrangeiro e que fizeram domicílio no Império do Brasil. Os filhos de pais brasileiros nascidos no estrangeiro enquanto o pai estava a serviço do Império. Os portugueses residentes no Brasil e que aderiram à causa da

---

7 A leitura da Carta Constitucional é um exercício interessante para compreender a organização jurídica do Império do Brasil. O texto pode ser encontrado na íntegra no site do Senado Federal.

Independência. Os estrangeiros naturalizados, independentemente de sua religião. Ou seja, a cidadania brasileira tinha suas portas abertas para homens egressos do cativeiro — homens negros, vale dizer.

Se lida na íntegra, observa-se que a palavra raça não foi mencionada em nenhum ponto da Constituição, o que leva a concluir que a pertença racial não seria um critério de exclusão ou inclusão no exercício da cidadania. Essa constatação pode nos fazer pensar que a Carta de 1824 era não só profundamente liberal, mas também progressista, inclusive se comparada à de outras nações americanas. De certa forma, isso é verdade, mas tenhamos calma. O Brasil foi construído a partir dos não ditos sobre raça e racismo. Por isso, é importante ter um olhar um pouco mais atento para a organização do documento.

Apesar dos termos técnicos utilizados, a Carta Constitucional é um documento fundamental, cuja leitura atenta e pormenorizada permite a compreensão de diversos aspectos estruturais do Império do Brasil. Para o nosso propósito, vale destacar as questões relativas ao exercício da cidadania. A definição de quem seriam os cidadãos brasileiros já citada não dá conta de explicar o funcionamento do corpo eleitoral do Império do Brasil. Para isso, é necessário examinar os mecanismos desenvolvidos para a execução das eleições.

De acordo com os termos previstos, a eleição teria dois níveis. O primeiro era a eleição paroquial, da qual podiam participar todos os cidadãos com mais de 25 anos ou maiores de 21, se casados, e que tivessem renda anual líquida de 100 mil-réis provenientes de empregos, em bens de raiz (terra), comércio ou indústria. Esse processo escolheria os eleitores de província, que, por sua vez, eram cidadãos que deveriam ter renda anual de 200 mil-réis, com exceção dos libertos, que estavam excluídos a priori dessa categoria. Apenas os nascidos livres podiam eleger os parlamentares que concorreriam aos cargos do Legislativo. Por sua vez, estes deveriam ter renda maior do que a de seus eleitores. Os deputados precisavam ter renda anual de 400 mil-réis e os senadores, renda igual ou maior que 800 mil-réis. Em ambos os casos, os libertos também estavam excluídos.

Logo se vê que o sistema eleitoral brasileiro era indireto e empregava o voto censitário. Essa escolha permitiu a participação controlada da população negra, na medida em que eram poucos que tinham renda anual maior de 100 mil-réis. E caso houvesse exceções entre os cidadãos eleitores, a exclusão expressa dos libertos garantia que os egressos do cativeiro não poderiam participar ativamente das instituições políticas do Brasil.

Se, por um lado, o reconhecimento da cidadania para os libertos acenava para uma concepção mais ampla dos direitos civis, por outro, não podemos esquecer que a sombra da Revolução do Haiti ainda pairava nas Américas. Havia uma percepção de parte significativa da classe política brasileira de que uma das razões para a eclosão da Revolução de São Domingos estava no não reconhecimento dos direitos civis e políticos da chamada *população livre de cor*. Homens negros, livres e libertos, muitos deles proprietários de terras e de escravizados, foram barrados do corpo eleitoral da colônia, o que acabou estabelecendo identificações com as pautas trazidas pelos escravizados, desnudando assim a profunda estrutura racial que organizava a ilha e que se transformou no norte da revolução.[8]

Mesmo num mundo marcado pela maior insurreição de escravizados da história e pelo crescimento do movimento abolicionista, sobretudo o inglês, a classe política brasileira apostou

---

8 Para uma abordagem inovadora e interessante dos impactos da Revolução do Haiti na elaboração da Assembleia Constituinte do Rio de Janeiro (1823) e, consequentemente, da Carta Constitucional de 1824, ver: Marcos Queiroz, *Constitucionalismo brasileiro e o Atlântico negro: A experiência constituinte de 1823 diante da Revolução Haitiana* (Rio de Janeiro: Lumen Juris, 2018).

que a instituição escravista seria o futuro do Brasil. E essa não foi uma aposta no escuro. Ela foi tecida levando em conta os prós e os contras dessa decisão. De um lado, havia a herança de um mundo colonial erguido sobre uma escravidão racializada, que, graças ao intenso tráfico transatlântico, estava também presente até mesmo entre os setores menos abastados. De outro, havia o medo constante do "inimigo interno", de que uma revolução parecida com a do Haiti fosse protagonizada pelos escravizados e negros libertos do Brasil. Esse medo carregava consigo a história de centenas de quilombos e de inúmeras revoltas. Ainda assim, a escolha pela escravidão requeria cuidados. Dessa forma, a assimilação do liberto como cidadão brasileiro foi uma espécie de válvula de escape, um amortecedor necessário para construir uma nação que fez da escravidão um dos seus principais pilares.

Não era só o termo "raça" que estava ausente na Carta Constitucional. As palavras *escravidão* e *escravo* não foram mencionadas uma única vez em todo o texto. A manutenção da instituição ficou subentendida justamente no já citado artigo 179, que definia que a inviolabilidade dos direitos civis e políticos dos cidadãos brasileiros tinha como base o *direito à propriedade privada*. E aos olhos da classe senhorial e dos homens que construíam o Império do Brasil, o escravizado era antes de tudo uma propriedade.

Os políticos brasileiros apostaram na escravidão como um projeto de futuro porque também era um projeto de nação, já que a propriedade escrava garantia algum tipo de equidade entre homens e mulheres que viviam realidades econômicas, políticas e sociais significativamente distintas. Se é verdade que existiram muitas plantations com dezenas ou até mesmo centenas de escravizados, grande parte dos proprietários possuía entre um e cinco escravizados, que executavam um sem-número de atividades, inclusive todo tipo de serviço doméstico. Cartas de crédito permitiam que até mesmo pessoas pobres pudessem adquirir um escravo, pagando a prazo.[9]

Em termos práticos, a posse de escravizados significava a participação na vida política, pois em inúmeros casos era a propriedade escrava que afiançava a renda anual exigida para que um brasileiro pudesse votar. Em termos simbólicos, todas as garantias dadas pela instituição escravista acabaram criando uma espécie de identificação comum, mesmo diante das diferenças políticas e econômicas que atravessavam o contingente heterogêneo formado pelos cidadãos brasileiros.[10]

Desse modo, a elite política acreditava que, no Brasil da época, quem não era senhor de escravo gostaria de sê-lo. Não por uma questão apenas de status social, mas porque era a forma mais segura de se manter livre. Os instrumentos jurídicos e políticos construídos por essa mesma elite criaram diferentes gradações da liberdade no Brasil, que iam de uma ponta a outra da sociedade: os escravizados e seus senhores. Dessa forma, a escravidão não dita, mas garantida através da propriedade

---

9 Estudos de peso, sobretudo da área de história econômica, têm mostrado a disseminação da posse escrava ao longo da história brasileira. Ver Stuart B. Schwartz, "Padrões de propriedade de escravos nas Américas: Novas evidências para o Brasil". *Estudos Econômicos*, São Paulo, v. 13, n. 1, pp. 259-87, jan.-abr. 1983; Francisco Vidal Luna, "São Paulo: População, atividades e posse de escravos em 25 localidades (1777-1829)". *Estudos Econômicos*, São Paulo, v. 28, n. 1, 1998; Rafael de Bivar Marquese, "A dinâmica da escravidão no Brasil: Resistência, tráfico negreiro e alforrias, séculos XVII a XIX". *Novos Estudos Cebrap*, São Paulo, n. 74, pp. 107-23, mar. 2006.   10 Importantes obras analisam a aposta na escravidão e sua correlação com a definição da cidadania brasileira no período imperial. Ver: Luiz Felipe de Alencastro, "Modelos da história e da historiografia imperial". In: Id. (Org.), *História da vida privada no Brasil: Império — A corte e a modernidade nacional*. v. 2 (São Paulo: Companhia das Letras, 2004, pp. 7-10); Hebe Maria Mattos, *Escravidão e cidadania no Brasil monárquico* (Rio de Janeiro: Zahar, 1999); Silvio Luiz de Almeida e Júlio César de Oliveira Vellozo, "O pacto de todos contra os escravos no Brasil Imperial". *Revista Direito e Práxis*, Rio de Janeiro, v. 10, n. 3, pp. 2137-60, 2019.

privada, assegurou a estabilidade necessária para a formação do Estado nacional brasileiro, como uma argamassa desse projeto em construção.

A Carta Constitucional foi o primeiro grande pacto social do Brasil soberano a se colocar a favor da escravidão. Mas não foi o único. Ao longo do século XIX, foram produzidos diversos instrumentos jurídicos que viabilizariam o sucesso dessa aposta. O Código Criminal, elaborado em 1830, é um exemplo disso. Ali, a palavra escravo aparece em algumas ocasiões que reforçam dois aspectos centrais da Constituição de 1824.

Em primeiro lugar, o escravizado era uma propriedade e, por isso, poderia ser castigado por seu senhor, ao mesmo tempo que o proprietário era responsável por consertar possíveis danos causados pelo cativo, contanto que o valor a ser pago não excedesse o de venda do escravizado. Em segundo lugar, a ordem escravista deveria ser mantida. O Estado definiu que cinquenta era o número máximo de chibatadas que um escravizado poderia receber num dia — se sua pena fosse maior, o castigo seria espaçado. Além disso, determinava a pena capital para lideranças de insurreições escravas e prisão para quem fomentasse uma rebelião escrava.

Lidos em conjunto, a Carta Constitucional de 1824 e o Código Criminal de 1830 demonstram que a aposta na escravidão dependia de que uma série de ações fosse realizada pelo nascente Estado nacional brasileiro. Em nome da ordem escravista, ele estava autorizado a intervir na esfera privada — na relação entre senhores e escravizados. Também lhe cabia garantir que a escravidão continuasse sendo um bom negócio não só para as oligarquias brasileiras.

Nas cidades brasileiras, o caráter interventor do Estado ficou nítido com as ações da polícia e de outros órgãos repressores e administrativos. Em uma sociedade construída sobre a escravidão racializada, a cor da pele se transformou no elemento definidor dos tipos de abordagem utilizados por esses órgãos. Como no espaço urbano era praticamente impossível determinar se uma pessoa negra era escravizada, liberta ou livre, o "Estado-feitor" fez da cor o principal elemento para suspeição. Tal prática encontrava eco nos pressupostos do racismo científico da época e até hoje não foi devidamente desconstruída nas instituições responsáveis pela manutenção da ordem. O escravizado era sempre negro. E o negro era sempre suspeito (fosse escravizado ou não).

Essa abordagem foi se consolidando ao longo dos anos iniciais do Império do Brasil, em especial porque o número de escravizados cresceu exponencialmente, tanto nas cidades quanto no campo. Esse crescimento era consequência direta de outro aspecto que o Estado nacional brasileiro tomou como sua responsabilidade ao apostar na escravidão: garantir o amplo acesso à propriedade escrava. Historicamente, esse acesso foi viabilizado pelo tráfico transatlântico e por toda a riqueza que ele gerou para as diferentes oligarquias do país. Assim, o Estado brasileiro deveria garantir a manutenção do infame comércio, o que significava se indispor com ninguém menos que a Inglaterra.

Na época, o príncipe regente d. João conseguiu, em suas negociações com os ingleses, postergar ao máximo a extinção do tráfico. Em 1810, ele assinou um tratado no qual limitava o comércio português de escravizados às colônias e aos territórios do Império lusitano. Cinco anos depois, outro tratado foi assinado, seguido por uma convenção adicional de dois anos que reiterou a proibição para além das possessões portuguesas. Tais documentos e a consequente retardação do fim do tráfico chegaram a ser tomados como exemplos a ser seguidos por outras localidades americanas que também apostavam na manutenção da escravidão.

O fim do tráfico chegou a ser explicitado como condição para o reconhecimento, por parte da Grã-Bretanha, da Independência do Brasil, o que só aconteceu em 1825. No ano seguinte, d. Pedro I assinou mais um tratado com a Inglaterra, no qual ficava proibido todo comércio de africanos escravizados para seus domínios. Tal medida não foi bem-vista. Os escravocratas do Centro-Sul, abertamente favoráveis à manutenção do comércio negreiro, a encararam como uma verdadeira traição do monarca.[11]

No entanto, as críticas mais duras — e que foram comungadas até mesmo por aqueles que defendiam a abolição do tráfico — diziam respeito à forma como o tratado foi assinado: foi uma medida autoritária, mais um indicativo do flerte de d. Pedro I com o absolutismo. E se isso não bastasse, os termos do documento também foram encarados como um perigo à soberania nacional, já que nosso monarca estava colocando os interesses da Inglaterra à frente dos de seus próprios súditos. Na década de 1820, defender o tráfico era defender o Império brasileiro.

Essas críticas, somadas à derrota da Guerra da Cisplatina, à falência do Banco do Brasil, à insatisfação política das oligarquias fora do eixo Sudeste e à estagnação econômica brasileira, foram cruciais para a abdicação do monarca em abril de 1831. Visto como polêmico, autoritário e por vezes pouco patriota, d. Pedro I foi fiel à aposta que o Brasil havia feito na escravidão na Carta Constitucional. Durante seu reinado, mais de 500 mil africanos escravizados desembarcaram no Brasil — uma cifra significativa para um país marcado pela crise econômica.

É no mínimo simbólico que a assinatura da lei que aboliu pela primeira vez o tráfico transatlântico tenha ocorrido nos primeiros meses da Regência (1831-40). Era o início de uma nova era no Império do Brasil, na qual seriam redefinidos os

---

11 Sobre o fim do tráfico nesse período, ver: Jaime Rodrigues, *O infame comércio: Propostas e experiências no final do tráfico de africanos para o Brasil* (Campinas: Editora da Unicamp, 2005).

termos da aposta na ordem escravista — um tempo de profundas disputas. E como sempre ocorreu na história brasileira, a população negra encontrou diferentes formas de lutar contra a ordem que limitava o exercício da sua liberdade, inclusive entre livres e libertos.

Basta ler os jornais do Primeiro Reinado para se deparar com os seguintes anúncios: "Aluga-se um escravo cabra, bolieiro e ferrador", ou então "Vende-se uma mulata de 24 anos, boa lavadeira, engomadeira e costureira", ou ainda "Procura-se uma preta de nação que desapareceu, alta, magra, cara alegre". A racialização da população negra era parte constitutiva da gramática do Império no Brasil e estava presente também em documentos oficiais, processos criminais e registros policiais, nos quais, muitas vezes, as palavras *preto* e *negro* eram sinônimo da condição escrava.

Porém os jornais também se tornaram um instrumento de resistência da população negra livre. Em setembro de 1833, foi lançado, no Rio de Janeiro, o periódico *O Homem de Côr*, produzido pela gráfica de Francisco de Paula Brito, um homem negro e de renome na tipografia brasileira. Esse jornal deu início a um longo e multifacetado movimento da história do Brasil: a imprensa negra — que atravessou o Império e a República, mostrando o quão racializada foi e é nossa história.[12] No seu primeiro número, os redatores de *O Homem de Côr* questionavam as práticas de discriminação racial, exigindo que a igualdade de condições dos cidadãos brasileiros prevista na Constituição fosse respeitada.

12 Sobre o surgimento da imprensa negra no Brasil, ver: Ana Flávia Magalhães Pinto, *Imprensa negra no Brasil do século XIX* (São Paulo: Selo Negro, 2010). Especificamente sobre Paula Brito, destaco a obra de Rodrigo Camargo de Godoi, *Um editor no Império: Francisco de Paula Brito — 1809-1861* (São Paulo: Edusp, 2016).

Outros periódicos de natureza semelhante foram criados nos primeiros anos do Império. *Brasileiro Pardo*, *O Cabrito*, *O Crioulo* foram títulos escolhidos a dedo, uma espécie de provocação para a pretensa ausência da questão racial no Brasil. Os jornalistas que estavam por trás dessas publicações sabiam melhor do que ninguém que a racialização ultrapassava as barreiras da escravidão e ditava a vida de livres e libertos. Porém suas histórias e as ideias que defendiam são prova de que outros Brasis foram imaginados e existiram — e neles havia uma crescente e pujante camada de "homens [e mulheres] livres de cor" que teciam e defendiam novos sentidos de liberdade.[13]

Ainda que excepcional, desde o início da experiência independente e soberana, o Brasil é marcado por trajetórias de vida de pessoas que atravessaram as inúmeras barreiras impostas pela ordem escravista e racista e galgaram espaços de prestígio social e poder político, chegando inclusive a ocupar cargos públicos. São homens negros que ascenderam socialmente e que trouxeram para o centro de sua vida política o questionamento da ordem racial imposta no Brasil.

Nomes como o do conselheiro Antônio Pereira Rebouças e do deputado e ministro Francisco Jê Acaiaba de Montezuma (visconde de Jequitinhonha) tiveram significativa relevância nas disputas políticas que marcaram os anos iniciais desse Império brasileiro que apostava na escravidão. São dois exemplos de homens negros livres que tinham plena consciência dos interditos da raça no Brasil e que desenvolveram formas distintas

13 Sobre os sentidos e as experiências de liberdade no Brasil escravista, sugiro as leituras de Maria Sylvia de Carvalho Franco, *Homens livres na ordem escravocrata* (São Paulo: Instituto de Estudos Brasileiros-USP, 1969); Hebe Mattos, *Das cores do silêncio: O significado da liberdade no Sudeste escravista — Brasil, século XIX* (Rio de Janeiro: Arquivo Nacional, 1993); Monica Duarte Dantas (Org.), *Revoltas, motins, revoluções: Homens livres pobres e libertos no Brasil do século XIX* (São Paulo: Alameda, 2011).

de lutar contra a ordem vigente de dentro do jogo político estabelecido.[14] Fazendo uso de suas percepções apuradas e dos lugares de exceção que ocuparam, eles se juntaram a outros tantos homens e mulheres negros livres que tentaram (e, em alguma medida, conseguiram) construir um outro país. O silêncio escravista era uma espécie de "espelho d'água" que escondia as muitas correntes turvas desse rio chamado Brasil.

[14] Sobre a atuação de Antônio Rebouças, ver a importante obra de Keila Grinberg, *O fiador dos brasileiros: Cidadania, escravidão e direito civil no tempo de Antônio Pereira Rebouças* (Rio de Janeiro: Civilização Brasileira, 2002). Sobre o visconde de Jequitinhonha, ver: Sebastião Eugenio Ribeiro Castro Jr., *Francisco Montezuma e os dilemas da mestiçagem e da cidadania na construção do Império do Brasil* (c. *1820*-c. *1834*). Niterói, UFF, 2014, dissertação de mestrado.

7.
O Império do Brasil e sua paz ilegal e escravista

Em agosto de 1882, poucos dias antes de morrer, Luiz Gama, morador de São Paulo, escreveu uma representação endereçada a ninguém menos que o imperador d. Pedro II. Um dos mais reconhecidos abolicionistas brasileiros, Gama pedia providências para uma situação imoral e ilegal. Homens libertos continuavam vivendo como escravizados sob o domínio de Joaquim Eduardo Leite Brandão. Os dez libertos em questão haviam sido alforriados meses antes pela Ordem Carmelita. Sabendo da ilegalidade de sua condição, eles teriam fugido da fazenda. Parte deles foi capturada e presa pela polícia local, que os reconduziu ao seu pretenso proprietário, fazendo com que voltassem para o cativeiro. Cinco dos foragidos conseguiram chegar a São Paulo e foram pedir auxílio jurídico a Luiz Gama, que decidiu recorrer à figura máxima do Brasil Império.[1]

Luiz Gama sabia bem o que era a ilegalidade da escravidão. Nascido na Bahia, Gama era um menino negro nascido livre de uma mãe liberta que foi vendido pelo próprio pai (um português endividado) quando tinha dez anos de idade. Só conseguiu reaver sua liberdade na idade adulta, fazendo da luta abolicionista o mote de sua vida. Tendo estudado direito, utilizou

---

[1] Luiz Gama, "Uma representação ao imperador d. Pedro II (8 de agosto de 1882)". In: Ligia Ferreira (Org.), *Com a palavra, Luiz Gama: Poemas, artigos, cartas, máximas*. São Paulo: Imprensa Oficial, 2011.

seu conhecimento para garantir a autonomia de centenas de homens e mulheres que estavam escravizados ilicitamente, muitos deles africanos livres.[2]

Graças à assinatura da lei de 7 de novembro de 1831, que previa o fim do infame comércio, a ilegalidade da escravidão se transformou numa sombra que passou a reorganizar a instituição no Brasil.[3] Não estamos falando de situações pontuais, como a tragédia pessoal que se abateu sobre Luiz Gama quando ainda era um menino, mas de uma decisão política orquestrada por parte da elite brasileira a partir do momento que o tráfico transatlântico passou a ser uma atividade ilegal.

Exemplos disso não faltam em nossa história. Entre março e abril de 1849, o jornal *O Estandarte*, da província do Maranhão, noticiou irregularidades cometidas durante o governo do sr. Amaral, que teria facilitado a escravização de dois homens livres, contrariando as leis vigentes no Brasil. A situação não era simples. Dois homens de origem africana não especificada haviam sido escravizados de forma ilegal e vendidos a um tal Hermenegildo, sendo levados para trabalhar no interior da

---

2 Luiz Gama é, sem dúvida, um dos personagens mais fascinantes da história brasileira. Homem negro, rábula e abolicionista, sua vida e sua obra têm sido tema de inúmeras e importantes análises nos últimos anos, que permitem revisitar o Brasil Império sob outra perspectiva. Para conhecer mais sua biografia, ver: Luiz Carlos Santos, *Luiz Gama: Retratos do Brasil negro* (São Paulo: Selo Negro, 2010); Elciene Azevedo, *Orfeu de carapinha: A trajetória de Luiz Gama na imperial cidade de São Paulo* (Campinas: Editora da Unicamp, 2005); Ligia Fonseca Ferreira, *Com a palavra, Luiz Gama*, op. cit. Importante pontuar que Luiz Gama tem inúmeros escritos, que também vêm sendo usados como fontes documentais relevantes para revisitar o abolicionismo no Brasil. Recentemente, a editora Hedra publicou uma coletânea das obras completas dele coordenada por Bruno Rodrigues de Lima, que traz muitos documentos inéditos.   **3** Sobre o fim do tráfico transatlântico, ver: Jaime Rodrigues, *O infame comércio: Propostas e experiências no final do tráfico de africanos para o Brasil (1800--1850)* (Campinas: Editora da Unicamp, 2000).

província. Sabendo da ilegalidade de sua condição, eles fugiram para a capital, onde procuraram a polícia. Esta, em vez de fazer valer a lei e garantir a liberdade deles, manteve os dois presos e informou ao dito proprietário. Tudo isso com a anuência do presidente da província, autoridade máxima no lugar. Os jornalistas sabiam que a questão era espinhosa e, por isso, isentaram o sr. Hermenegildo da possível responsabilidade de ter adquirido e mantido dois homens livres como escravizados. Até mesmo as forças policiais foram eximidas de culpa. O dolo da situação pesou nas costas do ex-presidente, que estava longe de ser o homem correto que todos acreditavam ser.[4]

O desfecho da situação ficou nebuloso. E não era para menos. Como nos mostram as notícias d'*O Estandarte* de 1849 e a atuação jurídica do abolicionista Luiz Gama décadas depois, as ilegalidades cometidas contra africanos livres encobertavam o tráfico ilegal no Brasil.

A ilegalidade por trás dos africanos livres

Para dar início a uma compreensão mais aprofundada da denúncia feita pelos editores do jornal maranhense, é fundamental fazer uma pergunta: quem eram os *africanos livres*?

O termo foi criado para designar todo africano que tenha entrado ilegalmente no Brasil na condição de escravizado a partir de 7 de novembro de 1831. Foi nessa data que o regente Diogo Feijó assinou a lei — também conhecida como Lei Feijó — que "Declara livres todos os escravos vindos de fora do Império, e impõe penas aos importadores dos mesmos escravos", tornando ilegais o tráfico transatlântico e a condição

---

4 *O Estandarte*, 8 mar. 1849. Disponível em: <memoria.bn.br/DocReader/docreader.aspx?bib=707635&pasta=ano%20184&pesq=africanos%20livres&pagfis=745>. Acesso em: 15 fev. 2022.

de escravidão imposta a africanos e seus descendentes.[5] A lei de 1831 entrou para a história com o apelido de "lei para inglês ver", o que seria mais espirituoso se não reduzisse uma questão central das disputas políticas e diplomáticas que circundaram o fim do infame comércio e a própria organização partidária brasileira.[6]

Como visto no capítulo anterior, o fim do tráfico transatlântico foi pauta constante na política externa do Império português e, após 1822, do Império do Brasil, sendo um dos temas centrais nas relações diplomáticas de d. Pedro I com a Inglaterra. A extinção do infame comércio ocorreu praticamente junto com o fim do Primeiro Reinado, marcando um novo tempo na história da escravidão e do próprio Brasil Império. Resta saber quais mudanças viriam daí.

Já adianto que quem supõe um Brasil menos escravista ou ao menos no qual a escravidão teria tido sua importância econômica reduzida está bem equivocado. A aposta nessa instituição afiançada pela Carta Constitucional traduzia a essência do Estado nacional que estava em construção, um país que enxergava na propriedade de escravizados, ou ao menos na possibilidade de se tornar um, a legitimação dos direitos civis e políticos. Seria necessário um movimento muito maior para desestabilizar esse pacto, o que ocorreria apenas décadas mais tarde.

A partir de novembro de 1831, o que se observa é um governo regencial que determina o cumprimento da lei. Todo o

---

5 A lei de 7 de novembro de 1831 pode ser lida na íntegra no site do Senado brasileiro. Disponível em: <www2.camara.leg.br/legin/fed/lei_sn/1824-1899/lei-37659-7-novembro-1831-564776-publicacaooriginal-88704-pl.html>. Acesso em: 15 fev. 2022.   **6** Para uma das análises mais atuais e completas sobre o peso político da Lei de 7 de novembro de 1831 e os sentidos e usos atribuídos à categoria de africanos livres, ver: Beatriz Mamigonian, *Africanos livres: A abolição do tráfico de escravos no Brasil* (São Paulo: Companhia das Letras, 2017).

aparato construído para viabilizar o desembarque de africanos escravizados foi desmontado. Talvez o exemplo mais notório tenha sido a desativação do cais do Valongo, no Rio de Janeiro — local criado no final da década de 1750 especificamente para o desembarque de africanos escravizados, para que fosse permitido maior controle sanitário.

Na região onde hoje é o bairro carioca da Saúde, foi criado, entre 1760 e 1831, um verdadeiro complexo do tráfico transatlântico, composto de barracões destinados à venda de africanos recém-chegados; um lazareto, para onde eram encaminhados os doentes; o cemitério dos pretos novos, no qual eram enterrados aqueles que não aguentavam a travessia atlântica; e o cais propriamente dito, construído no período joanino, em 1811.[7] Aproximadamente 1 milhão de africanos escravizados desembarcaram no Valongo, uma marca que sublinhava o peso da instituição escravista no período colonial e reforçava a aposta que o Império do Brasil havia feito pela escravidão.

A desativação do Valongo foi sucedida por sua ressignificação, cujo objetivo era desvincular a região do infame comércio, literalmente soterrando esse episódio da história brasileira. A saída se concretizou alguns anos depois, em 1843, quando o cais foi totalmente reformado para receber a futura esposa de d. Pedro II. O Valongo foi sobreposto pelo Cais da Imperatriz.

A discussão sobre o fim do tráfico transatlântico atravessou os primeiros anos da Regência brasileira. Durante o período em que os liberais moderados estiveram no poder, houve uma confluência de ações para evitar o contrabando e garantir que a lei de 1831 fosse cumprida. A descentralização do poder promovida por esses políticos tinha como objetivo, entre

---

7 Para entender as dinâmicas do Valongo, ver: Manolo Florentino, *Em costas negras*, op. cit.; e Cláudio de Paula Honorato, *Valongo: O mercado de almas da praça carioca* (Curitiba: Appris, 2019).

muitos outros, viabilizar o combate mais eficaz do contrabando. O mesmo Diogo Feijó autorizou, como ministro da Justiça, que a Guarda Municipal realizasse rondas para garantir que desembarques clandestinos não fossem realizados. A ampliação dos poderes dos juízes de paz também tinha a intenção de refrear o contrabando por todo o Brasil.

Os dados do tráfico transatlântico apontam para alguma eficácia das medidas tomadas pelos liberais que estavam no poder. Pouco antes de 1831, a pressão pela abolição do infame comércio aqueceu o mercado de compra e venda de africanos escravizados recém-chegados. Entre 1826 e 1830, a média anual de desembarques bateu 60 mil almas, chegando ao impressionante número de 72,9 mil africanos importados apenas em 1829 — uma ressalva macabra é que houve um aumento expressivo na vinda de crianças escravizadas nesse período. O número sofreu uma queda vertiginosa nos anos seguintes: em 1831, pouco menos de 6 mil africanos escravizados chegaram ao Império do Brasil. Em 1832, foram cerca de 10 mil; e, em 1833, pouco mais de 13 mil. O tráfico não estava totalmente extinto, mas dava sinais significativos de retração.[8]

No entanto, as ações dos liberais moderados não refletiam a postura de um número considerável de parlamentares conservadores e de proprietários de escravizados, que eram contrários à abolição do tráfico e acreditavam que essa medida levaria a economia brasileira à ruína. Tal posição ganhou um reforço e tanto quando, a partir de 1833, a economia brasileira começou a dar sinais de melhora graças à produção de café no Vale do Paraíba e à melhoria na entrada do açúcar na economia mundial, duas commodities produzidas com mão de obra escrava.

---

8 Os dados mais recentes sobre o tráfico transatlântico para o Brasil podem ser encontrados no banco de dados do Slave Voyages. Disponível em: <www.slavevoyages.org/>. Acesso em: 8 fev. 2022.

O debate sobre a aplicação da lei de 1831 ganhou espaço nos inúmeros periódicos que circularam no Brasil durante o período regencial, sublinhando assim sua importância para a formação da opinião pública da época. Partidos políticos, grupos econômicos e ações coletivas de diversos intelectuais fundaram e custearam jornais que se transformaram em verdadeiras plataformas políticas, nas quais perspectivas de mundo e projetos para o Brasil eram abertamente debatidos.[9] Entre tais grupos, vale a pena ressaltar o número expressivo de jornais fundados por intelectuais negros de renome, como Francisco de Paula Brito, Antônio Rebouças e Francisco Sabino. São homens que não necessariamente comungavam das mesmas posições políticas, mas que entendiam que o tráfico internacional de africanos escravizados era imoral e ilegal.

Como esperado, conservadores e escravocratas não se deram por vencidos e utilizaram uma série de argumentos para que o tráfico transatlântico fosse reaberto, em geral afirmando a necessidade de salvar a economia brasileira. Para a imensa maioria dos agricultores, havia uma relação direta, antiga e muito bem-sucedida entre economia de exportação, mão de obra escravizada e tráfico transatlântico. Não havia por que mudar essa fórmula. A emancipação nas ilhas do Caribe inglês em 1833 parecia abrir caminho para que essa fórmula fosse replicada ao máximo, já que um forte concorrente na produção açucareira estava sofrendo um baque e tanto.

Se isso não bastasse, o desenvolvimento de teorias racistas parecia cair como uma luva para os argumentos que defendiam a venda de carne humana — não qualquer uma, mas a negra, vale lembrar. Africanos e seus descendentes eram vistos como

---

9 Para uma interessante análise das discussões nos jornais brasileiros acerca da abolição e da reabertura do tráfico transatlântico, ver: Alain El Youssef, *Imprensa e escravidão: Política e tráfico negreiro no Império do Brasil (Rio de Janeiro, 1822-1850)* (São Paulo: Intermeio, 2016).

seres biologicamente inferiores, pessoas que viviam em estado de selvageria. O tráfico e a consequente escravização eram tidos como formas eficazes de salvar essa gente, já que tais medidas garantiriam sua inserção no mundo civilizado.

Nem mesmo as rebeliões de escravizados do período regencial, como a Revolta de Carrancas, em Minas Gerais (1833), a Revolta dos Malês, na Bahia (1835), e a Revolta de Manoel Congo, em Paty do Alferes, Rio de Janeiro (1838), arrefeceram esses argumentos. Tais insurreições foram exemplos notórios das diferentes formas de articulação de escravizados, libertos e livres, pelo fim da escravidão. Para aqueles que defendiam o fim do tráfico — e os que ousavam pensar na abolição gradual da escravidão —, as revoltas eram um alerta dos perigos que a instituição escravista poderia representar, uma espécie de fantasma do Haiti.

Mas, para os escravocratas, a perspectiva era outra. Tais revoltas, para além de serem vistas como uma espécie de "preço a ser pago", eram sobretudo um alerta que indicava a necessidade de endurecimento do governo dos escravizados, uma medida que deveria ser efetivada sem muito alarde. Dessa forma, além de defenderem uma repressão exemplar, os escravocratas falaram o mínimo necessário sobre os movimentos. Era uma estratégia já conhecida dos escravocratas, que mais uma vez se mostrou ser acertada.

O que se observou a partir de 1835 foi a tessitura de uma política abertamente pró-tráfico, sobretudo por políticos que viriam a compor o coração do Partido Conservador. Até mesmo Diogo Feijó, que havia assinado a lei de 1831 e sustentou a proibição do infame comércio por quatro anos, começou a flexibilizar sua posição diante da necessidade de braços para a lavoura brasileira. Essa mudança de postura lhe garantiu uma vitória na eleição da Regência Una, mas não o manteve no poder por muito tempo. Em 1837, Feijó renunciou ao cargo, abrindo espaço para a construção de um novo tempo na história do Brasil: o do regresso.

Regresso foi o termo utilizado para denominar o gabinete formado após a renúncia de Feijó. A escolha não foi aleatória; era uma alusão ao novo Partido Conservador brasileiro, que tinha como principal preocupação a defesa da instituição escravista, ou seja, defendiam a manutenção da escravidão, a reabertura ilegal do tráfico transatlântico e a precarização absoluta da liberdade no Brasil. Uma construção que, de tão bem-acabada, encontrou apoio até mesmo entre parte dos liberais.[10]

Foi essa nova pactuação que pavimentou a construção do Segundo Reinado no Brasil. Mais uma vez, quando posta à prova, a classe dirigente optou pela escravidão, mesmo quando sua própria legislação condenava tal medida. Assim, a reabertura do tráfico na ilegalidade a partir de 1835 referendou a aposta feita em 1824. Em meio a um período turbulento, marcado por inúmeras revoltas — que muitas vezes ganharam contornos de guerra civil —, as disputas partidárias brasileiras voltaram a compartilhar a opção escravista, subscrevendo a vitória dos interesses escravocratas, mesmo após o país ter sido governado por parlamentares abertamente contrários ao infame comércio.

Assim, é preciso dizer: a lei de 1831 não foi para inglês ver. Ela foi sancionada, executada, discutida, contraposta e defendida. E depois de todo esse movimento, foi "suspensa", permitindo que o tráfico transatlântico fosse reaberto na ilegalidade.

---

10 Sobre a política da escravidão e a decisão pela reabertura do tráfico na ilegalidade, ver: Tâmis Parron, *A política da escravidão no Império do Brasil* (Rio de Janeiro: Civilização Brasileira, 2011). Essa obra dialoga com uma interpretação clássica e fundamental da historiografia brasileira dos acordos políticos feitos entre liberais e conservadores em meados da década de 1830. Ver também Luiz Fernando Saraiva, Silvana Andrade dos Santos e Thiago Campos Pessoa (Orgs.), *Tráfico & Traficantes na ilegalidade: O comércio proibido de escravos para o Brasil* (São Paulo: Hucitec, 2021); Ilmar Rohloff de Mattos, *O tempo saquarema: A formação do Estado imperial* (São Paulo: Hucitec, 2004); Sidney Chalhoub, *A força da escravidão: Ilegalidade e costume no Brasil oitocentista* (São Paulo: Companhia das Letras, 2012).

Os números indicam essa voracidade. Ainda em 1835, aproximadamente 37 mil africanos escravizados chegaram ao Brasil. No ano seguinte, esse número ultrapassou 57 mil, chegando a 62 mil em 1837. Entre 1831 e 1850, cerca de 785 mil africanos escravizados desembarcaram de maneira ilícita no Brasil. Quase 700 mil apenas na região Sudeste. Isso quando o tráfico estava proibido por uma lei nacional, elaborada, inclusive, para garantir a soberania diante das pressões inglesas.

Isso demonstra que esse tempo de regresso não se restringiu a fazer vistas grossas ao desembarque ilegal, mas também a reorganizar toda a estrutura burocrática do Estado brasileiro com o intuito de viabilizar que o infame comércio se mantivesse a todo vapor. A primeira medida foi optar por não revogar a lei de 1831, o que teria sido o reconhecimento da legislação e, sobretudo, do seu não cumprimento, colocando em risco todo o edifício escravista. Isso porque ela garantia a liberdade não só dos africanos que adentraram o país após 1831, mas de todos os seus descendentes, mesmos os nascidos no Brasil. Assim, o silêncio continuou sendo uma excelente arma.

Mas só o silenciamento sobre o contrabando não seria suficiente. Informações sobre escravizados foram alteradas, mapeamentos e dados sobre a população escravizada deixaram de ser produzidos e até mesmo o imposto de meia sisa (que incidia sobre a compra e venda de cativos) deixou de exigir a idade aproximada dos escravizados. Era importante não deixar rastros sobre a entrada massiva e ilegal dos africanos que, em tese, eram livres. Uma engenharia e tanto, que organizou não só a vida política e econômica brasileira, como também definiu os limites da liberdade da população negra, mesmo entre aqueles que haviam adquirido a alforria ou nascido em liberdade.

Dos quase 800 mil africanos escravizados introduzidos ilegalmente no Brasil a partir de 1831, pouco mais de 11 mil conseguiram comprovar a ilicitude da sua condição, passando a ser vistos como *africanos livres*, o que também era bastante frágil juridicamente — e por isso o termo pôde ser bem explorado pelo Estado brasileiro pró-escravista. A dificuldade em reenviar esses homens e mulheres para o continente africano (como estava previsto na lei) era um dos argumentos utilizados pelas autoridades para permitir a exploração do trabalho deles, muitas vezes vivendo em condições análogas à escravidão. Tutelados pelo Estado, milhares de africanos livres foram cedidos a proprietários de terras, que ergueram verdadeiras fortunas com o trabalho (ilegal). Isso sem contar o uso que diversos órgãos públicos fizeram do trabalho desses homens e mulheres. Ou seja, nem mesmo os africanos que tiveram sua liberdade juridicamente reconhecida puderam desfrutar dela.

Essa constatação nos mostra a real dimensão do acordo feito pela classe política brasileira em meados da década de 1830. E, como podemos imaginar, tal magnitude não se restringiu à manutenção do tráfico stricto sensu. A ordem escravista continuou ditando boa parte das relações sociais, políticas e econômicas do país. Desse modo, a aposta feita a partir da 1837 fez amplo uso da racialização social, criando uma conexão quase direta entre a cor da pele negra e a condição de escravizado — que ecoa até os dias atuais.

É importante pontuar que tudo isso ocorreu em um dos momentos mais conturbados da história política brasileira: o período regencial (1831-40). O hiato entre o Primeiro e o Segundo Reinados foi marcado por uma série de movimentos insurretos em diferentes partes do território nacional. As chamadas revoltas regenciais, que muitas vezes aprendemos rapidamente na escola, foram fundamentais para embasar o novo pacto político das classes dirigentes.

Elas são uma excelente oportunidade para desconstruir a ideia de que nossa história foi pacífica e harmoniosa. Cada um desses movimentos traz complexidades e particularidades regionais, mas se há algo em comum entre eles é que sentidos diversos de Brasil estavam em disputa, não só simbolicamente, mas também nos campos de batalha, com táticas de guerrilha e embates militares. E mais: essas disputas transbordaram as elites políticas e econômicas e foram travadas por sujeitos históricos que compunham o que poderíamos chamar de "povo brasileiro" da época.[11]

A participação popular foi, portanto, uma das tônicas do período. A Cabanada ocorreu entre 1832 e 1835 e atravessou as províncias de Alagoas e Pernambuco — uma revolta que começou com a insatisfação política de proprietários de terras, mas que logo foi relida por indígenas, escravizados fugidos e pela população branca pobre, que passou a reivindicar, entre outras medidas, o fim da instituição escravista. A já mencionada Revolta dos Malês, ocorrida em 1835, na Bahia, foi orquestrada e protagonizada por homens e mulheres negros, escravizados, libertos e livres e também vislumbrava o fim da escravidão.[12]

Na província do Grão-Pará, a Cabanagem, ocorrida entre 1835 e 1840, foi protagonizada por negros, indígenas e pela população branca, mestiça e pobre, que viviam em cabanas nas beiras dos rios e exigiam a diminuição da pobreza e a ampliação dos interesses políticos da província na organização política do Império. Os revoltosos chegaram a tomar o palácio do governo de Belém e a nomear um novo presidente na província.

---

11 Um excelente exame crítico da chamada "era regencial" pode ser visto em Marcello Basile, "O laboratório da nação: A era regencial (1831-1840)". In: Keila Grinberg e Ricardo Salles, *O Brasil Imperial — Vol. II: 1831-1870* (Rio de Janeiro: Civilização Brasileira, 2009), pp. 53-120. Esse mesmo livro traz importantes estudos sobre algumas das revoltas regenciais. Vale ressaltar os trabalhos de Marcus J. M. de Carvalho, Magda Ricci, Sandra Jatahy Pesavento e Keila Grinberg. **12** Referência máxima nos estudos sobre escravidão e resistência escrava, a obra do historiador João José Reis analisa as diferentes instâncias que compuseram a Revolta dos Malês. Ver João José Reis, *Rebelião escrava no Brasil: A história do Levante dos malês em 1835* (São Paulo: Companhia das Letras, 2003).

Ainda em 1835, teve início a Guerra dos Farrapos, ou Revolta Farroupilha, no Rio Grande do Sul. Esse conflito, que começou com a insatisfação dos proprietários de terras com as políticas econômicas do Império do Brasil, foi o mais longo, terminando apenas em 1845, quando o Brasil já era governado por d. Pedro II. A província chegou a declarar a sua independência em 1836, proclamando a República Rio-Grandense e revelando o caráter abertamente separatista do movimento, que contou com ampla participação popular, inclusive de negros livres e libertos pela República, que compuseram os corpos dos Lanceiros Negros.

Entre 1837 e 1838, a Bahia foi palco da Sabinada. Em novembro de 1837, os insurgentes invadiram a Câmara Municipal de Salvador e tomaram o forte de São Pedro, proclamando a República Bahiense. Composta de setores médios da sociedade, a insurreição também tinha caráter separatista e revelava parte da grave crise econômica da província.

Por fim, entre 1838 e 1841, o Maranhão e o Piauí foram tomados pela Balaiada, também conhecida como Guerra dos Bem-te-vis. O conflito tinha como mote principal a luta pelo direito à cidadania de indígenas, negros (escravizados e libertos), sertanejos, pequenos lavradores e artesãos. A revolta mobilizou mais de 12 mil pessoas, das quais 3 mil eram escravizados fugidos que guerrearam sob a liderança de Cosme Bento das Chagas.

Esse brevíssimo resumo aponta como os movimentos que sangraram o Brasil no período regencial colocaram em xeque o projeto de nação vigente até então, o que nos permite pensar em tais revoltas como guerras civis. A proclamação de uma República, a abolição da escravidão e a luta por direitos políticos foram pautas desses movimentos, demonstrando que o país descrito e organizado na Carta Constitucional de 1824 tinha inúmeras fissuras.

No entanto, qual a primeira resposta das classes dirigentes brasileiras a esses movimentos? A violência.

O estabelecimento de um novo acordo entre os partidos políticos do Brasil na década de 1830 não poderia correr riscos com a insatisfação popular. Não por acaso, foi nesse contexto que a figura de Luís Alves de Lima e Silva despontou — o futuro duque de Caxias foi o único brasileiro a ganhar o título de duque em toda a história do Brasil Império, o que já indica parte de sua importância. Sua carreira militar irrompeu em meio à Guerra de Independência, fazendo dele um dos maiores aliados de d. Pedro I. Sua lealdade aos Bragança se manteve mesmo após a abdicação, tornando-o não só instrutor de d. Pedro II, mas também seu leal amigo.[13]

Foi sob o comando de Lima e Silva que o Exército brasileiro desmantelou as revoltas regenciais. Sua atuação ficou fortemente marcada pela repressão à Balaiada e à Revolta Farroupilha. Com esta última, Caxias fez uso de diversas táticas militares, como a espionagem e a elaboração de um plano genocida. Ainda que republicana, a Guerra dos Farrapos não foi um movimento abolicionista. Essa condição parece ter sido muito bem lida por Caxias, que arquitetou um plano para acabar com os Lanceiros Negros. Em novembro de 1844, por meio de um acordo travado entre o líder farroupilha David Canabarro e o então barão de Caxias (ambos brancos), foi armada uma emboscada que resultou na chacina dos lanceiros, que foram covardemente aniquilados pelo Exército. Os lanceiros sobreviventes foram reduzidos à escravidão. Se no Brasil defendido por Caxias não havia espaço para a República Rio-Grandense, que dirá para uma tropa militar formada por negros livres armados com lanças e cavalos.

---

13 Para uma importante análise da figura do duque de Caxias, ver: Adriana Barreto de Souza, *Duque de Caxias: O homem por trás do monumento* (Rio de Janeiro: Civilização Brasileira, 2008).

O recado estava dado. Em certa medida, o massacre de 1844 — que ficou conhecido como Massacre dos Porongos — foi uma espécie de laboratório para o que o Exército brasileiro faria com seus pelotões negros na Guerra do Paraguai (1864--70). Estudos importantes apontam que, nesse que foi o maior confronto militar da história do Brasil, as forças militares traçaram distinções raciais entre os soldados. Via de regra, os primeiros pelotões, aqueles mais vulneráveis e sujeitos às violências dos campos da batalha, eram compostos de negros (escravizados, livres e libertos).[14]

A bem da verdade, os nove intensos anos do período regencial serviram para que boa parte dos políticos brasileiros compreendesse duas coisas. Primeiro, o Brasil era diverso e profundamente desigual, e a concepção de cidadania outorgada na Carta Constitucional de 1824 estava longe de contemplar a maior parte da população do Império. Segundo, mesmo que a violência militar tivesse contido os movimentos insurretos, ela não seria suficiente para apaziguar os ânimos. Para garantir a unidade nacional, era indispensável que uma mesma ideia de Brasil fosse compartilhada por todos.

Paz social, escravidão e a liberdade por um fio

Em certa medida, o Golpe da Maioridade em 1840 tinha este intuito: fazer de d. Pedro II — mesmo sendo um menino de quinze anos — uma figura aglutinadora, como se esse pequeno soberano loiro, de olhos claros e nascido em terras brasileiras, fosse a garantia feliz e civilizada da própria brasilidade em formação. Era fundamental, porém, construir uma identidade

---

14 Sobre a presença e a participação de escravizados e negros na Guerra do Paraguai, ver: Ricardo Salles, *Guerra do Paraguai: Escravidão e cidadania na formação do Exército* (Rio de Janeiro: Paz e Terra, 1990).

nacional que ultrapassasse as duas décadas da experiência independente e que lidasse, ao mesmo tempo, de maneira positiva com a diversidade que constituía o Império do Brasil.

O Instituto Histórico e Geográfico Brasileiro (IHGB) foi criado nesse contexto, em 1838. Feito à semelhança do modelo francês, tinha uma tarefa e tanto a cumprir: construir a história do Brasil. Logo se vê que o IHGB era uma instituição necessária para compreender a construção nacional brasileira a partir da década de 1840. Assim, dois aspectos do Instituto têm especial relevância para o aprofundamento do debate sobre a história do racismo no Brasil.

O primeiro é que a imensa maioria dos seus membros eram homens brancos oriundos de famílias abastadas e "tradicionais", como também o era a maior parte dos parlamentares do período. Racializar as elites dirigentes é uma maneira simples de desmontar a pretensa "naturalidade" com a qual a história teria se dado — ou melhor, a naturalidade com a qual a história do Brasil foi contada. No momento da criação do IHGB e nas décadas posteriores, o racismo científico era, como já visto, uma ideologia que dominava as elites e a intelectualidade do Ocidente. Assim, os sentidos de nação construídos a partir das ações do Instituto partiam de uma visão que entendia a humanidade como composta de raças biologicamente distintas, o que definiria as possibilidades e as capacidades de ação dos indivíduos.

Daí, passamos para o segundo aspecto. Foi do IHGB que partiu a primeira interpretação oficial da história do Brasil soberano.[15] E não precisa ser especialista no assunto para entender que ela foi pautada pela perspectiva de mundo das elites

15 Parte das ações do IHGB foi analisada em: Manoel Salgado, "Nação e civilização nos trópicos: O Instituto Histórico e Geográfico Brasileiro e o projeto de uma história nacional". *Estudos Históricos*, Rio de Janeiro, v. 1, n. 1, pp. 5-27, 1988.

brancas do país. Assim, não é de estranhar que as diretrizes de como a história brasileira deveria ser contada tenham sido estabelecidas por Carl von Martius, um alemão que viajou por terras brasileiras.

O projeto de Von Martius venceu o prêmio do IHGB em 1847 e defendia que a identidade brasileira estaria assegurada se a história nacional estivesse alicerçada na ideia de que o país era historicamente marcado pela mescla de três raças: brancos, índios e "etíopes" (negros). O próprio Von Martius reconhecia que essa mescla não havia ocorrido de forma equânime, pois ele defendia que cada raça humana tinha uma índole inata, que resultaria num desenvolvimento histórico específico, cabendo ao português o lugar de descobridor, conquistador e senhor. Segundo as palavras de Von Martius, "jamais nos será permitido duvidar que a vontade da Providência predestinou ao Brasil essa mescla. O sangue português, em um poderoso rio, deverá absorver os pequenos confluentes das raças índia e ethiópica".[16] Temos aqui os primórdios do mito da democracia racial.

Mais importante do que a proposta de Von Martius em si foi o fato de ela ter sido escolhida pelos membros do IHGB como a estrutura a partir da qual a história brasileira deveria ser construída. Mais uma vez estamos nos deparando com uma escolha feita pela elite política e intelectual brasileira — uma escolha que teve a discriminação racial como substrato. A proposta do botânico alemão foi posta em prática anos mais tarde, quando Francisco Adolfo de Varnhagen, um brasileiro que já

---

16 Documento fundamental para compreender o processo de construção da história brasileira no século XIX e seus desdobramentos até os dias atuais, o artigo de Von Martius foi escrito originalmente em 1843 e publicado na *Revista do IHGB*, disponível online no site da instituição. Karl Friedrich von Martius, "Como se deve escrever a história do Brasil". *Revista Trimestral de História e Geografia*, Rio de Janeiro, n. 24, pp. 381-403, jan. 1845.

despontava por seu comprometimento com a produção da história brasileira, elaborou a primeira *História geral do Brasil*.

Seguindo os passos de Von Martius, Varnhagen apresentava um Brasil cuja história se iniciava em 22 de abril de 1500, com a chegada dos portugueses. Era uma perspectiva unilateral e eurocêntrica, pois, segundo o próprio autor,

> Insistimos, porém, mais do que nenhum dos que nos precederam em trabalhos idênticos, na verdadeira apreciação comparativa do grau de civilização dos colonizadores, do de barbárie dos colonos escravos trazidos impiamente d'África e do de selvajaria dos povos, últimos invasores nômades, que ocupavam em geral o território que hoje chamamos Brasil — No tratar dos colonizadores portugueses, dos bárbaros africanos e dos selvagens índios procuramos ser tão justos como nos ditaram a razão, o coração e a consciência.[17]

A primeira história do Brasil soberano e independente era, pois, um produto bem-acabado do racismo científico, do positivismo e da trajetória de um país que nasceu do extermínio velado e da exploração de indígenas e negros — e que continuava apostando nessa fórmula. Basta atentar para os adjetivos utilizados: os portugueses eram "colonizadores", os africanos eram "bárbaros" e os índios, "selvagens". Todos "à sua maneira" compunham o Brasil — cada raça com suas funções (e limitações) históricas.

Tanto a proposta de Von Martius como a obra de Varnhagen são documentos que merecem ser conhecidos e analisados em

---

17 Franciso Adolfo de Varnhagen, *História geral do Brazil: Antes de sua separação e independência de Portugal*. Rio de Janeiro: E. & H. Laemmert, 1877, p. XXIV, tomo I.

detalhe, pois são testemunho de um projeto de país na época em andamento: um Brasil que mantinha a escravidão como sua principal mão de obra, não reconhecia a cidadania dos sujeitos indígenas, criava condições para que o tráfico continuasse a ser operado na ilegalidade por quinze anos, no qual intelectuais e políticos defendiam abertamente princípios do racismo científico, que havia inventado um passado pacífico e harmonioso — sobretudo entre suas três raças. Ou seja, um projeto que criou boa parte do Brasil que conhecemos hoje.

A pacificação criada pela espada de duque de Caxias, pela relação direta (mas nem sempre verdadeira) entre a cor negra e a condição de escravizado e pelas histórias contadas pelo IHGB foi fundamental para que o Segundo Reinado experimentasse três longas décadas de prosperidade e bonança — na perspectiva das classes dirigentes e dos proprietários de terras e de escravizados. Em certa medida, o Indianismo — um movimento do romantismo que, ao idealizar o indígena, o transformava numa espécie de herói mítico genuinamente brasileiro — também fez parte desse processo. Com ele, o Brasil dava conta de sua ancestralidade sem abrir mão dos princípios de civilização que o norteavam. O índio das prosas e dos versos românticos descritos por José de Alencar e Gonçalves Dias em nada se parecia com o que era estudado nas expedições organizadas pelo IHGB ou que continuava sem direitos políticos no país. Os primeiros estavam mais próximos da ideia do *bom selvagem* que sucumbe diante da civilização.

Assim, o Brasil era a terra do monarca de nobilíssima estirpe europeia (na junção bem-acabada dos Bragança com os Habsburgo); do índio bom, que preferia morrer a se opor aos princípios da civilização branca e católica; e do africano (e seus descendentes), que pagava o preço de sua barbárie com a escravidão. Todos estavam contemplados e todos os lugares sociais estavam bem delineados.

No entanto, embora bem orquestrado, o projeto pacifista não dava conta das complexidades do Brasil. A reabertura ilegal do tráfico transatlântico, apesar de ter garantido a entrada de milhões de africanos escravizados, continuou a ser combatida tanto pelos setores mais progressistas da sociedade como pela Inglaterra, que aumentava a pressão para o fim efetivo do infame comércio. Em 4 de setembro de 1850, foi promulgada a Lei nº 581, que proibia definitivamente o tráfico, colocando fim a um comércio que perdurou por mais de trezentos anos em terras brasileiras. E o mais irônico (e perverso) é que essa legislação entrou para a história como Lei Eusébio de Queirós, em homenagem ao então ministro da Justiça, um político conservador que anos antes havia defendido a reabertura do tráfico na ilegalidade e que havia sido chefe de polícia da corte, sendo portanto responsável pela instituição que ajudou a construir a ideia de que o negro (escravizado, livre ou liberto) era sempre suspeito.

Se a Lei nº 581 dificultava a execução do projeto político de boa parte da elite escravocrata, a nº 601 (também conhecida como Lei de Terras, promulgada em 18 de setembro de 1850) veio socorrê-la. E não é preciso ir muito longe para compreender isso. Basta ler o artigo 1º, no qual "ficam proibidas as aquisições de terras devolutas por outro título que não seja o de compra".[18] Ao determinar isso (e, portanto, que não poderiam ser adquiridas por posse), a elite política brasileira salvaguardou e facilitou a manutenção sistêmica dos latifúndios, inviabilizando que os setores médio e baixo da sociedade pudessem se tornar proprietários de terra, já que dificilmente teriam o montante necessário para comprá-la. Essa foi outra estratégia para

---

18 A Lei nº 601 está disponível na íntegra em: <planalto.gov.br/ccivil_03/leis/l0601-1850.htm>. Acesso em: 15 fev. 2022.

"pacificar" a história brasileira, garantindo a manutenção dos lugares sociais reservados às três raças fundadoras do Brasil.

De toda forma, a abolição efetiva do desprezível comércio foi um alerta importante do fim da instituição escravista no Brasil. Alguns proprietários, temerosos da falta de braços escravos nas lavouras, chegaram a investir em fazendas que não produziam gêneros tropicais, mas novos escravizados. Esses "criadouros" não deram o resultado esperado, fazendo com que as demandas das plantações de café fossem atendidas por escravizados vindos de outras províncias do país, fomentando assim o tráfico interno, que chegou a mobilizar a migração de mais de 200 mil homens e mulheres.[19]

A abolição da escravidão nos Estados Unidos, em 1863, foi outro golpe para os escravocratas brasileiros. Além de perder o apoio moral e político da mais poderosa nação americana, coincidiu com a sistematização do movimento abolicionista. A partir de 1860, a instituição escravista começou a ser posta em xeque. A Inglaterra manteve a pressão para que a lei de 1831 fosse cumprida, apoiando ações nacionais que visavam denunciar casos de escravização ilegal, como o que abriu este capítulo, descrito no jornal *O Estandarte*. A situação chegou a um nível de tensão tão grande que, entre 1862 e 1865, Brasil e Inglaterra passaram por uma aguda crise diplomática — conhecida como Questão Christie —, que tinha como mote principal a manutenção do tráfico transatlântico no Brasil, mesmo quando o país tinha promulgado uma lei que abolia o infame comércio.

Entre as décadas de 1860 e 1880, novos ruídos do Brasil pretensamente harmônico e sabidamente escravista começaram a desestabilizar a paz e a integridade do próprio Império. Os escravocratas, sobretudo os grandes produtores de café,

---

19 José Flávio Motta, *Escravos daqui, dali e de mais além: O tráfico interno de cativos na expansão cafeeira paulista*. São Paulo: Alameda, 2012.

mantiveram uma política de defesa da escravidão, tentando criar uma perspectiva mais civilizada e progressista da instituição. Para isso, utilizaram uma arma e tanto: a fotografia. Em 1881, o Centro da Lavoura e do Comércio (CLC) convidou Marc Ferrez — um dos mais renomados fotógrafos brasileiros — para registrar as diferentes etapas da produção cafeeira. Esse centro foi criado por produtores do Sudeste ligados à classe escravista, que, por sua vez, havia se colocado abertamente contra a Lei do Ventre Livre, de 1871. Nesse mesmo ano, o CLC assumiu os gastos dos estandes brasileiros nas Exposições Universais, até então custeados pelo Império.

Assim, as fotos de Ferrez se tornaram uma espécie de cartão-postal da jovem nação brasileira, na qual a produção do café se dava em meio a um grande e moderno complexo produtivo. A receptividade dessas imagens foi muito positiva, e Ferrez foi premiado três vezes e teve seu livro publicado. Entre as inúmeras fotografias feitas por ele, temos a presença constante e ordenada de escravizados. São imagens montadas, nas quais os escravizados apareciam disciplinados e executando diferentes atividades, o que coadunava com a máxima defendida pelos escravocratas: a escravidão civiliza tanto o africano como seus descendentes negros.[20]

A propaganda até poderia ser a *alma do negócio*, mas não era a do Brasil de então. Ou não de todo o país. Os escravocratas não eram os únicos a tentar definir os valores e sentidos atribuídos à escravidão. Vale lembrar que na década de 1880, a despeito da prática disseminada que tomava a cor como presunção da escravidão, a maior parte da população negra brasileira não estava mais sob o jugo da nefanda instituição, mesmo que

---

20 Mariana de Aguiar Ferreira Muaze, "Violência apaziguada: Escravidão e cultivo de café nas fotografias de Marc Ferrez (1882-1885)". *Revista Brasileira de História*, São Paulo, v. 37, n. 74, pp. 33-62, jan.-abr. 2017.

isso não garantisse o usufruto dos direitos que embasavam a cidadania brasileira. Apesar da força da escravidão e das inúmeras pactuações políticas feitas em seu nome, existiam outros sentidos e outras práticas de liberdade.

Isso ficou especialmente notório no intenso ano de 1881, quando Francisco José do Nascimento — também conhecido como Dragão do Mar ou Chico da Matilde —, importante liderança dos jangadeiros do Ceará, iniciou um movimento junto com seus colegas de trabalho. Eles se recusaram a transportar para os navios negreiros os escravizados que sairiam daquela província rumo às plantações de café no Sudeste. Esses homens negros, mestiços e pobres haviam decidido que, "no porto do Ceará, não embarcavam mais escravos".

O movimento ganhou forte apoio e, em 1884, o Ceará se tornou a primeira província a decretar a abolição da escravidão, seguida logo depois pelo Amazonas. Quatro anos antes de 13 de maio de 1888, movimentos populares levaram ao fim da nefanda instituição em duas localidades do Império. O Dragão do Mar foi mais um dos homens que escreveu outra história do Brasil, dessa vez rechaçando a escravidão e o lugar racial estipulado para negros e seus descendentes. Assim, ele engrossava a onda negra que já inundava o país.

8.
Abolicionismos e racismos no Brasil escravocrata

Na manhã de 30 de janeiro de 1905, uma pequena multidão esperava para dar o último adeus a José do Patrocínio. As forças policiais foram chamadas para garantir a ordem, e uma banda de música também aguardava, na expectativa de acompanhar o cortejo. O boato de que o velório do abolicionista seria realizado apenas no dia seguinte dispersou boa parte das pessoas, mas aqueles que ficaram puderam acompanhar a comitiva da estação Estrada de Ferro Central do Brasil até a igreja de Nossa Senhora do Rosário, no centro do Rio. Ali, em uma das mais importantes irmandades negras da história brasileira, jornalistas, políticos e centenas de homens e mulheres negros (gente simples, como se costuma dizer) foram se despedir de um dos abolicionistas mais emblemáticos do país.[1]

A abolição da escravidão havia ocorrido mais de quinze anos antes, e Patrocínio ainda era um homem que, mesmo tendo envelhecido na pobreza e em relativo ostracismo, teve

---

1 As descrições foram retiradas de jornais que circulavam no Rio de Janeiro na época. Ver: *Correio da Manhã*, 30 jan. 1905. Disponível em: <memoria.bn.br/DocReader/DocReader.aspx?bib=089842_01&pesq=Jos%C3%A9%20do%20Patroc%C3%ADnio&pasta=ano%20190&pagfis=7481>. Acesso em: 16 fev. 2022; *O Paiz*, 30 jan. 1905. Disponível em: <ocReader/Doc Reader.aspx?bib=178691_03&pesq=Jos%C3%A9%20do%20Patroc%C3%ADnio&pasta=ano%20190&pagfis=9001>. Acesso em: 16 fev. 2022; e *Gazeta de Noticias*, 30 jan. 1905. Disponível em: <memoria.bn.br/DocReader/DocReader.aspx?bib=103730_04&pesq=Jos%C3%A9%20do%20Patroc%C3%ADnio&pasta=ano%20190&pagfis=9174>. Acesso em: 16 fev. 2022.

sua luta pela liberdade reconhecida por seus contemporâneos, sobretudo pelos seus "irmãos da raça", que batalharam lado a lado com ele pelo fim da escravidão. E se engana quem imagina que apenas o adeus a Patrocínio havia sido capaz de mobilizar multidões. Anos antes, em 1882, jornais de São Paulo noticiavam que a cidade havia parado para o sepultamento de Luiz Gama.

Por que a morte desses dois homens negros causou tamanha comoção em duas das maiores cidade do Brasil? Porque tanto Patrocínio quanto Gama haviam sido expoentes do primeiro grande movimento social brasileiro, o abolicionismo, que, para além de ser uma articulação política que lutou pelo fim da escravidão, havia sido composto de diferentes setores da sociedade que, em meio às suas diversidades, comungavam do desejo de abolir a nefanda instituição.

Pensar o abolicionismo como um movimento social altera — e muito — a compreensão que temos sobre o fim da escravidão no Brasil.[2] Por muito tempo, a história oficial optou por reduzir a abolição da escravidão à assinatura da Lei Áurea, no dia 13 de maio de 1888, transformando a princesa Isabel na redentora dos escravizados e destacando alguns nomes importantes do cenário político brasileiro, como Joaquim Nabuco e Rui Barbosa. Ainda que essas figuras tenham tido um papel importante na luta abolicionista, chega a ser irônico (para não dizer profundamente racista) que o movimento que resultou no fim da escravidão tenha tido sua história contada apenas por meio de personagens brancos, reforçando a ideia falaciosa de que a abolição foi uma espécie de dádiva concedida aos escravizados.

---

2 Sobre o abolicionismo no Brasil como um movimento social, ver: Angela Alonso, *Flores, votos e balas: O movimento abolicionista brasileiro (1868-1888)* (São Paulo: Companhia das Letras, 2015).

Essa falsa ideia e o consequente enaltecimento de abolicionistas brancos também serviram para resolver em termos historiográficos outro problema que, como veremos no próximo capítulo, causou grande comoção nos políticos da Primeira República: a presença negra em tempos republicanos. Ao enterrar a diversidade de homens e mulheres que se embrenharam na luta abolicionista — a maior parte negros e negras —, quem contava a história do Brasil também reduziu os negros aos tempos da escravidão,[3] o que significou o silenciamento das experiências de liberdade vivenciadas por essa população nos mais de trezentos anos da escravatura e a partir de 13 de maio de 1888.

No entanto, considerando que quando a Lei Áurea foi assinada menos de 15% dos negros brasileiros ainda viviam em cativeiro, podemos nos questionar: quantos de nós passaram toda a experiência escolar sem estudar os sentidos de liberdade forjados pela população negra?

Por fim, a "abolição dadivosa" também serviu para redimir as complexidades e aparentes contradições dos expoentes do abolicionismo, criando uma relação quase direta entre a luta pelo fim da escravidão e a percepção da igualdade racial. Ledo engano. O movimento abolicionista brasileiro teve início na década de 1860 e ficou bastante marcado pelos debates científicos sobre as origens e as possibilidades da evolução humana.

Nem mesmo Joaquim Nabuco parecia estar imune à ideologia da época. Nome que virou sinônimo de luta abolicionista, Nabuco entrou para a história brasileira como um paladino nacional. Contudo, uma leitura mais atenta de seus próprios escritos demonstra que ele também havia sido um homem forjado pelo racismo. Tal perspectiva fica mais evidente nas suas

---

3 Sobre a participação ativa e complexa da população negra, sobretudo dos negros letrados, na luta abolicionista, ver: Ana Flávia Magalhães Pinto, *Escritos de liberdade: Literatos negros, racismo e cidadania no Brasil oitocentista* (Campinas: Editora da Unicamp, 2019).

memórias, publicadas com o título de *Minha formação*, em 1900. Ali, já reconhecidamente um herói nacional, ele se sentiu à vontade para expressar "a saudade do escravo", como ele mesmo narrou em "Maçangana", capítulo no qual descreve sua infância.

Nabuco chegou a reconhecer a aparente contradição desse sentimento com a luta que ele próprio incutia contra a escravidão. Mas ali estava ele, uma década depois da abolição, experimentando "uma singular nostalgia". Nabuco tentou se explicar. A saudade estava naquilo que ele imaginava ser a generosidade do escravo, algo que marcara a escravidão brasileira, que, segundo Nabuco ainda "permanecerá por muito tempo como a característica nacional do Brasil". Assim, pintava os escravizados como figuras dóceis, uma imagem ao mesmo tempo irreal e perigosa.

Em sua defesa, muitos dirão que Nabuco era um homem do seu tempo. Como boa parte dos seus contemporâneos, ele foi um homem forjado pela lógica escravista e, de maneira mais profunda, pelo racismo que dinamizava esse sistema. Era mais um homem branco que acreditava que a raça negra precisava ser guiada ou, como ele mesmo escreveu, libertada pela princesa imperial. Não é de estranhar, portanto, que Nabuco tenha sido a leitura de cabeceira de outros intelectuais brasileiros, como Gilberto Freyre. O paladino da abolição brasileira também pavimentou os caminhos que, anos mais tarde, levariam à formulação bem-acabada do mito da democracia racial.

Assim, o problema não está em reconhecer o racismo inerente à figura de Nabuco e de boa parte de seus pares, mas em pensar que suas ideias eram as únicas formas de pensar o mundo. Outros projetos estavam em disputa, sobretudo quando a instituição escravista ruía. Como exemplo, vale lembrar a figura de André Rebouças, um homem negro e livre nascido em uma das poucas famílias negras de destaque no quadro político brasileiro, um importante engenheiro do período imperial que, mesmo com todos esses predicados, sentiu na pele o racismo da época, o que acabou formando a base de sua luta abolicionista.[4] Resta saber, portanto, por que apenas perspectivas como as de Nabuco tornaram-se os arautos da história brasileira.

A resposta para essa pergunta nos leva à compreensão de algumas mudanças de paradigmas no racismo científico e suas repercussões no país. Essa ideologia se emaranhou na formação da maior parte da intelectualidade responsável, entre outras coisas, por escolher *como* e *o que* contar na história do Brasil.

Na década de 1860, o racismo científico não era uma novidade por aqui. Todavia, a publicação de *A origem das espécies*, de Charles Darwin, em 1859, reconfigurou os debates. Para os monogenistas, a publicação trazia a prova cabal da origem única da humanidade; o que diferenciaria as raças era sua capacidade mental. Já os poligenistas se viram obrigados a acatar a tese da origem comum dos seres humanos. Entretanto, defendiam que as raças tinham sido separadas havia muito tempo, o que teria resultado no desenvolvimento desigual entre elas.

É preciso fazer uma ressalva: Charles Darwin — que esteve no Brasil em 1832 e teve uma má impressão da escravidão —, em seu estudo abrangente sobre como a seleção natural leva à evolução das espécies, em nenhum momento faz apologias da desigualdade entre os seres humanos. No entanto, essa não foi

---

4 André Rebouças foi um personagem interessantíssimo do Brasil Império. Sua vida particular, sua trajetória profissional e suas articulações políticas têm despertado o interesse de muitos historiadores. Ver: Maria Alice Rezende de Carvalho, *O quinto século: André Rebouças e a construção do Brasil* (São Paulo: Revan, 2007); Alexandro Trindade, *André Rebouças: Um engenheiro do Império* (São Paulo: Hucitec, 2011); Hebe Mattos, "André Rebouças e o pós-abolição: Entre a África e o Brasil (1888-1898)". XXVII Simpósio Nacional de História, Natal, 2013; Antônio Carlos Higino da Silva, "Por uma socionomia oitocentista: Pensamento, vida e ação de André Rebouças, século XIX". *Revista da ABPN*, Goiânia, v. 10, n. 25, pp. 8-25, 2018; Luciana Brito, "'Mr. Perpetual Motion' enfrenta o Jim Crow: André Rebouças e sua passagem pelos Estados Unidos no pós-abolição". *Estudos Históricos*, Rio de Janeiro, v. 32, n. 66, pp. 241-65, 2019.

a leitura de grande parte de seus contemporâneos e colegas de profissão, que utilizaram conceitos como *seleção natural*, *evolução* e *hereditariedade* para sistematizar o racismo.

O que se observou a partir de 1859 foi a quantificação do método científico, que, analisando uma série de medições do corpo humano, defendia que ações e comportamentos dos indivíduos estavam diretamente ligados à raça a que eles pertenciam. Entre as características humanas que poderiam ser medidas, a inteligência foi, sem dúvida, uma das mais quantificadas. Cientistas como o francês Paul Broca acreditavam, por exemplo, que o tamanho do cérebro estava diretamente ligado ao grau de inteligência do indivíduo. E mais: a craniometria permitiria que ele desenvolvesse uma escala evolutiva da inteligência humana. Nome de destaque na época, os argumentos de Broca chegaram a ser abertamente questionados em 1861 por um colega da Sociedade Antropológica de Paris, fundada por Broca dois anos antes. No entanto, o renomado médico, cientista e antropólogo francês não aceitou os dados do seu opositor, que foi duramente criticado na ocasião. Convicto de seu método, Broca chegou a afirmar que

> O rosto prognástico (projetado para a frente), a cor da pele mais ou menos negra, o cabelo crespo e a inferioridade intelectual e social estão frequentemente associados, enquanto a pele mais ou menos branca, o cabelo liso e o rosto ortognático (reto) constituem os atributos normais dos grupos mais elevados na escala humana.[5]

Broca foi um cientista metódico e cioso de seu ofício. Acreditava que fatos eram fatos. Entretanto, como boa parte de seus contemporâneos, as conclusões de seus estudos já estavam

---

5 Paul Broca, apud Stephen Jay Gould, *A falsa medida do homem*. São Paulo: Martins Fontes, 1991, p. 76.

previamente determinadas por um mundo ordenado por homens brancos, que se imaginavam no topo da escala evolutiva da humanidade. Ainda que tenha sido fidedigno aos dados com os quais trabalhou, o método de Broca, como de outros cientistas da época, já partia do pressuposto da desigualdade entre as raças humanas. O que eles faziam era escolher os dados que comprovassem essa teoria. Como sabemos, não é assim que se faz ciência. Justamente por isso, hoje não restam dúvidas de que o racismo científico não era uma vertente da ciência, mas sim um conjunto de crenças amplamente utilizadas para manter um grupo específico no poder.

Porém a percepção da ineficácia do racismo científico demorou para acontecer. O que observamos a partir de 1859 é a difusão de uma compreensão que se via cada vez mais científica, embasada numa empiria seletiva, que defendia não apenas a inferioridade de grupos humanos a partir de características biológicas inatas, mas também assegurava que mesmo entre os grupos tidos em mais alta conta (os brancos) existiriam diferenças significativas.

A medida do crânio foi utilizada, por exemplo, para determinar a inferioridade intelectual e evolutiva das mulheres brancas em relação aos seus pares do sexo oposto. E mesmo entre os homens brancos, existiriam características físicas específicas que indicariam comportamentos pouco louváveis. Vale lembrar que um uso aplicado do racismo científico foi a antropologia criminal, outra pseudociência que fazia medições de características físicas inatas — como cor da pele, ângulo do nariz, tamanho do crânio etc. — para delinear biotipos suspeitos. Essa ferramenta foi amplamente empregada pela polícia da época e, infelizmente, até hoje dita grande parte das abordagens policiais em diferentes partes do mundo.[6]

6 Para um panorama interessante da produção intelectual de cientistas europeus e estadunidenses no século XIX, ver: Stephen Jay Gould, *A falsa medida do homem*, op. cit.

As interpretações da obra de Darwin não pararam por aí. Outras disciplinas foram criadas a partir de percepções específicas da teoria da evolução das espécies. A antropologia cultural, a sociologia evolutiva, a história determinista, o darwinismo social e até mesmo a eugenia foram correntes de pensamento alicerçadas no racismo científico pós-1859 que pautaram o debate da época. Foram utilizadas como instrumento de poder, dominação e violência, como nas justificativas científicas que os Estados nacionais europeus empregaram para iniciar a colonização na Ásia e na África no final do século XIX. Ainda que as abordagens fossem distintas, havia um chão comum entre essas disciplinas: a percepção da humanidade dividida em raças e a certeza de que havia uma hierarquia natural e seletiva entre elas. Essa premissa levou à noção de que existiriam estágios mais primitivos e primários da humanidade (na qual a população negra muitas vezes era associada aos primatas) e outros mais evoluídos e civilizados.

No Brasil, essas correntes estiveram presentes no pensamento de intelectuais da segunda metade do século XIX, o que significa reconhecer o forte peso do racismo científico nas principais instituições de produção de saber do país — uma realidade que avançaria ainda para os primeiros anos do século XX. Faculdades de medicina e de direito, museus e institutos históricos e geográficos desenvolveram pesquisas sobre território, flora, fauna e população a partir de pressupostos defendidos pelas disciplinas que compactuavam com essa ideologia racista e racialista.[7]

---

7 Dois estudos que abordam o racismo científico no Brasil oitocentista são: Lilia Schwarcz, *O espetáculo das raças: Cientistas, instituições e questão racial no Brasil (1870-1930)* (São Paulo: Companhia das Letras, 1993); e Karoline Carula, *Darwinismo, raça e gênero: Projetos modernizadores de nação em conferências e cursos políticos (1870-1889)* (Campinas: Editora da Unicamp, 2016).

Uma particularidade do racismo científico brasileiro — que inclusive chamou a atenção de cientistas estrangeiros importantes, que chegaram a considerar o país um laboratório a céu aberto — era o alto índice de mestiçagem da população. Ao longo do século XIX, os mais destacados intelectuais brasileiros não viram com bons olhos essa miscigenação, compartilhando assim as perspectivas científicas que tachavam os mestiços como seres inferiores, pois eles seriam uma sub-raça pouco afeita à civilização. Citando o pensador francês Arthur de Gobineau, ainda no começo do século XIX, "o resultado da mistura é sempre um dano".[8]

O que parecia ser ponto pacífico entre esses cientistas brasileiros que atuaram nas últimas décadas do século XIX era que negros e índios não estavam na mesma escala evolutiva que brancos. Estudos para isso não faltaram. João Batista de Lacerda, importante antropólogo do Museu Nacional (uma das instituições mais prestigiosas do Brasil), fez um exame detalhado dos botocudos e concluiu que, por terem o crânio menor que o de homens brancos, estavam num estágio inferior da escala evolutiva. Lacerda também concluiu que os indígenas brasileiros estavam no mesmo nível evolutivo que seus antepassados pré-históricos, pois ainda não haviam saído da selvageria.

No entanto, o antropólogo foi além. Num momento em que o movimento abolicionista e, como consequência, o debate sobre possíveis formas de substituição de mão de obra se intensificavam, Lacerda foi taxativo sobre a "inaptidão dos nossos selvagens para os trabalhos penosos e prolongados. Trazidos para o meio civilizado, eles continuavam a revelar a mesma inaptidão".[9] Essas afirmações durante muito tempo foram propagandeadas nos bancos escolares brasileiros. Logo se vê

---

8 Gobineau, 1853, apud Lilia Schwarcz, *O espetáculo das raças*, op. cit., p. 83.
9 Lacerda, 1882, apud Lilia Schwarcz, *O espetáculo das raças*, op. cit., p. 192.

que o ideal do índio romântico construído pelo movimento indigenista não era compartilhado pelos cientistas brasileiros.

Negros, africanos e crioulos, ao contrário, eram reconhecidos por sua capacidade física avantajada — argumento que foi inúmeras vezes utilizado para legitimar a escravização. Sem dúvida, seu lugar como raça inferior estava garantido no discurso científico brasileiro. Ladislau Netto, diretor do Museu Nacional por quase vinte anos, foi um dos poucos a descrever suas impressões sobre a população negra. Ainda que os indígenas fossem seu principal objeto de estudo, o cientista foi categórico ao classificar as características atávicas da população negra como inferiores. Em sua análise, dois aspectos lhe chamaram a atenção: a infantilização do negro — que parecia não ter saído da puberdade, do ponto de vista intelectual — e a sensualidade inata das mulheres negras.

Durante a vigência da escravatura, a população negra não despertou tanto o interesse dos cientistas brasileiros. Em certa medida, era como se o vínculo direto com a escravidão (mesmo entre a população livre ou liberta) fosse a comprovação da inferioridade de negros e negras. O mesmo não aconteceu com os indígenas. Ainda que eles pudessem ser escravizados — sobretudo aqueles que recusassem a catequese —, institucionalmente a escravidão era uma condição relacionada aos africanos e seus descendentes (alguns de pele mais clara). Os indígenas compunham os povos originários da nação brasileira, e por isso mereciam ser estudados, mesmo que por métodos abertamente racistas. Sendo assim, salvo raras exceções, a intelectualidade branca do Brasil tinha a suposta inferioridade do negro como uma verdade irrefutável. No entanto, o próprio Ladislau Netto, que os classificou como "estúpidos", era um homem contrário à escravidão. Por isso vale lembrar que abolicionismo e equidade racial nem sempre andaram de mãos dadas.

Com essa constatação, voltamos ao nosso ponto de partida: o abolicionismo que conhecemos é, em grande medida, branco e elitista. Homens (e poucas mulheres) oriundos dos setores médios e mais abastados — que muitas vezes dedicaram a vida à causa da abolição — tiveram uma importância significativa na luta pelo fim da escravidão. Criaram sociedades e jornais abolicionistas, desempenharam um papel respeitável nas disputas parlamentares e, em algumas situações, chegaram às vias de fato em nome da causa. Isso não era pouco.

Considerando que o Brasil havia muito apostava na longevidade da escravidão e tinha uma elite que reiteradas vezes optou por essa instituição nefanda, estava claro que a classe dirigente não aceitaria facilmente os ideais abolicionistas, muito menos o fim da escravidão. A Lei Eusébio de Queirós atrelada à Lei de Terras (ambas de 1850) são exemplos de como a elite escravocrata brasileira fez absolutamente tudo que estava ao seu alcance para garantir a manutenção e controlar o fim desse sistema de exploração.

Antes de mais nada, é fundamental afirmar que desde muito antes de o abolicionismo se organizar como movimento político e social, negros e negras — escravizados, libertos e livres — lutavam pelo fim da escravidão. Por vezes essa luta foi individual, podendo ser tomada como sinônimo de sobrevivência dos escravizados. Em outras situações, era coletiva, com contornos de um associativismo tolerado pelo Brasil católico ou então enfrentando abertamente a instituição escravista, como em fugas coletivas, formação de quilombos, revoltas e insurreições. Conforme dito no começo deste livro, onde existiu escravidão também houve resistência escrava.

Sendo assim, o abolicionismo encontrou um mundo marcado tanto pelo uso sistemático da escravidão quanto pela luta dos escravizados. Era um mundo em constante conflito, em que se enfrentavam lados de forças significativamente distintas.

Surgido na Inglaterra no final do século XVIII, o abolicionismo foi em grande parte devedor de leituras específicas do Iluminismo e da Bíblia. No início do século XIX, o movimento ganhou forte apelo, alcançando um grupo cada vez maior de ingleses, a ponto de se tornar uma política pública da nação europeia que mais lucrou com a venda de africanos escravizados. Como vimos, o adensamento político do abolicionismo inglês esteve diretamente relacionado com a Revolução do Haiti e com as novas possibilidades de sociedade que ela construiu.

No Brasil, propostas pelo fim da instituição escravista já haviam sido elaboradas nas décadas de 1820 e 1830. Todavia, como movimento, o abolicionismo surgiu no final da década de 1850, quando observamos, por exemplo, a atuação política de deputados contra a escravidão, como a proposta de Silva Guimarães, que em 1850 formulou um projeto de lei semelhante à futura Lei do Ventre Livre.[10] Nem é preciso dizer que isso não foi adiante. O fim do tráfico em 1850 já era derrota suficiente para a elite econômica e política do Império, que, quando muito, imaginava o fim da escravidão como algo relativamente distante — dali a três, quem sabe quatro gerações. A questão urgente que atormentava as elites escravocratas era como garantir que não faltassem braços escravizados nas plantações de café do Vale do Paraíba fluminense e paulista.

Como era de esperar, nesse período observamos um aumento significativo do preço dos escravizados. Quem podia pagar passou a investir no tráfico interprovincial. O café brasileiro ganhava cada vez mais espaço no mercado mundial e, por isso, muitos donos de plantéis investiram na compra de escravizados que já viviam no país, mas que até então moravam em centros urbanos ou nas províncias do Nordeste e do Norte.

---

10 Para uma obra clássica que propõe um exame político do abolicionismo brasileiro, ver: Emília Viotti da Costa, *A abolição* (São Paulo: Editora Unesp, 2012).

A ânsia por mão de obra barata era tamanha que alguns cafeicultores de São Paulo apostaram no projeto do senador Vergueiro — um dos muitos proprietários de terra e políticos brasileiros envolvidos no tráfico ilegal de africanos escravizados.[11] A ideia era que o Estado nacional arcasse com os custos dessa política, com a contrapartida de que os imigrantes pagariam as despesas da viagem para o Brasil com seu trabalho. Essa experiência foi pouco exitosa devido aos inúmeros conflitos entre colonos e cafeicultores. Muitos imigrantes europeus fugiram das fazendas sob a alegação de estar sendo tratados como escravos. Não restavam dúvidas de que a escravidão ainda era a instituição que ditava as regras, a mentalidade e o ritmo do trabalho no Brasil, principalmente nas regiões que tinham a economia voltada para a exportação.

A partir da década de 1860, o abolicionismo ganhou mais peso e mais adeptos no país. Esse crescimento ocorreu por uma série de razões. Uma delas é o estremecimento das relações entre parlamentares conservadores e liberais, o que abriu flanco para a criação de uma ala partidária mais "radical" entre estes últimos, que incluíam o fim da escravidão na sua plataforma política. É preciso também pontuar o forte incentivo — e, por vezes, o financiamento — que a Inglaterra exercia na abertura de jornais e associações que defendiam a causa

---

11 O senador Nicolau de Campos Vergueiro foi uma figura de destaque na política imperial e atuou em diferentes ramos da economia brasileira. Um deles foi, justamente, o tráfico ilegal de africanos escravizados. Além de ser proprietário de embarcações que os transportavam (a maior parte deles de forma ilegal), Vergueiro também era proprietário de um barracão localizado entre Bertioga e Santos, vinculado ao desembarque clandestino de africanos recém-chegados. Afora receber os escravizados, o barracão também os deixava preparados para a venda. Para mais informações sobre sua atuação como traficante ilegal, ver: Antonio Marco Ventura Martins. *Escravidão e Estado: Entre princípios e necessidades, São Paulo (1835-1871)*. Tese de doutorado apresentada no Programa de Pós-Graduação em História da Unesp, Franca, 2019.

abolicionista. A derrota dos sulistas norte-americanos e a extinção da escravidão nos Estados Unidos (ratificada em 1865) e da servidão no Império Russo (1861) também foram fatos absolutamente perturbadores para os escravocratas.[12] Ainda assim, foi preciso percorrer um longo caminho para que o fim da escravidão ganhasse espaço efetivo nos principais debates políticos do Império.

Promulgada no dia 28 de setembro de 1871, a Lei do Ventre Livre foi uma vitória significativa do movimento abolicionista. Em termos de política pública, era a primeira grande conquista desde 1850. Como havia ocorrido em Cuba no ano anterior, a classe política aprovou uma lei que garantia a liberdade de todos que nascessem de ventre escravo. É importante lembrar que a escravidão era uma condição hereditária pela linhagem materna: era escravizado quem nascia de ventre escravo. Desse modo, essa lei tinha dois desdobramentos importantes e completamente conectados. Ela mirava a reprodutibilidade da instituição escravista e, ao fazer isso, permitia que filhos de escravizados fossem alçados à condição de cidadãos livres, ou seja, cidadãos de primeira classe, que poderiam eleger e ser eleitos.

No entanto, pensando na formulação da própria legislação, vale lembrar que ela foi elaborada e votada pela classe política brasileira, cuja parcela significativa ainda tinha interesses diretos em manter a escravidão. Por isso, a lei de 1871, fruto de uma árdua disputa política (impactada pela Guerra do Paraguai), precisa ser lida com cuidado.

O ponto mais cruel era que a liberdade dos ingênuos não estava garantida de imediato. Para que não houvesse prejuízo

---

12 Uma análise recente que aborda o abolicionismo brasileiro a partir de uma perspectiva transnacional é: Alain El Youssef, "Questão Christie em perspectiva global: Pressão britânica, Guerra Civil norte-americana e o início da crise da escravidão brasileira (1860-1864)". *Revista de História*, São Paulo, v. X, pp. 1-26, 2018.

para os escravocratas, os proprietários de mulheres "de ventre livre" tinham duas opções: a) poderiam escolher se os filhos dessas escravizadas trabalhariam para eles até completarem 21 anos; ou b) poderiam optar por serem indenizados pelo Estado com a quantia de 600$000 réis — um valor atraente para os proprietários, tendo em vista que, no Rio de Janeiro de 1871, o preço cobrado por uma escravizada que soubesse lavar, passar e também fazer quitanda variava entre 450$000 e 950$000 réis, e um escravizado bom cozinheiro era anunciado por 600$000 réis.[13]

A lei também previa a criação do Fundo de Emancipação, que tinha por objetivo angariar verba para alforriar um número específico de escravizados por província todos os anos, reconhecia que eles tinham direito ao pecúlio (poderiam guardar dinheiro legalmente) e emancipava os escravizados pertencentes à Coroa e que eram propriedade de senhores que morriam sem deixar herdeiros.

Assim, é possível entender por que a aprovação dessa lei foi marcada por tantos embates políticos e representou um divisor de águas na luta pelo fim da escravidão. No entanto, é preciso destacar que, ao permitir que os senhores ficassem com a posse dos ingênuos até que completassem 21 anos, a Lei do Ventre Livre possibilitava manter a escravidão por mais cinquenta a sessenta anos. Se dependesse apenas dessa lei, o fim da escravidão seria gradual e bem lento.

Os escravocratas brasileiros se organizaram de diferentes formas para lutar contra os avanços do abolicionismo. Além de terem representantes importantes nas casas do Legislativo brasileiro e ocuparem ministérios estratégicos, parte dessa

---

[13] Tais valores foram encontrados em anúncios do *Jornal do Commercio* de 23 de dezembro de 1871. Disponível em: <memoria.bn.br/DocReader/ DocReader.aspx?bib=364568_06&pesq=vende-se%20escravo&pasta=ano%20 187&hf=memoria.bn.br&pagfis=3873>. Acesso em: 20 fev. 2022.

elite entendeu que "a propaganda é a alma do negócio" e, a partir de 1881, passou a investir no marketing da produção escravista de café, como visto no capítulo anterior. Nesse mesmo ano, foi promulgada a Lei de Reforma Eleitoral, também conhecida como Lei Saraiva, que modificava a Constituição de 1824 e extinguia a eleição em dois níveis. A partir de então, seria direta. O corte censitário que definia quais cidadãos poderiam concorrer aos cargos públicos foi duplicado, e a comprovação de renda passou a ser exigida. O "golpe de mestre" foi determinar que os cidadãos alistados — ou seja, aqueles que poderiam votar — assinassem de próprio punho o documento que comprovava seu alistamento.

De acordo com o censo de 1872, o percentual de escravizados na população brasileira girava em torno de 15%, ou seja, a maior parte dos negros não estava sob o jugo da escravidão. Por outro lado, cerca de 85% da população era analfabeta, em particular os milhares de negros livres e libertos, que em inúmeras ocasiões foram proibidos de frequentar escolas. A Lei Saraiva era uma resposta contundente dos escravocratas à possibilidade que a Lei do Ventre Livre havia criado para os ingênuos: eles até poderiam ser livres, mas para fazer parte do corpo eleitoral teriam que ter uma renda anual significativa e ser alfabetizados. Ademais, a lei também dialogava com a constatação inequívoca de que havia tido um aumento dos cidadãos negros de "segunda classe". Assim, matava dois coelhos com uma cajadada só. Sem racializar a questão, ela praticamente impedia que a população negra e livre exercesse sua cidadania — uma saída que, como veremos, se tornaria um exemplo para as classes dirigentes da Primeira República.

O que se observa é que a disputa entre escravocratas e abolicionistas estava se acirrando. O período entre 1871 e 1881 foi de intensificação das ações e da participação na causa abolicionista. Centenas de jornais, agremiações, associações e comícios pipocavam em diferentes partes do Império. A juventude, sobretudo urbana, fez do abolicionismo uma causa, uma bandeira, que havia muito já reverberava em boa parte do "povo brasileiro". Em 1884, as províncias do Ceará e do Amazonas aboliram a escravidão. No ano seguinte, os escravocratas votaram a Lei dos Sexagenários, também conhecida como Lei Saraiva-Cotegipe, numa tentativa de manter o controle sobre a emancipação gradual da escravidão. Essa lei garantia a liberdade dos escravizados com mais de sessenta anos, impondo algumas condições, como o oferecimento de serviços gratuitos como indenização para os proprietários. Aqueles que tivessem 65 anos ou mais estavam dispensados.

A expectativa de vida no Brasil de 1885 era muito baixa: cerca de 27 anos para a população geral e 21 anos para os escravizados. O que nos leva a questionar: num país que explorava os escravizados ao máximo, em que condições eles chegariam à terceira idade? Assim, além de ter um impacto muito diminuto, pois a imensa maioria dos escravizados morria antes de completar sessenta anos, a lei acabava beneficiando os proprietários, que a partir de então não eram mais obrigados a arcar com a subsistência de escravizados idosos. Isso fez com que muitos morressem à míngua ou se vissem obrigados a recorrer à mendicância para sobreviver. Uma liberdade absolutamente cerceada, que demonstrava o quão perversos e influentes eram os escravocratas brasileiros.

As ações da classe escravista brasileira contra o crescimento significativo do abolicionismo não se limitaram a debates parlamentares e formulação de leis. A forte influência desses homens se fazia sentir nas ações da polícia, que passou a atacar comícios e redações de jornais abolicionistas, deixando muitos feridos e alguns mortos. A partir de 1885, a pressão interna e externa tornava a manutenção da escravatura algo cada vez mais inviável. A construção da ideia de uma escravidão asséptica e "moderna" não ecoava entre a maior parte da população, que também andava descontente com outras questões do Império. A queda do ministério do barão de Cotegipe no início de 1888 era um prenúncio do que ocorreria em maio daquele mesmo ano e que, não por acaso, ficaria eternizado na figura da princesa Isabel.

Ao criar a ideia de uma princesa redentora, a historiografia brasileira que perpetua o racismo propositadamente retirou do abolicionismo uma das suas características mais marcantes: era um movimento polifônico. Se acompanharmos o fim da escravidão apenas pelas batalhas travadas no Senado, na Câmara e nos ministérios, dificilmente entenderemos como a Lei Áurea foi assinada em 1888. O peso da elite escravocrata era enorme, tanto em termos políticos quanto econômicos. Portanto, podemos afirmar que o que acontecia nas ruas, nas senzalas e nos quilombos foi determinante para o fim da escravidão.

O abolicionismo foi muito mais do que uma elite ilustrada e "bem-intencionada". Para nossa sorte, a historiografia mais recente tem mergulhado na polifonia que compôs o movimento brasileiro, destacando suas múltiplas ações e os diversos personagens responsáveis pelo fim da escravidão no país.[14] Citamos aqui André Rebouças, Estêvão Roberto da Silva, José do Patrocínio, Luiz Gama, Adelina (conhecida como A Charuteira), Arthur

---

14 É fundamental apontar como a recente historiografia está consolidando análises que nos ajudam a compreender as diferentes facetas do movimento abolicionista no Brasil, permitindo examinar novos sujeitos históricos e outras localidades e tramas. Nesse sentido, vale destacar as obras de Wlamyra Albuquerque, *O jogo da dissimulação: Abolição e cidadania negra no Brasil* (São Paulo: Companhia das Letras, 2009); Maria Helena P. T. Machado e Celso Thomas Castilho (Orgs.), *Tornando-se livres: Agentes históricos e lutas sociais no processo de abolição* (São Paulo: Edusp, 2016); Camillia Cowling, *Concebendo a liberdade: Mulheres de cor, gênero e a abolição da escravidão nas cidades de Havana e Rio de Janeiro* (Campinas: Editora da Unicamp, 2018); Flávio Gomes e Petrônio Domingues, *Políticas da raça: Experiências e legados da abolição e da pós-emancipação no Brasil* (São Paulo: Selo Negro, 2014).

Rocha, Vicente de Souza, Cacilda Francioni de Souza, Manuel Querino e Chico da Matilde, abolicionistas cujas trajetórias revelam as muitas formas de luta contra a instituição escravista.

O que aprendemos é que esse movimento social e político também se deu nas redes tecidas pelas mulheres escravizadas, que, a partir de 1871, chegaram a viajar quilômetros para garantir juridicamente que seus filhos fossem libertos, pois seus ventres eram livres. O abolicionismo esteve nas ações conjuntas realizadas por milhares de escravizados, permitindo fugas coletivas e a criação de quilombos rurais e urbanos. Estava na vida devota de homens e mulheres negros e livres, que lutaram escrevendo jornais, distribuindo panfletos, escondendo escravizados foragidos, se recusando a transportar africanos contrabandeados, participando de comícios ou indo à corte para comprovar escravidões ilegais. Em certa medida, a partir da década de 1860, a história do Brasil é também a do abolicionismo. Ou melhor, dos abolicionismos.

Infelizmente, o movimento mais conhecido — e que muitas vezes parece ser o único — é aquele vivenciado pelos homens brancos. Reforço aqui que insistir numa história única da abolição silencia inúmeras outras trajetórias, perpetuando o nosso "racismo pacífico". Tal perspectiva impede compreender o radicalismo que marcou os anos finais do período, quando fugas em massa e o incêndio de plantações inteiras se tornaram práticas de luta. Por isso é fundamental ampliar o olhar e afinar a escuta — os sussurros estão por todos os lados.

Nascida no mesmo ano que o Brasil Império, em 1822, Maria Firmina dos Reis foi uma mulher negra de trajetória pujante. Era de São Luís do Maranhão, filha de uma mulher negra alforriada e de um pai que não conheceu. Ao ficar órfã com cinco anos de idade, foi morar com uma tia no interior da província do Maranhão, onde se formou como professora primária e atuou muito tempo na área. Mas foi como abolicionista que despontou na história brasileira. Ela não só alfabetizou jovens (muitos deles negros e negras), como contribuiu para diversos jornais e publicou *Úrsula*, em 1859, o primeiro romance da América Latina escrito por uma mulher negra e o primeiro abolicionista do Brasil. Também é de Maria Firmina o Hino à Liberdade dos Escravos, no qual ela comemorava os fatos de 13 de maio de 1888, deixando evidente — e documentado — a luta da população negra pela liberdade.

Salve pátria do progresso
Salve! Salve Deus a igualdade!
Salve! Salve o sol que raiou hoje,
Difundindo a liberdade!

Quebrou-se enfim a cadeia
Da nefanda escravidão!
Aqueles que antes oprimias,
Hoje terás como irmão!

Maria Firmina viveu mais que o Brasil Império. Morreu aos 95 anos, em 1917, pobre e cega. Ao que tudo indica, teve tempo suficiente para entender por que o Brasil construído a partir de 13 de maio de 1888 não permitiu que a abolição, o progresso, a igualdade, a liberdade e a irmandade fossem conceitos usufruídos por todos que respondiam ao gentílico de brasileiros.

Parte III
A República

E na hora que a televisão brasileira
Distrai toda gente com a sua novela
É que o Zé põe a boca no mundo
É que faz um discurso profundo
Ele quer ver o bem da favela

Está nascendo um novo líder
No morro do Pau da Bandeira

Leci Brandão, "Zé do Caroço", 1978

Numa tarde de domingo de 1914, quando tinha dez anos de idade, Laudelina foi tomada por uma fúria descomunal. Sua mãe, d. Maurícia, estava em casa fazendo os doces que vendia em Poços de Caldas quando o capataz que trabalhava para sua patroa bateu à porta, exigindo que fosse imediatamente para a casa da família Junqueira. Com as entregas atrasadas e já cansada de ser "tratada como escrava", d. Maurícia se recusou a largar seus afazeres. O capataz, um homem branco e português, leu aquela atitude como um acinte e não pensou duas vezes: sacou seu chicote de rabo de tatu e começou a castigar d. Maurícia na frente dos filhos. Cega de ódio, a menina Laudelina pulou no pescoço do algoz e só o soltou quando a mãe a arrancou de lá.[1]

Esse ocorrido marcou a vida de Laudelina de Campos Melo, a ponto de ser uma das memórias mais vivas ao narrar a sua infância e juventude. E, de certa forma, tal feito dizia muito sobre a forma como Laudelina encarava a vida. Uma mulher negra, nascida no interior de Minas Gerais no despertar do século XX, que se transformou na maior referência da luta das

---

[1] A vida e a obra de Laudelina de Campos Melo foi ricamente analisada por Elisabete Aparecida Pinto num estudo embasado em uma série de entrevistas feitas com a própria Laudelina. Ver: *Etnicidade, gênero e educação: A trajetória de vida de d. Laudelina de Campos Mello (1904-1991)* (São Paulo: Anita Garibaldi, 2015). As informações da biografia de Laudelina foram retiradas das entrevistas transcritas na tese de doutorado que deram origem ao livro supracitado.

empregadas domésticas do Brasil, responsável pela criação do primeiro sindicato da categoria do país.

A vida de Laudelina chegou aos nossos dias porque sua trajetória foi ao mesmo tempo a regra e a exceção dos lugares sociais reservados para mulheres negras no Brasil republicano. Laudelina não foi apenas mulher negra, empregada doméstica, esposa e mãe — não que isso seja pouco, sabemos o quanto todas essas atividades são extenuantes, além de carregarem estereótipos sociais. Laudelina foi também fundadora de agremiações recreativas, sindicalista, política, membro da Frente Negra Brasileira, filiada ao Partido Comunista, soldada brasileira na Segunda Guerra Mundial, bailarina, liderança do movimento de empregadas domésticas e militante da causa negra. Sendo assim, Laudelina de Campos Melo é um convite e tanto para uma leitura a contrapelo da experiência republicana no Brasil, que só faz sentido quando compreendemos como o racismo foi um dos pilares da República brasileira. Por ora, ficaremos apenas com sua meninice.

Quando Laudelina nasceu, em 12 de outubro de 1904, em Poços de Caldas, Minas Gerais, a abolição da escravidão já havia completado dezesseis anos, mas continuava como uma espécie de sombra nacional. Seus pais nasceram alforriados graças à Lei do Ventre Livre (1871), porém isso não garantiu o gozo completo de suas liberdades. Ainda criança, a mãe de Laudelina, d. Maria Maurícia, havia sido dada para a irmã de sua proprietária, para que a menina ajudasse nos cuidados com a filha da sinhá, que havia nascido com alguns distúrbios neurológicos. É um caso típico do clientelismo que marcou a vida de boa parte da população negra entre o final do século XIX e o começo do XX. D. Maurícia virou uma agregada dos Junqueira, uma importante família da região, e passou a infância e a adolescência num limbo muito próximo da escravidão, recebendo pelos serviços prestados apenas casa e comida. Ela não pôde escolher nem seu casamento: seus patrões arranjaram tudo, e d. Maurícia se casou com um jovem negro que também trabalhava na propriedade dos Junqueira.

É significativo que só a partir do casamento d. Maurícia tenha passado a se identificar com um sobrenome que não o dos seus patrões. Antes da união com Marcos Aurélio, ela atendia por Maria Maurícia Junqueira, o que era comum entre negros logo após a abolição e diz muito sobre as amarras da instituição escravista mesmo depois de maio de 1888. Como rememorado por Laudelina, quando passou a se identificar como De Campos Melo, d. Maurícia finalmente se sentiu alforriada.

Como em tantas famílias negras no pós-abolição, a pobreza era uma constante na vida da família Campos Melo. Em 1911, no mesmo ano em que João Baptista Lacerda apresentava para o mundo a política de branqueamento gestada e custeada pelo Estado brasileiro, Laudelina começou a ajudar a família, executando serviços domésticos. Tinha apenas sete anos e seu destino já parecia traçado num país que autorizava que ela fosse chamada de "macaquinha" ou de "pererê", enquanto considerava absolutamente normal que ela trabalhasse antes mesmo de aprender a ler e a escrever. Quando ficou órfã de pai, aos doze anos, Laudelina precisou abandonar os estudos para ajudar a mãe. Passou a cuidar da casa, dos irmãos e dos primos mais novos para que a mãe pudesse trabalhar como lavadeira num hotel da cidade.

A circunstância em que se deu a orfandade paterna de Laudelina revela muito do Brasil de então. Seu pai, também filho de um ventre livre, havia sido agregado da família Junqueira durante boa parte de sua vida. Depois de casado e pai de família, Marcos Aurélio se juntou aos milhões de homens negros que não conseguiam encontrar um emprego fixo por conta dos interditos criados para a pele negra. Por isso, acabou aceitando trabalhar com corte de madeira no Paraná. Sazonalmente, ele e seus companheiros viajavam quilômetros para derrubar o pinho que seria vendido no mercado internacional. Numa dessas viagens de trabalho, Marcos Aurélio foi atingido acidentalmente por uma árvore, morrendo na hora. Foi enterrado ali mesmo, para sempre longe da família.

O início da vida de Laudelina parecia não lhe permitir alçar grandes voos. A avó havia sido escravizada. A mãe, embora nascida livre, passou parte da vida como criada de uma família branca, que se achava no direito de decidir quando e como ela deveria trabalhar, sem que isso significasse uma remuneração adequada. O pai, mesmo que reconhecidamente um sujeito honesto, não encontrava emprego fixo por ser um homem negro. Ainda que tenha podido escolher seu próprio marido, Laudelina não fugiu do destino reservado a grande parte das mulheres negras no Brasil. Depois de casada, mudou-se para Santos e trabalhou como doméstica.

Porém, a vida de Laudelina tomou rumos que nenhum autor de folhetim poderia ter imaginado. A mudança não se deu por causa de um casamento salvador ou então por uma patroa (branca) pia e generosa ter lhe deixado uma boa herança. Laudelina trabalhou boa parte da vida como doméstica e desde muito cedo entendeu os limites impostos às mulheres negras. Era uma leitora atenta do seu mundo, que compreendia que não era ela quem deveria mudar, mas o Brasil. Para isso, eram necessárias ações coletivas e incessantes, o trabalho de toda uma vida — uma luta que tinha como principal oponente todo um projeto republicano construído por ninguém menos que os patrões das várias Laudelinas que existiam no país.

É importante frisar que o Brasil de Laudelina não era o mesmo de sua mãe e avó. A abolição da escravidão, em maio de 1888, e a Proclamação da República, em novembro de 1889, foram dois momentos de transformações significativas para o país — e, como consequência, episódios de repactuação nacional. Ainda assim, o futuro disponível para as diversas gerações de mulheres dessa família não parecia ter se alterado muito.

Alguns poderiam se perguntar se a própria trajetória de Laudelina não seria a comprovação de que estavam ocorrendo mudanças significativas que permitiram que mulheres negras como ela pudessem galgar destaque no cenário nacional. Em certa medida, sim. Como uma mulher de seu tempo, sua vida refletiu uma série de questões que atravessaram a República brasileira. Foi uma vida extraordinária — Laudelina desnudou a própria ordem das coisas, inclusive de projetos que, em princípio, tendiam a aproximar a sua vivência à das mulheres de sua família. Não estamos falando apenas de uma aproximação pelo afeto ou pelo reconhecimento ancestral (ainda que tenham existido), mas da exclusão sistemática que sofreram por serem negras. Laudelina passou uma vida prestando serviços domésticos — uma atividade profissional que até hoje é majoritariamente exercida por mulheres negras e que demorou décadas para ser regulamentada, sendo ainda profundamente vulnerável.

Então, uma questão fundamental a ser posta é: o que se manteve e o que mudou para as mulheres negras a partir das últimas décadas do século XIX, e o que essas mudanças e permanências dizem sobre a estrutura racista e a organização do mercado de trabalho da sociedade brasileira?

É possível trilhar diferentes caminhos para chegar a tais respostas. Aqui, apostamos no uso de uma abordagem histórica de longa duração, uma perspectiva que permite revisitar os grandes marcos cívicos que definiram a passagem do século XIX para o XX no Brasil, vislumbrando não apenas as transformações do período, mas também as continuidades. Afinal, temos visto que a história do racismo no país está profundamente calcada na permanência de uma estrutura social, cultural e política que, de certa forma, limitou transformações de modo a permitir a manutenção da lógica discriminatória e excludente do racismo. Uma vez mais estamos diante de um período-chave da história brasileira, sobre o qual é fundamental compreender o que foi escolhido mudar e manter.

9.
A Primeira República e sua arquitetura da exclusão

Entre 13 de maio de 1888 e 15 de novembro de 1889, o Brasil foi atravessado por duas grandes transformações: a abolição da escravatura e a Proclamação da República.

No primeiro caso, a assinatura da Lei Áurea foi resultado de um longo processo protagonizado por um movimento social plural e polifônico: o abolicionismo. Ainda que muitos insistam em reduzir a assinatura da lei à figura da princesa Isabel e à ação de meia dúzia de abolicionistas, essa perspectiva racista não permite vislumbrar os diferentes sujeitos históricos que participaram do movimento, como se deu a articulação entre abolicionistas e a população escravizada e o alcance popular desse feito. Por décadas, o Treze de Maio foi comemorado com grandes festas cívicas, muitas delas com a ampla participação de homens e mulheres negros, que sabiam melhor do que ninguém o significado da abolição da escravatura.[1]

No segundo, chegava ao fim o Império do Brasil e nascia a República brasileira — um Estado sem escravizados, que não viveria mais sob a sombra centralizadora do imperador e do

---

[1] As festas de comemoração da abolição são interessantes, pois permitem a compreensão dos sentidos do fim da escravidão no momento imediatamente posterior à Lei Áurea e demonstram como o abolicionismo foi um processo histórico de décadas e com forte apelo popular. Para uma análise dessas festividades, ver: Renata Figueiredo Moraes, "Festa e resistência negra no Rio de Janeiro: Batuques escravos e as comemorações pela abolição em maio de 1888". *Revista do Arquivo Geral da Cidade do Rio de Janeiro*, Rio de Janeiro, n. 15, pp. 231-50, 2018.

seu poder Moderador, mas que seria regido pelos princípios do federalismo, tendo "o amor por princípio, a ordem por base e o progresso por fim", como posto por um dos seus idealizadores, o positivista Benjamin Constant.

Parecia que o Brasil finalmente entrava nos trilhos da civilização e da modernidade. E talvez seja justo aí que resida o nó da questão. Afinal, na virada do século XIX para o XX, modernidade e civilidade eram sinônimos do quê?

Sem dúvida, eram termos com significados distintos, dependendo de quem lhes atribuía o sentido. Para grande parte da elite política brasileira, tanto o moderno como o civilizado estavam baseados em modelos construídos na Europa e nos Estados Unidos, com os quais se identificavam. E não é preciso dizer que, grosso modo, essa identificação se dava pela compreensão racial (e desigual) do mundo.

A defesa do fim da escravidão não esteve necessariamente atrelada a uma compreensão equânime da humanidade. Muitos abolicionistas brancos acreditavam na desigualdade inata das raças. Para eles, o inimigo não era a premissa da inferioridade de determinados grupos humanos, mas a nefanda instituição escravista. Desse modo, nem mesmo os abolicionistas estavam imunes ao racismo científico — e essa característica não era exclusiva do Brasil, ordenando grande parte das ações das elites dirigentes de nações americanas e europeias.

É por isso que não podemos ter reservas ao afirmar que, nos anos finais do século XIX, o racismo científico era uma ideologia disseminada em todo o Ocidente, e não uma crença pontual dos organizadores de *freak shows* e zoológicos humanos que arrastavam multidões por onde passavam.[2] A raça, que até

---

2 Para conhecer a relação direta entre o racismo científico e os zoológicos humanos, ver: Sandra Sofia Machado Koutsoukos, *Zoológicos humanos: Gente em exibição na era do imperialismo* (Campinas: Editora da Unicamp, 2020).

o final do século XVIII era um termo referente a uma espécie de mito de superioridade social e política dos grupos dominantes, ganhou uma roupagem pseudocientífica ao longo do século XIX para justificar a escravização, a colonização e a dominação exercida por parte da população branca ocidental. Foi o racismo científico que deu respaldo moral e teórico para projetos de colonização na África e na Ásia, que pautou as leis Jim Crow nos Estados Unidos e que organizou os pilares da recém-inaugurada República do Brasil.

Ideais republicanos já tinham assombrado a experiência colonial e imperial brasileira, haja vista as conjurações Mineira e Baiana, as revoluções Pernambucana e Farroupilha e a Sabinada.[3] Apesar de não serem uma novidade, a confluência que levou à queda do Império do Brasil tinha uma série de particularidades, muitas diretamente relacionadas com a construção do Estado nacional brasileiro ao longo do século XIX. Assim, não é estranho notar que o republicanismo que resultou nos atos de 15 de novembro não tivesse a abolição da escravidão e muito menos a equidade racial entre suas pautas principais. Isso é tanto verdade que uma expressão corrente na época era "republicanos do 14 de maio", uma alusão direta aos proprietários de escravizados que, ao se sentirem traídos pela assinatura da Lei Áurea, passaram a defender a causa republicana.

De fato, o republicanismo era um substantivo que abarcava muita gente, inclusive abolicionistas importantes, como Luiz Gama e Rui Barbosa. É verdade que existiram diferentes percepções do que era ou como deveria ser uma república, o que resultou nas inúmeras revoltas e disputas políticas que marcaram a Primeira República (1889-1930), demonstrando o quão

---

3 Uma abordagem ampla que permite compreender a longa duração do republicanismo no Brasil, recuperando o período colonial, é: Heloisa Starling, *Ser republicano no Brasil colônia: A história de uma tradição esquecida* (São Paulo: Companhia das Letras, 2018).

instável era o novo regime. As próprias oligarquias que apostaram no Brasil republicano entraram em conflito diversas vezes, encontrando sua *pax* oligárquica em arranjos políticos intraclassistas, que pressupunham que o exercício do poder seria resultado de um equilíbrio tênue entre o governo federal e as oligarquias regionais. Tudo isso assentado num processo eleitoral excludente e fraudulento.

Em certa medida, a versão mais oficiosa da proclamação apresenta um golpe de Estado — que para alguns teve ares de revolução — dado pelos republicanos e protagonizado pelo Exército, que contou com o apoio de parte da oligarquia cafeicultora paulista e de civis (muitos deles positivistas), que desde a década de 1870 defendiam abertamente o regime republicano. Nessa mesma versão, o povo brasileiro teria assistido bestializado a mudança que se desenhava — disputando, no máximo, o nome da confeitaria de seu Custódio, como ironizou Machado de Assis.[4]

Uma vez mais, nos deparamos com a decisão de contar a história do Brasil pela ótica da passividade, que silencia e marginaliza sujeitos e movimentos históricos que definiram os anos iniciais da República brasileira. Se realmente existiu, o aparvalhamento da população brasileira durou pouco. A Primeira República foi cravejada de revoltas, insurreições, greves e movimentos messiânicos que desmontam a ideia de que as camadas populares assistiram incólumes à instauração de um novo regime.

É comum se tomar o dia 15 de novembro de 1889 como um momento de mudanças. A ausência da figura do imperador

4 A pouca participação popular na instauração do regime republicano foi retratada de forma irônica por Machado de Assis na obra *Esaú e Jacó*, publicada em 1904. Tal perspectiva foi analisada por José Murilo de Carvalho, *Bestializados: O Rio de Janeiro e a República que não foi* (São Paulo: Companhia das Letras, 2019).

marcava a descentralização do poder em nome do federalismo. A desvinculação com a Igreja também foi algo notório: o Estado passava a ser laico. Novos atores sociais estavam exercendo poder político, em especial o alto escalão do Exército. E a oligarquia produtora de café continuou tendo relevo na organização política do país. Tudo isso numa sociedade livre, não mais maculada pela nefanda instituição. O progresso realmente parecia bater à porta.

No entanto, mesmo sendo um momento de ruptura, o Brasil que dormiu na noite de 14 de novembro de 1889 não acordou tão diferente na manhã seguinte. É preciso pontuar que as transformações anunciadas estavam sendo planejadas por um grupo que não reconhecia mais no Império a unidade e a identidade nacionais, mas que estava longe de ser heterogêneo. Todavia, é importante salientar que o rompimento com o Estado imperial e a aposta no regime republicano não significaram a formulação de uma sociedade mais democrática e inclusiva. Muito pelo contrário. O que se observa nos primeiros quarenta anos da experiência republicana brasileira foi a edificação de um Estado nacional que manteve a exclusão racial, social e política como engrenagem básica de seu funcionamento.

A Constituição promulgada em 1891 foi o texto central desse mecanismo. Não por acaso, se inicia com a "Organização federal" — título no qual foram estipulados as funções e os limites dos poderes que compunham a República Federativa do Brasil. Em seguida, tratava de estados e municípios. Aqui observamos outras duas mudanças significativas em relação ao Império do Brasil: os governadores passaram a ser eleitos, e a receita dos estados começou a vir da tributação das exportações, criando assim uma assimetria econômica (e consequentemente política) entre as unidades da federação, pois São Paulo era um dos maiores produtores de café do mundo, o principal gênero de exportação de um país que optou por manter sua economia agroexportadora, como se fosse uma espécie de vocação.

Apenas no Título IV foi definido quem era o cidadão brasileiro. De acordo com o artigo 69, eram aqueles nascidos em território nacional (mesmo filhos de pais estrangeiros), filhos de pais brasileiros nascidos em outras nações, estrangeiros com bens e família nascida no Brasil, bem como aqueles que optassem pela naturalização. À primeira vista, ainda que excluindo as mulheres, a cidadania brasileira parecia uma categoria ampla, já que não era balizada pela pertença racial ou pelo critério censitário. Entretanto, ao prosseguir na leitura do documento, observa-se que o artigo seguinte fazia uma ressalva que alterava por completo a compreensão do exercício da cidadania no país. Para ser um cidadão eleitor, ou seja, para compor o corpo político da nação, o indivíduo não poderia ser mendigo nem analfabeto.[5]

Com essa proibição, os parlamentares diziam estar garantindo a qualificação do voto, pois evitavam que pessoas despreparadas politicamente pudessem participar das eleições. Tal impedimento significaria um "voto mais consciente" — por assim dizer —, ao mesmo tempo que dificultaria a fraude no processo eleitoral. Uma alegação risível quando lembramos que o mandonismo, o coronelismo e o clientelismo se constituíram na base do controle de uma cidadania abertamente desigual, fundada na fraude eleitoral.

Dois detalhes merecem ser mencionados. Primeiro, em 1891, aproximadamente 80% da população brasileira era analfabeta. Em segundo lugar, a Constituição de 1891 não entendia a educação pública como um direito. Desse modo, o que estava por trás do artigo 70 era uma medida relativamente

---

5 O texto integral está disponível no site do Senado Federal: <www.planalto. gov.br/ccivil_03/constituicao/constituicao91.htm>. Acesso em: 18 fev. 2022.

simples — ensaiada na Reforma Eleitoral de 1881 — que garantia o controle sobre o corpo político do país, impedindo o acesso de mais de 90% dos brasileiros à vida política (sobretudo os egressos do cativeiro). Uma jogada de mestre de quem queria manter a exclusão como a engrenagem do país.

Quem se espelha na Constituição de 1988 pode pensar que seria apenas uma questão de tempo para que um contingente cada vez maior de cidadãos pudesse ter direitos civis e políticos. Bastava investimento público na educação básica. No entanto, sabemos que para isso é preciso ter vontade política. E não era o caso. A vontade dos homens que estiveram à frente da República federativa era fazer do Brasil um castelo de privilegiados cercado por um oceano de excluídos.

A essa altura, a constatação da marginalização sistemática de determinados grupos sociais não deveria assustar o leitor. Essa foi a história dos 389 anos que antecederam a República brasileira. Um projeto de longa duração que vinha dando certo para os grupos dominantes, apesar das inúmeras formas de resistência social e política. Até pouco tempo, esse plano era em grande parte organizado pela instituição escravista, cuja racialização determinou a vida dos cativos, os limites da liberdade de seus descendentes alforriados e, em última instância, o próprio exercício da cidadania no Brasil Império. Tudo isso num mundo em que o escravizado era sempre um não branco e que não brancos (mesmo livres) eram tidos como gente da pior qualidade.

Os homens que comandaram a Primeira República eram herdeiros daqueles que exerceram o poder no Império do Brasil. E eles deixaram bem nítido que o fim da escravidão não seria a extinção da marginalização econômica, social e política da maior parte da população. Se a República trouxe uma série de mudanças na organização do Estado brasileiro, a raça continuou sendo justificativa da segregação e da discriminação. Outros mecanismos de exclusão foram criados. A partir de 15 de novembro de 1889, o racismo também se fez "coisa pública" e continuou ditando as regras do jogo.

Não podemos esquecer a alcunha dada à parte da oligarquia cafeicultora que esteve por trás da mudança de regime no país: "Republicanos de 14 de maio". Estamos tratando de proprietários de escravizados que, mesmo diante de toda a imoralidade e a ilegalidade que marcaram a instituição escravista a partir de 1831, continuaram advogando em prol da nefanda instituição. Em parte porque queriam manter os lucros advindos da exploração do trabalho escravo. Mas boa parcela deles acreditava que os escravizados negros e todos os seus descendentes mereciam estar na condição mais espúria da humanidade. Sabemos bem que não eram apenas os produtores de café que pensavam assim. Garantir que negros, cafuzos, mamelucos, indígenas, pardos, mulatos e cabras estivessem fora do jogo eleitoral era uma maneira de assegurar a ordem e o progresso estampados na bandeira nacional.

Mais uma vez, as elites brasileiras conseguiram criar um mecanismo de exclusão cuja natureza racial não precisava ser revelada, ainda que estivesse lá, organizando a recém-proclamada República. Como era de esperar, tal exclusão não se restringiu às eleições. No entanto, mesmo sem nenhum apoio do Estado, desde o período imperial existiram inúmeras iniciativas individuais e coletivas para viabilizar a educação da população negra, inclusive dos escravizados. Se a alfabetização era condição para o exercício dos direitos políticos, a resposta da população negra viria à altura, apesar da ausência de investimentos públicos na área. Exemplos dessas iniciativas não faltam.

No Império do Brasil — que proibiu expressamente o acesso dos escravizados às escolas —, existiram inúmeras experiências de instrução da população negra que dialogaram diretamente com as diretrizes estabelecidas por cada província. Em Pernambuco, houve uma ação conjunta da Sociedade dos Artistas

Mecânicos e Liberais e da Irmandade São José do Ribamar em prol do letramento e do ensino de ofícios específicos. No Maranhão, temos o caso do Asilo de Santa Teresa, que oferecia educação formal para um número significativo de meninas negras. Há o interessante caso do professor Pretextato, que em meados da década de 1850 transformou parte da sua casa no centro do Rio de Janeiro numa escola para meninos pretos e pardos.[6]

Com o crescimento do abolicionismo, sobretudo após a Lei do Ventre Livre, de 1871, pulularam ações individuais de professores negros pela educação dos seus irmãos de cor. Abolicionistas negros de destaque, como André Rebouças e José do Patrocínio, elaboraram planos para ampliar a educação formal da população negra. Alguns padres defensores da abolição também se engajaram na causa. Na década de 1880, a já mencionada abolicionista Maria Firmina dos Reis chegou a abrir e a dirigir uma escola mista e gratuita no interior do Maranhão.

A educação foi uma forma de resistência para a população negra durante o passado escravista. Como veremos nos próximos capítulos, ela continuaria sendo ao longo de toda a história da República, apesar da falta de atuação do Estado brasileiro.

No entanto, essa elite dirigente que buscava construir uma sociedade moderna e civilizada à semelhança dos países europeus não se contentaria com a proibição do voto para cidadãos analfabetos. A modernidade e a civilidade tinham uma cor específica, que não estava refletida na maior parte da população do país. Por isso, a elaboração dessa República excludente contou com outras medidas que visavam o controle do chamado povo brasileiro, por exemplo limitar o acesso à educação

---

6 A historiografia brasileira tem se debruçado sobre o estudo das experiências educacionais da população negra, tanto no período escravista quanto no pós-abolição. Para estudos de caso, ver: Marcus Vinícius Fonseca e Surya Aaronovich Pombo de Barros (Orgs.). *A história da educação dos negros no Brasil* (Niterói: Eduff, 2016).

formal. E como já anunciado na trajetória familiar de Laudelina de Campos Melo, essa foi uma medida profundamente eficaz no gerenciamento das dinâmicas do mundo do trabalho.

Existiram, é bem verdade, alguns homens negros que ingressaram na vida política stricto sensu, como Monteiro Lopes.[7] Mas essa foi a exceção. Durante os primeiros quarenta anos da República brasileira, o que se observou foram outras maneiras de a população negra atuar politicamente. Tais atuações estavam diretamente ligadas à luta dessa mesma população pela melhoria de suas condições de vida, o que muitas vezes ultrapassou a travada pela sobrevivência.

Negro: De bom escravo a mau cidadão[8]

É de uma perversidade atroz a pouca ou nenhuma relação que se construiu no Brasil entre a história do trabalho livre e a população negra. A correspondência entre a cor negra e a instituição escravista é um dos subprodutos da natureza racial da escravidão moderna, que não só determinou que apenas negros (e, em alguns casos, indígenas) poderiam ser escravizados, como também foi utilizada para encobrir todas as possibilidades de liberdade da população negra. Tal constatação se torna ainda mais cruel quando lembramos que, às vésperas da abolição, a maior parte da população negra do país não era escravizada.

Leitores atentos da história do Brasil muitas vezes se perguntaram o que teria acontecido com essa massa de trabalhadores

---

7 Sobre a trajetória de Monteiro Lopes, ver: Petrônio Domingues,"'Vai ficar tudo preto': Monteiro Lopes e a cor na política". *Novos Estudos Cebrap*, São Paulo, n. 95, pp. 59-81, mar. 2013. Martha Abreu e Carolina Dantas. *Monteiro Lopes e Eduardo das Neves. Histórias não contadas da Primeira República* (Niterói: Eduff, 2020).
8 Esse subtítulo é uma referência direta ao título do livro de 1977 de Clóvis Moura, um dos mais importantes intelectuais negros do país, no qual ele analisa a história brasileira a partir da experiência da população negra.

negros após a Proclamação da República. Esse questionamento ganha ainda mais relevância quando atentamos para os números da imigração europeia nos primeiros anos da experiência republicana. Entre 1887 e 1930, aproximadamente 3,8 milhões de imigrantes desembarcaram no Brasil, a imensa maioria de origem europeia.

Essa cifra avultada revela que, na Primeira República, isso foi uma escolha política diretamente ligada aos interesses de parte da oligarquia brasileira, mais especificamente a paulista produtora de café. Conforme visto, a própria Proclamação da República contemplava os interesses políticos e econômicos desse grupo, que até bem pouco tempo era em sua maioria composto de proprietários de escravizados. Assim, a imigração europeia esteve atrelada à expansão da produção cafeeira e ao investimento (ainda tímido) na industrialização brasileira.

Por meio de políticas públicas que facilitaram a viagem e a instalação de imigrantes, as oligarquias garantiram um excedente significativo de mão de obra, o que permitiu que o café fosse cultivado em larga escala e com baixo custo de produção. Ou seja, não havia mais trabalho escravo, mas havia exploração sistêmica do trabalho livre.

Porém, por que não houve um aproveitamento efetivo da população brasileira, negra e mestiça na produção do café? Existem algumas respostas para essa pergunta e elas não são excludentes. A primeira reside na recusa dos egressos do cativeiro de trabalhar em condições análogas à escravidão. A liberdade duramente conquistada não poderia ser reduzida a um pedaço de papel. Ela deveria permear todas as instâncias da vida dos egressos do cativeiro e de seus descendentes, sobretudo no que diz respeito às relações de trabalho. Por isso, após maio de 1888, muitos ex-escravizados deixaram as fazendas nas quais trabalhavam para iniciar um novo capítulo de sua vida, longe do passado escravista.

Vale dizer que, nos anos iniciais da República, havia uma suspeição quanto à possibilidade do retorno da escravidão. Embora isso não tenha ocorrido, é crucial pontuar que muitos proprietários desgostosos com a forma como a abolição foi feita, reivindicaram indenização do Estado brasileiro pela perda de suas propriedades. Entre julho e novembro de 1888, 79 representações foram encaminhadas à Câmara e ao Senado Federal com pedidos dessa natureza. Uma reivindicação que se manteve mesmo depois do 15 de novembro e que esteve por trás da decisão radical de Rui Barbosa, então ministro da Fazenda, que em dezembro de 1890 ordenou a queima de todos os registros de cartório de compra e venda de escravizados.[9]

A medida foi a forma drástica que Rui Barbosa encontrou para impossibilitar ações de políticos e ex-proprietários de escravizados que exigiam ressarcimentos por conta da Lei Áurea. O Estado brasileiro não indenizou ninguém: nem proprietários, muito menos recém-libertos. A ausência de qualquer tipo de compensação para os egressos do cativeiro impediu a reforma agrária, mantendo os grandes latifúndios nas mãos dos antigos proprietários de escravos. Ou os ex-escravizados se curvavam às condições de trabalho impostas por seus antigos senhores ou deveriam buscar outra forma de sobreviver. Não por acaso, houve um significativo êxodo rural, sobretudo no Sudeste do país, nos anos subsequentes à assinatura da Lei Áurea.

---

9 Episódio polêmico da história brasileira, a queima dos "arquivos da escravidão" feita a mando de Rui Barbosa foi tomada, por muito tempo, como um grande impeditivo para se fazer a história da escravidão no Brasil. Embora informações preciosas tenham se perdido, a queima desses documentos não impossibilitou que historiadores pudessem se debruçar sobre a instituição escravista por meio da análise de outras fontes primárias. Um trabalho interessante que aborda a contenda da decisão de Rui Barbosa é de Américo Jacobina Lacombe, Eduardo Silva, Francisco de Assis Barbosa, *Rui Barbosa e a queima dos arquivos* (Rio de Janeiro: Fundação Casa de Rui Barbosa, 1988).

Contudo, a imensa maioria da população negra não era mais escravizada em maio de 1888. Essa constatação leva à segunda parte da resposta.

Desde o período joanino existiram políticas de imigração europeia para o Brasil. Ainda sob a égide da escravidão, a elite brasileira formulou diferentes estratégias para atrair europeus. No início do século XIX não era novidade os altos índices de negros e mestiços na composição da população brasileira. Indivíduos que, de acordo com a ideologia racista da época, faziam parte de raças inferiores. Desta feita, o que esteve por trás da migração europeia era o desejo de "melhorar" o Brasil, racialmente falando. As elites do Império acreditavam que a maior presença de brancos europeus ajudaria a alavancar o processo civilizatório da nação. E, para tanto, políticas foram desenhadas e dinheiro público foi investido em diversas tentativas de atrair europeus para o país, o que foi ganhando mais peso à medida que o fim da escravidão se consolidava.

As políticas migratórias do período imperial foram fundamentais na definição dos europeus mais "adaptáveis" aos propósitos "civilizatórios" da migração.[10] No início da República, já era sabido que europeus latinos e católicos tinham mais aderência à premissa ideológica que sustentou essa política: o embranquecimento da população brasileira. Não por acaso, italianos, portugueses e espanhóis foram as nacionalidades que mais desembarcaram no país nos primeiros quarenta anos da experiência republicana — período no qual ficou expressamente proibida a imigração africana e de algumas nações asiáticas.

---

10 Sobre a correlação entre política pública de imigração e pressupostos do racismo científico, ver: Giralda Seyferth, "Construindo a nação: Hierarquias raciais e o papel do racismo na política de imigração e colonização". In: Marcos Chor Maio e Ricardo Ventura Santos (Orgs.), *Raça, ciência e sociedade* (Rio de Janeiro: Fiocruz, 1996), pp. 41-58; id., "Colonização, imigração e a questão racial no Brasil". *Revista USP*, São Paulo, n. 53, pp. 117-49, mar.-maio 2012.

O racismo científico estava muitas vezes escancarado no pensamento social brasileiro, que buscava saídas possíveis e eficientes para "salvar" o país. Não restavam dúvidas da histórica composição multirracial da população brasileira. Desde a proposta de Von Martius, a miscigenação havia se tornado oficialmente a cara do Brasil — e esse era justamente o problema: a cara do Brasil precisava mudar. Nomes importantes da intelectualidade da Primeira República apostavam no embranquecimento da população brasileira por meio da imigração. Sílvio Romero, por exemplo, defendia a depuração das raças brasileiras: gradativamente, o cruzamento entre brasileiros negros e mestiços com os europeus brancos resultaria no embranquecimento do Brasil. Daí a preferência por imigrantes que fossem homens, brancos, europeus, jovens e de confissão católica. Em tese, eles eram mais "afeitos" à miscigenação. E se engana quem pensa que tal proposta se restringiu apenas aos debates intelectuais. O embranquecimento se tornou uma política pública, defendida pelo mais alto escalão político do país. Além dos gastos dos cofres públicos para subsidiar a imigração europeia, o próprio presidente Hermes da Fonseca solicitou que o antropólogo João Batista de Lacerda apresentasse o projeto no I Congresso Universal de Raças, em Londres, em 1911.

Em linhas gerais, tal política estava alicerçada numa corrente do racismo científico que acreditava na "depuração", ou seja, na "melhoria" por meio do cruzamento inter-racial. Sendo assim, as constantes levas de imigrantes europeus jovens iriam se relacionar com mulheres brasileiras negras e mestiças, resultando em crianças com a pele e os traços cada vez mais brancos. Na idade adulta, essas crianças mestiças se casariam com outros imigrantes, branqueando ainda mais a geração seguinte. Num intervalo de quatro gerações, os estudos apontavam que o percentual de negros no país chegaria a zero. Além de abertamente racista, essa política partia do princípio da subalternidade das mulheres negras e mestiças (vistas apenas como "reprodutoras") e da exclusão sistêmica dos homens negros.[11]

Havia mais um argumento para justificar a imigração europeia: sua maior experiência com sociedades industrializadas ou em pleno processo de industrialização. Porém estudos que analisam as origens dos imigrantes europeus apontam que a grande maioria era composta de pequenos agricultores, e não de trabalhadores urbanos. Ainda que não haja um perfil único — mesmo porque estamos falando de um processo histórico (e, consequentemente, mutável) que durou décadas —, a correlação quase que imediata entre trabalhadores brancos e progresso foi fundamental para afirmar que a população negra não estaria preparada para o trabalho livre e assalariado.

Essa afirmação não condizia com a realidade, mas começou a ser amplamente compartilhada entre empregadores, que passaram a preferir trabalhadores brancos tanto no campo quanto nas cidades. Se não bastasse, havia um dispositivo jurídico no Código Penal aprovado em 1890 que parecia dar veracidade a isso. Parte do Código havia sido pensado para um Brasil ainda monárquico, mesmo que a maioria da população negra não fosse mais escravizada havia alguns anos. Assim, a promulgação desse dispositivo jurídico esteve fortemente atrelada ao medo das ditas "classes perigosas",[12] um termo atravessado

---

11 João Batista Lacerda, *O Congresso Universal das Raças reunido em Londres* (1911). Rio de Janeiro: Papelaria Macedo, 1912. Vale reforçar que Lacerda foi um dos muitos intelectuais da Primeira República a defender as teorias de degenerescência racial. Um trabalho que aprofunda essa questão é de Thomas E. Skidmore, *Preto no branco: Raça e nacionalidade no pensamento brasileiro* (Rio de Janeiro: Paz e Terra, 1976).   12 Sobre o medo criado em torno da população pobre no início da experiência republicana no Brasil, ver: Célia Maria Marinho de Azevedo, *Onda negra, medo branco: O negro no imaginário das elites — século XIX* (Rio de Janeiro: Paz e Terra, 1987); Olívia Maria Gomes da Cunha. *Intenção e gesto: Pessoa, cor e a produção cotidiana da (in)diferença no Rio de Janeiro, 1927-1942* (Rio de Janeiro: Arquivo Nacional, 2002); Sidney Chalhoub, *Trabalho, lar e botequim: O cotidiano dos trabalhadores no Rio de Janeiro da Belle Époque* (Campinas: Editora da Unicamp, 2012).

pelos recortes de classe e de raça, que rondava boa parte da elite brasileira.

Com o fim da escravidão e da monarquia, a exclusão racial continuou sendo um mecanismo ordenador da sociedade. Mas ele não funcionava sozinho, em especial considerando que a política de embranquecimento seria de média a longa duração. Os primeiros governos da República precisaram lidar um uma população negra e mestiça que não podia mais ser balizada pela régua da escravidão e com uma massa de imigrantes (na sua maioria homens pobres) que buscavam melhores condições de vida. Com origens e possibilidades de vida distintas, o que unia esses sujeitos sociais era o seu lugar como trabalhadores. Por isso mesmo as elites brasileiras tornaram o trabalho o elemento disciplinador da população de então. A forte competitividade do mercado de trabalho criada pelo excesso de trabalhadores negros e brancos e a preferência pelos últimos fizeram com que muitos homens negros tivessem que se contentar com trabalhos temporários, bicos e biscates.

É nesse ponto que o dispositivo jurídico criado pelo Código Penal auxiliou as autoridades a manter o controle da população, sobretudo a urbana. Vale pontuar que, assim como as Constituições de 1824 e 1891, o Código Penal não faz nenhuma referência explícita à questão racial. No entanto, o Capítulo XIII tratava "dos vadios e capoeiras". De acordo com a letra da lei, todos que não exercessem profissão, não tivessem meios de subsistência ou manifestassem ofensa contra a moral e os bons costumes seriam presos por um período de quinze a trinta dias. Se tivessem entre catorze e 21 anos, seriam recolhidos em estabelecimentos disciplinares industriais.

O artigo 399 não atrelava a vadiagem à cor da pele. Mas a dinâmica imposta pelo Estado ao longo da Primeira República — herdeira direta do Brasil escravista — se encarregou de fazer isso. A aposta na imigração como estratégia para "depurar as raças inferiores" foi fundamental para criar uma imagem do trabalhador livre como um indivíduo honesto, disciplinado e branco. Ainda que muitos trabalhadores brancos tenham sido vistos como parte das classes perigosas, a correlação entre a população negra e o "perigo" se tornou quase que indissociável, principalmente para os órgãos responsáveis por manter a ordem.

Sendo assim, não é de causar espanto que, na maioria dos casos, as pessoas presas por vadiagem — ou seja, que não tinham emprego e domicílio fixos ou meios de garantir sua subsistência — eram negras. Afinal, a dinâmica racista do período foi tecida para dificultar que negros e negras se inserissem no mercado de trabalho livre. Além disso, havia uma longa prática (sedimentada na escravidão e no racismo científico) que os via como criminosos em potencial. O que se observa é a construção de uma relação quase indissociável entre o vagabundo típico e o homem negro brasileiro. Era um plano muito bem desenhado.

A lógica racista por trás da dinâmica que apartava negros e negras do modelo de trabalhador ideal foi explicitada por Nina Rodrigues, um médico-legista que se tornou um dos mais importantes intelectuais do período. Defensor ferrenho da inferioridade dos negros, ele criticou abertamente o Código de 1890, chegando a formular um dispositivo penal alternativo, no qual brancos e negros não deveriam ter as mesmas punições, pois a população negra seria biologicamente inclinada a cometer crimes. A proposta não foi adiante, mas a premissa que estava por trás pautou boa parte das ações dos órgãos repressores da época.[13]

Assim, nem é preciso dizer que em muitos casos as prisões realizadas foram totalmente arbitrárias. A polícia era o

---

13 Raimundo Nina Rodrigues, *As raças humanas e a responsabilidade penal no Brasil*. 3. ed. São Paulo: Companhia Editora Nacional, 1938.

principal órgão responsável por garantir que vadios (o que muitas vezes era tomado como sinônimo da população negra) não atrapalhassem a paz e a ordem nas vias públicas — é a mesma instituição que, no Império, teve como uma das suas principais funções controlar a população escrava das cidades.

Não era apenas a vadiagem que deveria ser combatida. De acordo com o artigo 399, a ofensa contra a moral e os bons costumes também era passível de prisão. A definição do que seria isso estava intimamente ligada ao projeto de um Brasil moderno, civilizado e branco. Assim, manifestação culturais que fugissem do padrão eurocentrado muitas vezes eram tomadas como ações criminosas. A Primeira República foi marcada pela perseguição policial sistemática das religiões de matriz africana — que muitas vezes eram acusadas de feitiçaria —, assim como do samba e dos sambistas, que por muito tempo foram encarados como vagabundos e criminosos.[14]

A suposição racial que acompanhou a repressão da vadiagem ficava um pouco mais explícita no artigo 402, que proibia os "exercícios de agilidade e destreza corporal conhecidos pela denominação capoeiragem" nas vias públicas. A capoeira, uma mistura de dança e luta criada pelos escravizados, foi praticada pela população negra durante toda a vigência da escravidão no Brasil e era utilizada na luta pela liberdade. Em alguns casos, autoridades locais chegaram a fazer uso dos famosos capoeiras em prol da ordem imperial. A história da Guarda Negra, uma

---

14 As ações da polícia do Rio de Janeiro contra religiões de matriz africana têm uma longa história. O material apreendido nessas ações policiais, que ficou mais de cem anos sob o poder da instituição, foi recentemente cedido para o Museu da República. Ver: Cíntia Cruz e Juliana Dal Piva, "Depois de 130 anos apreendidas, peças de religiões afro-brasileiras chegam ao Museu da República". *O Globo*, 21 set. 2020. Disponível em: <oglobo.globo.com/epoca/depois-de-130-anos-apreendidas-pecas-de-religioes-afro-brasileiras--chegam-ao-museu-da-republica-1-24652424>. Acesso em: 26 set. 2021.

instituição criada por ex-escravizados (muitos deles capoeiras) em julho de 1888 com o intuito de proteger a princesa Isabel, é um dos grandes exemplos disso.

Mas, grosso modo, a capoeira e os capoeiristas eram temidos e foram constantemente combatidos pelos órgãos administrativos. A criminalização dos capoeiras foi mais um artefato jurídico criado para controlar corpos negros, mesmo numa República sem escravos. Ou, seria melhor dizer, sobretudo em uma República sem escravos.

O controle e os corpos em movimento: Outra política em pauta

O bom funcionamento de um regime republicano fundado na exclusão política e na marginalização social e racial dependeu do domínio dos corpos dos indivíduos considerados "perigosos". Para isso, era necessário controlar até mesmo as instâncias mais privadas da vida dos brasileiros, sobretudo daqueles que estavam limados do corpo político do país.

Na região rural, a prática do *mandonismo* garantiu o domínio sobre a população local através do controle dos recursos agrários. Com o *coronelismo* e o *clientelismo*, o que se observou foi a manutenção da propriedade da terra nas mãos das antigas oligarquias locais, que criaram seus pequenos currais eleitorais, reforçando assim o equilíbrio federalista construído na Primeira República. A realidade da imensa maioria dos camponeses era a pobreza extrema e a ausência de direitos políticos, sociais e trabalhistas.

Isso esteve na base de movimentos sociais que questionavam a Primeira República. Um dos mais famosos é Canudos, uma comunidade messiânica formada no sertão da Bahia em 1893, comandada por Antônio Conselheiro. Essa comunidade ousou criar outra prática social, que afrontava a estrutura excludente, racista e republicana construída pelas elites dirigentes do país. Em muitos jornais da imprensa paulista e carioca, Canudos foi retratado como uma doença que deveria ser extirpada. A resposta da Primeira República foi uma guerra violenta — e muito difícil de ser vencida —, que resultou na morte de mais de 20 mil sertanejos, entre eles homens e mulheres negros e mestiços.

Para além de situações mais agudas, nas quais houve intervenção militar, o Estado brasileiro fez uso recorrente de políticas públicas higienistas e sanitaristas para controlar a população, muitas vezes desrespeitando a dimensão privada de suas vidas. O higienismo era uma doutrina que acreditava que a doença era um fenômeno social, cuja cura só seria alcançada se as condições de salubridade estivessem garantidas. Isso incluía saneamento básico, limpeza e iluminação das ruas, e o controle sanitário da população, mesmo que para isso fossem necessárias medidas intervencionistas que não eram acompanhadas por nenhum tipo de educação popular.

As doenças mentais também se tornaram objeto de controle, fazendo com que hospícios e asilos fossem tomados por pessoas retiradas das ruas pelas forças policiais e encaminhadas para instituições asilares como "loucas", muitas vezes contra sua própria vontade. Nesse quadro, não é de espantar que muitos deles fossem homens e mulheres negros, marcados por uma vida miserável alicerçada pelo racismo. Mesmo porque era frequente que a loucura que acometia essa população era decorrente do alcoolismo, uma dependência química cuja história estava intimamente ligada às formas com as quais os senhores controlavam seus escravizados, como bem pontuou o importante psiquiatra brasileiro Juliano Moreira (1873-1933), ele próprio um afrodescendente

As inúmeras campanhas sanitaristas que atravessaram a Primeira República se relacionavam com o maior poder político que a classe médica passou a ter na formulação de políticas públicas. Regiões rurais — o chamado sertão — e diversas cidades foram palco dessas intervenções. Além do controle sobre doenças e epidemias, também se acreditava que hábitos e costumes das populações negra, mestiça, indígena e pobre deveriam ser combatidos em nome da civilização e do progresso. No mundo urbano, transformações que tinham o higienismo e o sanitarismo como princípio foram realizadas. Ruas e alamedas foram ampliadas para permitir a melhor circulação de ar, além de serem implementados iluminação pública e tratamento de esgotos em nome do melhor funcionamento das cidades.[15]

O Rio de Janeiro, na época a capital federal, se tornou uma espécie de vitrine das políticas públicas que atrelavam higienismo, positivismo e racismo. Se, por um lado, as reformas permitiram a ampliação da malha viária, o alargamento de ruas, a modernização do porto e o embelezamento da cidade, por outro esse mesmo pressuposto de limpeza urbana esteve por trás da destruição de centenas de cortiços — como o famoso Cabeça de Porco — e da retirada de muitos moradores de regiões centrais.

Não é preciso dizer que a população mais atingida por essas reformas era pobre e majoritariamente negra. Como orquestrado pelos órgãos administrativos, o intuito era que esses trabalhadores que até então viviam na região central fossem morar nos subúrbios, cujo acesso estava facilitado pelos trilhos do

---

15 Sobre a influência do higienismo e do sanitarismo nas políticas públicas brasileiras, ver: Marcos Chor Maio, "Raça, doença e saúde pública no Brasil: Um debate sobre pensamento higienista do século XIX". In: Marcos Chor Maio e Ricardo Ventura Santos (Orgs.), *Raça como questão: História, ciência e identidades no Brasil* (Rio de Janeiro: Fiocruz; Faperj, 2010), pp. 51-82; Nísia Trindade Lima e Gilberto Hochman, "Condenado pela raça, absolvido pela medicina: O Brasil descoberto pelo movimento sanitarista da Primeira República". In: Marcos Chor Maio e Ricardo Ventura Santos (Orgs.), *Raça como questão*, op. cit., pp. 23-40.

trem. Era uma segregação especialmente planejada, que em parte conta a história das ocupações de bairros das zonas norte e oeste da cidade e do início das favelas no país.

É importante pontuar que, embora não estivesse garantida na letra da lei, a segregação era uma realidade que permeava diferentes aspectos da vida da população não branca. Se não bastasse estar alijada do ideal de civilidade e progresso (quando não era tomada como o oposto disso), negros e mestiços não eram bem-vindos nem bem-vistos em diferentes espaços sociais brasileiros. As entradas de serviço, por exemplo, eram frequentadas tanto por serviçais como por trabalhadores indesejáveis e temidos, fazendo com que a "porta dos fundos" fosse o acesso por excelência da população negra ao mundo dos brancos. Associações particulares, como clubes e agremiações, muitas vezes proibiam a participação de sócios e integrantes negros — independentemente de sua condição social. Vale lembrar que no Brasil, o futuro país do futebol, muitos times não permitiam que jogadores negros integrassem suas equipes.

A população brasileira não assistiu passiva à edificação desse castelo de privilégios construído para as oligarquias. Conforme mencionado, os anos iniciais da experiência republicana foram marcados por conflitos que revelavam a marginalização sistêmica no Brasil. Além de Canudos, no ambiente rural, podemos mencionar a Guerra do Contestado, em Santa Catarina (1912-6), e toda a arregimentação política em volta da figura de padre Cícero, no Ceará.

Nas cidades, é impossível não mencionar a Revolta da Vacina, no Rio de Janeiro. Embora a imunização já fosse obrigatória desde meados do século XIX, até 1888 a vacina era frequentemente aplicada apenas nos escravizados. Em 1904, em meio a uma campanha nacional que obrigava a vacinação em massa contra a varíola, um movimento popular tomou corpo. Os protagonistas eram de origens sociais distintas, entre eles estudantes, cadetes da Escola Militar da Praia Vermelha e a população que vivia e trabalhava na região da Pequena África, onde antes estava localizado o cais do Valongo. Engana-se quem identifica nesse episódio a origem do movimento antivacina, que passou a ser defendido no Ocidente no século XXI, sobretudo por pessoas de classes mais abastadas. O movimento de 1904 não era contra a vacina em si, mas contra uma campanha intervencionista que não foi acompanhada por nenhuma política pública educativa sobre os benefícios da imunização, imposta por um governo autoritário e racista, que achava desnecessário informar a população.

A cidade do Rio de Janeiro se tornou uma praça de guerra durante alguns dias de novembro de 1904. Um dos principais campos de batalha foi a região conhecida como Pequena África, localizada entre a Saúde e a Gamboa. Ali, liderados por Prata Preta, um estivador e capoeirista negro, a população tentou impedir as ações intervencionistas de um Estado positivista e racista. O resultado foi uma ação violenta do Exército brasileiro, que terminou com mais de novecentas prisões, quatrocentas deportações e trinta mortos.

Seis anos mais tarde, em 1910, o Rio de Janeiro foi palco de outra insurreição, novamente sob a liderança de um homem negro: o marujo João Cândido. A Revolta da Chibata revelava como o racismo pautava as ações da Marinha brasileira, uma das instituições que mais empregava homens negros, ainda que a ascensão deles fosse racialmente delimitada. João Cândido e outros marujos tomaram algumas embarcações e exigiram que o governo federal abolisse as chibatadas aplicadas por oficiais brancos do alto escalão em marujos negros e mestiços. Eles queriam "o fim da escravidão" na Marinha. Foi um movimento complexo, que diz muito da história da navegação no período e da organização racial do Brasil. O Parlamento acabou por votar às pressas pelo fim das chibatas, mas os principais líderes foram deportados para a região Norte ou passaram anos presos.[16]

A exploração sistêmica e a ausência de políticas públicas que legislassem sobre as relações contratuais de trabalho se tornaram objeto de revoltas e greves. Na região rural, muitas paralisações foram realizadas tanto por trabalhadores brasileiros como estrangeiros, a ponto de o Estado promulgar uma lei em 1907 na qual os imigrantes que participassem de greves seriam expulsos. A lei não chegou a ser cumprida, mas demonstrava o medo das oligarquias brasileiras diante da organização da classe trabalhadora, um movimento que, vale dizer, era de escala global.

No campo, é possível destacar as greves de 1913 e 1915, protagonizadas por imigrantes que trabalhavam na produção cafeeira no interior do estado de São Paulo. Nas cidades brasileiras, a greve se tornou uma das principais armas na luta por melhores condições de trabalho. Engana-se quem imagina que esse tipo de organização ocorreu no Brasil apenas depois da chegada massiva de imigrantes europeus. Antes mesmo da abolição da escravidão, a greve era uma ferramenta utilizada por trabalhadores de diferentes setores, inclusive por negros livres e escravizados. Dois exemplos marcantes são a dos ganhadores negros, na Bahia, em 1857, e a dos tipógrafos, no Rio de Janeiro, em 1858.

Assim, apesar do projeto nacional que dificultava o acesso da população negra ao trabalho livre e da política oficial de embranquecimento do país, homens e mulheres negros tornaram-se assalariados e fizeram uso dessa situação na luta por melhorias nas condições de vida. No Rio de Janeiro, é possível

16 Para uma perspectiva de história social das revoltas da Vacina e da Chibata, ver: Nicolau Sevcenko, "Introdução: O prelúdio republicano, astúcias da ordem e ilusões do progresso". In: Id. (Org.), *História da vida privada no Brasil. v. 3: República: Da Belle Époque à era do rádio* (São Paulo: Companhia das Letras, 1997), pp. 7-48; Álvaro Pereira do Nascimento, *Cem anos da Revolta da Chibata: João Cândido e a saga dos marinheiros negros* (São Paulo: Cortez, 2010).

destacar as greves da Estrada de Ferro Central do Brasil, em 1892; a geral, de 1903; a dos sapateiros, em 1906; a na empresa Lloyd, em 1913; e a dos gráficos, em 1917. No Recife, no mesmo ano da greve geral realizada na capital, a das cigarreiras teve grande relevância, descortinando a participação feminina. Em 1905, numa ação conjunta, estivadores dos dois portos mais importantes do país, o de Santos e do Rio de Janeiro, decretaram greve; e, em 1906, foi a vez dos ferroviários — uma das categorias mais atuantes nas reivindicações trabalhistas —, iniciada em Jundiaí e em Campinas e que se alastrou por outras cidades brasileiras. Em 1909, os ferroviários da Bahia também decretaram greve.

A primeira greve geral do país ocorreu em 1917, após a morte de um jovem operário pela polícia. Numa ação conjunta, trabalhadores de diferentes categorias reivindicaram redução da jornada para oito horas, melhores salários, fim do trabalho infantil, aposentadoria e assistência médica, assim como a proibição do turno da noite para as mulheres. Essa agenda estaria presente nas lutas da classe trabalhadora nas décadas seguintes e muitas vezes aproximou trabalhadores brasileiros negros, brancos e imigrantes, apesar das estratégias racistas de segregação.[17]

---

17 Sobre as greves no Império do Brasil, ver: João José Reis, *Ganhadores: A greve negra de 1857 na Bahia* (São Paulo: Companhia das Letras, 2019); Artur José Renda Vitorino, *Máquinas e operários: Mudança técnica e sindicalismo gráfico* (*São Paulo e Rio de Janeiro, 1858-1912*) (São Paulo: Annablume; Fapesp, 2000); Antonio Luigi Negro e Flávio dos Santos Gomes, "As greves antes da 'grève': As paralisações do trabalho feitas por escravos no século XIX". *Ciência e Cultura*, São Paulo, v. 65, n. 2, pp. 56-9, 2013. Sobre a história social do trabalho, com ênfase no estudo das greves, ver: Edilene Toledo, "Um ano extraordinário: Greves, revoltas e circulação de ideias no Brasil em 1917". *Estudos Históricos*, Rio de Janeiro, v. 30, n. 61, pp. 405-517, 2017; Felipe Azevedo e Souza, "As cigarreiras revoltosas e o movimento operário: História da primeira greve feminina do Recife e as representações das mulheres operárias na imprensa". *Cadernos Pagu*, Campinas, n. 55, 2019.

Durante os primeiros quarenta anos da República, a atuação política da população negra estava em geral ligada à luta por melhores condições de vida, o que muitas vezes ultrapassava a mera luta pela sobrevivência. A participação no processo eleitoral não era a única forma de se fazer política no início da experiência republicana.

Talvez um dos exemplos mais notáveis tenha ocorrido no início do século XX, em 13 de setembro de 1903, quando os estivadores que trabalhavam no porto da capital fundaram aquele que seria considerado o primeiro sindicato do Brasil,[18] com o sugestivo nome Companhia dos Homens Pretos, mas que ficou conhecido pela alcunha de Resistência. Essa organização agregou trabalhadores de toda a região portuária do Rio de Janeiro e estabeleceu sua sede na rua Pedro Ernesto, na Pequena África. Além das reivindicações trabalhistas, esses *homens pretos* se organizaram para fundar o Rancho Carnavalesco Recreio das Flores e, mais tarde, a escola de samba Império Serrano. Assim, fizeram do trabalho, do samba e do carnaval não só expressões e manifestações culturais, mas também instrumentos de pertencimento e de luta política.

Também foi por meio de relações políticas estabelecidas entre atores negros de diferentes setores sociais que inúmeras agremiações e associações negras foram fundadas, como Laudelina de Campos Melo havia feito na sua juventude em Poços de Caldas. Tais instituições tiveram inúmeros propósitos: promover cursos profissionalizantes e programas de alfabetização;

18 Maria Cecília Velasco e Cruz, "Cor, etnicidade e formação de classe no porto no Rio de Janeiro: A Sociedade de Resistência dos Trabalhadores em Trapiche e Café e o conflito de 1908". *Revista USP*, São Paulo, n. 68, pp. 188-209, 2005-6; Érika Bastos Arantes, "Pretos, brancos, amarelos e vermelhos: Conflitos e solidariedades no porto do Rio de Janeiro". In: Marcela Goldmacher, Marcelo Badaró Mattos e Paulo Cruz Terra (Orgs.), *Faces do trabalho: Escravizados e livres*. Niterói: Eduff, 2010, pp. 119-41.

viabilizar espaços de encontro, lazer e diversão; reivindicar outros espaços e futuros para os negros e as negras do país.

Rodas de samba e de jongo, terreiros de candomblé, tambores de mina, blocos e escolas de Carnaval, peças de teatro de revista, bailes, concursos de beleza e jornais[19] são outros exemplos da política protagonizada por negros e negras na Primeira República. Era uma política que estava longe de ser homogênea e que por isso mesmo foi marcada por perspectivas diversas e nem sempre convergentes. Mas foram práticas que lidaram de maneira constante e direta com as exclusões e marginalizações construídas nos primeiros anos da República — uma trama complexa tecida por mãos negras, que disputaram os sentidos políticos, culturais e identitários do país em construção.

---

19 Existe uma farta literatura sobre iniciativas, organizações e manifestações culturais protagonizadas pela população negra na Primeira República, pois é um tema caro para a historiografia do pós-abolição. Ver: Flávio Gomes e Petrônio Domingues (Orgs.), *Políticas da raça: Experiências e legados da abolição e da pós-emancipação no Brasil* (São Paulo: Selo Negro, 2014); Robério Souza, *Tudo pelo trabalho livre!: Trabalhadores e conflitos no pós-abolição* (Salvador: EDUFBA, 2011); Kléber Antonio de Oliveira Amancio, *Pós-abolição e quotidiano: Ex-escravos, ex-libertos e seus descendentes em Campinas (1888-1926)* (São Paulo: Alameda, 2016); Martha Abreu, Giovana Xavier, Lívia Monteiro e Eric Brasil (Orgs.), *Cultura negra: Festas, carnavais e patrimônios negros* (2 v. Niterói: Eduff, 2018).; Wlamyra Ribeiro de Albuquerque e Gabriela dos Reis Sampaio, *De que lado você samba?: Raça, política e ciência na Bahia da pós-abolição* (Campinas: Editora da Unicamp, 2021); Leonardo Pereira, *A cidade que dança: Clubes e bailes negros no Rio de Janeiro (1881-1933)* (Campinas: Editora da Unicamp, 2021).

10.
Brasil, meu Brasil brasileiro!

Era Vargas, eugenia e uma nova nação

Em 1933 (guardem este ano), dez meninos órfãos entre nove e doze anos passaram a ser responsabilidade legal de Osvaldo Rocha Miranda, homem influente de uma rica família do Rio de Janeiro. Até então, os meninos estavam sob a guarda do Educandário Romão de Mattos Duarte, uma instituição administrada pela Igreja católica, localizada num bairro nobre do Rio de Janeiro, a capital federal da época, que atendia crianças cujos pais haviam morrido ou que não tinham condições de sustentar os filhos. A promessa era de que essas crianças teriam uma vida mais livre e saudável, vivendo e estudando numa cidade do interior paulista, podendo experimentar as benesses do campo. Uma promessa tão atrativa que fez com que outros quarenta meninos se somassem aos dez primeiros.

Essa ação pia condizia com a boa reputação que os Rocha Miranda tinham na cidade de Campina do Monte Alegre, onde eram tidos como os maiores benfeitores da região. E, até hoje, a cidade guarda nos nomes de ruas e praças a gratidão pela família.

Só que havia dois detalhes nessa história toda. O primeiro é que os cinquenta meninos eram todos negros. Uma leitura ingênua nos levaria a pensar no acaso dessa situação. A orfandade de crianças negras não era uma novidade, sobretudo numa cidade como o Rio de Janeiro, que tinha um percentual elevado de população negra e pobre. Poderia ser mera coincidência ou o desdobramento "quase natural" de uma desigualdade que já cingia o Brasil. Mas não. Na visita que fez ao orfanato, Osvaldo Rocha Miranda não só escolheu pessoalmente as cinquenta crianças, como assinou de próprio punho o termo no qual reconhecia que, a partir de então, elas estariam sob sua responsabilidade. E aí vamos para o segundo detalhe. Os homens da família Rocha Miranda eram abertamente conhecidos por apoiar e propagar o nazismo no Brasil — chegaram a imprimir uma suástica nos tijolos utilizados na construção de suas fazendas.

O resultado não é muito difícil de imaginar. Os cinquenta meninos viveram por quase uma década sob um regime análogo à escravidão. Sim, 45 anos depois da abolição, dezenas de meninos negros foram escravizados por uma família que não só acreditava, como defendia a desigualdade entre as supostas raças humanas. As crianças trabalhavam exaustivamente nas mais diferentes atividades de uma fazenda, recebiam de duas a três mudas de roupa por ano, não tinham nenhum tipo de calçado e viviam sob vigilância constante, o que dificultava possíveis fugas. Para não levantar muitas suspeitas, a família Rocha Miranda criou uma moeda própria que entregava de tempos em tempos para esses meninos. Com elas, as crianças podiam ir a algumas lojas da cidade "comprar" doces e balas; essa era a remuneração que recebiam por mais de doze horas diárias de trabalho. E se tudo isso não bastasse, eles não eram conhecidos pelos nomes, mas pelos números que lhes eram dados pela administração da fazenda.

Esse episódio, que contém imensas camadas simbólicas e diversos aspectos de crueldade, foi muito bem contado em *Menino 23*, um documentário essencial para todos que se interessam por estudar o país com mais profundidade.[1] No

---

1 O documentário *Menino 23: Infâncias perdidas no Brasil* foi dirigido por Belisário Franca em 2016. As histórias contadas estão embasadas na tese de doutorado de Sidney Aguilar Filho, *Educação, autoritarismo e eugenia: Exploração do trabalho e violência à infância desamparada no Brasil (1930-45)*, defendida no Programa de Pós-Graduação em Educação da Unicamp, em 2011.

entanto, o pior de tudo é o fato de ela representar muitíssimo bem o Brasil de então — um país onde as instituições compactuaram com a escravização ilegal de cinquenta crianças negras. A Santa Casa de Misericórdia parecia pouco se importar com o destino desses meninos, facilitando o processo de responsabilização legal solicitado pela família Rocha Miranda. Se isso não bastasse, um desses meninos, que já idoso conseguiu contar sua história, lembrou que, no dia da viagem para São Paulo, ele e seus colegas foram escoltados por duas viaturas da polícia até a estação de trem Central do Brasil, uma medida que deveria garantir o bom andamento da operação e evitar quaisquer transtornos para os Rocha Miranda.

E aqui temos um ponto de inflexão fundamental para compreender o período que ficou conhecido como Era Vargas: a eugenia, um dos pressupostos do nazismo, esteve por trás de uma série de políticas públicas implementadas pelo novo governo. Um conjunto de crenças e práticas desenvolvidas desde o final do século XIX, a eugenia visava aperfeiçoar racialmente o ser humano fazendo uso dos conhecimentos sobre evolução e hereditariedade. Desse modo, ela pressupunha não só a existência de raças humanas, como da desigualdade entre elas e da possibilidade de aprimorá-las por meio de intervenções científicas.

Muitos associam a eugenia apenas ao Holocausto, quando mais de 6 milhões de judeus e ciganos foram mortos em nome da "pureza das raças humanas". Ainda que tenha sido um dos episódios mais terríveis da história, não foi o único no qual a eugenia foi posta em prática. Diversas políticas de colonização do continente africano estavam alicerçadas nessa corrente de pensamento, que também esteve presente na elaboração e na execução de inúmeras políticas públicas nas Américas, inclusive (e sobretudo) no Brasil.

Aqui, a eugenia fez parte da formulação de diferentes ações estatais. Sua ampla disseminação entre parlamentares, intelectuais, juristas e cientistas brasileiros do começo do século XX foi, em parte, uma das razões que permitiram que aqueles cinquenta meninos fossem escravizados. Como veremos mais detidamente, a eugenia também esteve presente na própria ideia de educação nacional propagada nas décadas de 1930 e 1940, bem como em projetos de identificação criminal desenvolvidos para antecipar as ações policiais. Ela foi um alicerce ideológico de um momento crucial da história do Brasil, um período no qual muito daquilo que reconhecemos como "tipicamente brasileiro" foi construído e ressignificado.

Naquele mesmo ano de 1933, Gilberto Freyre publicou *Casa-grande & senzala*. O livro se tornou um marco no pensamento social brasileiro e na interpretação social do Brasil. Em parte, a obra acompanhava uma mudança na produção intelectual brasileira durante a década de 1930, na qual os cientistas sociais começaram a ganhar mais espaço na formulação de interpretações do país, disputando o espaço que até então era majoritariamente ocupado por médicos e advogados. Freyre, filho de uma família aristocrática de Pernambuco, se tornou bacharel em artes liberais por uma universidade estadunidense. Anos depois, desenvolveu seu mestrado na Universidade Columbia, sob forte influência dos trabalhos de Franz Boas, um antropólogo renomado graças às mudanças que implementou na produção da antropologia cultural.

A obra *Casa-grande & senzala* propunha uma interpretação da história brasileira que reconhecia de forma positiva a presença e as heranças africanas e indígenas na formação do país. Embora essa positividade tenha sido pontuada por outros intelectuais anos antes — muitos deles intelectuais negros —, a obra de Freyre acabou sendo alçada como uma síntese da construção brasileira, que não só admitia sua trajetória de miscigenação, como fazia dela a própria definição da brasilidade.

Uma inovação significativa do livro é a ausência dos termos utilizados pelo racismo científico — de certa forma, a própria ideia das raças humanas foi diluída em sua análise. Fazendo uso dos conceitos desenvolvidos pela antropologia cultural, Gilberto Freyre revisitou a história do Brasil examinando as dinâmicas que marcaram a vida íntima dos sujeitos históricos. O objeto principal da obra é a família patriarcal brasileira, que, segundo o autor, teria se constituído entre dois polos sociais: senhores e escravizados. Dentro dessa perspectiva, a vida sexual do período colonial se tornou um ponto central da análise e, consequentemente, um elemento-chave para a compreensão dos modos como a miscigenação brasileira se deu.[2]

Conforme visto, a ideia do Brasil como um país formado por três raças já havia sido proposta e propagandeada pelo IHGB durante a segunda metade do século XIX. Todavia, Freyre jogou luz nos demais sujeitos que compunham a sociedade patriarcal e colonial, defendendo que nossa brasilidade também seria devedora desses povos. De tal modo, *Casa-grande & senzala* recuperou o "mito das três raças" e enalteceu os três troncos raciais que teriam formado o país — tudo isso reforçando as hierarquias existentes. O título da obra é muito sugestivo da abordagem de Freyre: os diferentes grupos culturais são sublinhados, contanto que todos permanecessem nos lugares sociais aos quais foram designados. Senhores e suas famílias brancas na casa-grande. Escravizados e seus descendentes na senzala. Temos aqui os ingredientes do mito da democracia racial.

---

2 Tão importante quanto ler a obra de Gilberto Freyre de forma crítica é compreender o impacto que ela teve no cenário intelectual brasileiro e internacional, gerando debates marcados pelo endosso aos argumentos do autor — reforçando, assim, os pressupostos do mito da democracia racial — e por críticas ferrenhas ao modelo interpretativo desenvolvido por Freyre.

Se esses pressupostos não estão explicitamente apontados na obra, as leituras feitas e os posicionamentos posteriores do autor acabaram por formular o *mito da democracia racial brasileira*, que defendia a inexistência do racismo no país ao afirmar um suposto resultado harmonioso da miscigenação racial. Esse processo reconhecia as contribuições culturais das diferentes raças, mas negava seu caráter historicamente violento.

A partir da obra de Gilberto Freyre, boa parte da elite intelectual e política brasileira — brancos, em sua imensa maioria — passou a defender que o país seria uma espécie de paraíso racial, um país harmoniosamente mestiço, sobretudo se comparado aos Estados Unidos, marcado por suas leis segregacionistas. Uma mestiçagem à brasileira, na qual negros e indígenas eram bem-vindos, desde que abraçassem, sem questionar, os lugares e os limites sociais impostos por essa "democracia racial", que nunca precisou de leis racializadas para segregar.

À primeira vista, o episódio dos meninos no interior paulista e o lançamento da obra de Freyre podem parecer contraditórios. Mas não foram. Ambos exemplificam um projeto de Brasil que ganhou contornos bem definidos a partir da década de 1930, com o advento da Era Vargas (1930-45).

Para muitos intérpretes, foi nesse período que o país marcou sua entrada na modernidade, inventando uma origem e uma tradição próprias, uma *nova brasilidade*. Sem sombra de dúvida, *o mito da democracia racial* e a névoa criada por ele em torno do caráter estrutural do racismo brasileiro foram algumas das invenções mais bem-acabadas daqueles que conduziam a construção do Estado nacional brasileiro. É o país que enaltece o tripé *samba*, *Carnaval* e *futebol* por meio de uma integração segregada da população, o que permite que o racismo continue ali, silencioso, porém mantendo as engrenagens funcionando.

Um Brasil de jecas

Antes mesmo da Era Vargas, a mestiçagem brasileira começou a ser vista de forma mais positiva, se distanciando das interpretações que marcaram a produção intelectual brasileira entre o final do século XIX e o começo do XX. Para além da histórica ação da população negra, a década de 1920, em específico, foi marcada por uma série de movimentos que rechaçaram a degenerescência da mistura racial, enxergando a autenticidade do país justamente na figura do mestiço. Vale dizer que essa positividade continuava alicerçada no racismo.

Uma das obras mais emblemáticas do período foi *Urupês*, escrita pelo paulista Monteiro Lobato e publicada em 1914, com o personagem Jeca Tatu. Autor de inúmeras obras da literatura brasileira — entre elas, as famosas histórias infantis do Sítio do Picapau Amarelo —, Lobato nunca escondeu seu apreço pelo racismo científico, se mostrando um defensor ferrenho das perspectivas racialistas e racistas. Uma de suas obras, *Problema vital*, foi financiada pela Sociedade Eugênica de São Paulo, em 1918. Anos depois, em cartas pessoais, o mesmo Lobato se ressentia de que no Brasil não houvesse uma organização como a Ku Klux Klan estadunidense: "Tivéssemos aí uma defesa desta ordem, que mantém o negro em seu lugar, e estaríamos hoje livres da peste da imprensa carioca — mulatinho fazendo jogo do galego, e sempre demolidor porque a mestiçagem do negro destrói a capacidade construtiva".[3]

É importante dizer que a perspectiva racista de Monteiro Lobato era compartilhada por muitos intelectuais da Primeira

---

[3] Esse trecho faz parte de uma carta que Monteiro Lobato escreveu para Artur Neiva em 1928, cujo manuscrito original se encontra no acervo do CPDOC-FGV.

República. Apesar disso, não era homogênea e podia abranger diferentes aspectos do racismo científico, haja vista as divergências interpretativas entre intelectuais como Nina Rodrigues e Sílvio Romero. Ainda que tenham existido importantes vozes dissonantes no período — como pode ser observado nas abordagens de Manuel Bomfim e Juliano Moreira —, a premissa da existência de raças humanas e do escalonamento hierárquico entre elas era ponto pacífico para a maior parte da intelectualidade brasileira de então.

Nas primeiras décadas do século XX, o racismo científico embasou políticas públicas que marcaram os anos iniciais da República brasileira, mas a dificuldade de implementar um modelo de progresso e civilidade elaborado pelo e para o universo europeu criou problemas teóricos para os intelectuais que o haviam abraçado e permitiu que alguns revissem suas posições. Um dos exemplos mais conhecidos é o de Euclides da Cunha, o jornalista que cobriu a Guerra de Canudos e depois concluiu seu livro *Os sertões* (1902) enaltecendo a força do sertanejo — a mesma figura que havia sido aniquilada pelas forças do Exército brasileiro. Vale lembrar que esse revisionismo nem sempre significou a desvinculação de pressupostos do racismo científico. Monteiro Lobato e seu Jeca Tatu são prova disso.

As catorze histórias de *Urupês* narram a vida de um caipira pobre no interior de São Paulo, um caboclo, que seria o homem-síntese do Brasil, fruto da mistura de raças. Justamente por isso Jeca Tatu era preguiçoso, burro, cheio de crendices, além de um ignorante completo do país em que vivia. Um parasita. O atraso em forma de gente. A inviabilidade da civilização brasileira. O sucesso do livro foi tamanho que até mesmo o famoso Rui Barbosa mencionou Jeca Tatu em um discurso célebre proferido em 1919. Ao se dirigir aos seus ouvintes, Barbosa enalteceu a obra, perguntando: "Tivestes, algum dia, ocasião de ver surgir, debaixo deste pincel de uma arte rara, na sua rudeza, aquele tipo de uma raça que, 'entre as formadoras da nossa nacionalidade' se perpetua, 'a vegetar de cócoras, incapaz de evolução e impenetrável ao progresso?'".[4]

Esse mesmo personagem que "vegetava de cócoras" passou por uma significativa reviravolta na década de 1920, explicitando as mudanças que marcaram a vida de Monteiro Lobato. Por meio de uma ferrenha campanha jornalística, o escritor e intelectual passou a defender que o Brasil estava doente, mas nem tudo estava perdido: existia uma cura para isso que impedia o progresso e a civilização. Tomando Jeca Tatu como metonímia da mestiçagem brasileira, Lobato escreveu que "Jeca não é assim, está assim". Era nessa diferença entre *ser* e *estar* que residia a possibilidade de redenção do Brasil, que passava pela ampliação das campanhas sanitaristas e higienistas que desde o final do século XIX tinham ditado boa parte das políticas públicas direcionadas à população pobre, negra e mestiça.

Lobato advogava que os princípios da civilidade precisavam chegar aos milhares de jecas que habitavam o interior do Brasil. Por isso, em 1926, firmou uma parceria com o Instituto Medicamenta Fontoura e iniciou uma campanha de enorme alcance, na qual Jeca Tatu era o garoto-propaganda do Biotônico Fontoura, que prometia milagres. Tida como uma peça publicitária de enorme sucesso, Monteiro Lobato criou uma cartilha infantil ricamente ilustrada, na qual contava a história de Jeca Tatuzinho, permitindo assim que a mensagem

---

4 Rui Barbosa, *A questão social e política no Brasil: Discurso proferido em 20 de março de 1919*. Rio de Janeiro: Fundação Casa de Rui Barbosa, [s.d.]. (Série Pensamento em Ação).

chegasse ao seu público-alvo, composto majoritariamente de analfabetos.[5]

Por meio de uma linguagem que utilizava o universo infantil para chegar aos adultos, Lobato e o Instituto Fontoura recuperaram o caboclo pobre e preguiçoso para contar sobre como a vida dele mudou por completo após a visita de um médico que o diagnosticou com ancilostomíase (a doença do "amarelão") e receitou Ankilostomina, o tônico milagroso, fruto de pesquisas científicas. Após tomar o elixir da ciência, Jeca Tatuzinho ganhou tônus e vivacidade, tornando-se um trabalhador exemplar, um camponês que lavrava sua terra de sol a sol, vencendo as intempéries e garantindo o sucesso de sua propriedade, bem como uma vida digna e confortável para a sua família.

A ciência, através do sanitarismo (representado na figura do médico), venceu a doença que até então paralisava o mestiço brasileiro. Pouco importava se ele era a doença — como o próprio Lobato já tinha postulado. O importante é que havia cura. Havia saída para o Brasil e para os brasileiros: estava na implementação sistemática de políticas públicas sanitárias e higienistas, na centralidade da medicina e, consequentemente, da indústria farmacêutica que a acompanhava.

O sucesso da cartilha *Jeca Tatuzinho* foi estrondoso e reverberou até a década de 1980. No ano de 1966, mais de 35

---

5 Nos últimos anos, pesquisas têm explorado a relação de Monteiro Lobato com o racismo científico, ampliando os debates sobre o caráter racista de suas obras, inclusive as infantis. No que tange à análise de Jeca Tatu e de Jeca Tatuzinho, destaco duas pesquisas: Jerry Dávila, *Diploma de brancura: Política social e racial no Brasil — 1917-1945* (São Paulo: Editora Unesp, 2005); Evandro Avelino Piccino, *A persistência de Jeca Tatuzinho: Igual a si e a seu contrário*. São Paulo, PUC, 2018, dissertação de mestrado. Sobre a relação de Lobato com o movimento eugenista, ver: Paula Arantes Botelho Briglia Habib, *"Eis o mundo encantado que Monteiro Lobato criou": Raça, eugenia e nação*. Campinas, Unicamp, 2003, dissertação de mestrado; Weber Lopes Góes, *Racismo e eugenia no pensamento conservador brasileiro: A proposta de povo em Renato Kehl* (São Paulo: LiberArs, 2018).

milhões de fascículos haviam sido distribuídos de forma gratuita num país que continuava tendo um elevado percentual de analfabetos. A receita de tamanho sucesso estava não só na aposta em se comunicar de forma educativa e lúdica com a população brasileira (não importando a faixa etária), mas em reconhecer que um dos fatores que definia essa mesma população — a mestiçagem — tinha salvação.

O olhar positivo e benevolente para a condição não branca da maior parte do país não se restringiu a Monteiro Lobato. Ainda na década de 1920, outros intelectuais — alguns próximos ao próprio Lobato — também começaram a enxergar a "essência da brasilidade" naquilo que, pouco tempo antes, era visto como degenerescência. Um dos exemplos é a Semana de Arte Moderna de 1922, em São Paulo, na qual artistas importantes do universo sudestino (principalmente paulista) enalteceram um Brasil que muitos desejavam extinguir em pleno centenário da Independência. Muitas obras de relevância se seguiram.

O quadro *A negra* foi pintado por Tarsila do Amaral em 1923. Em 1928, Mário de Andrade publicou *Macunaíma: O herói sem nenhum caráter*, mesmo ano em que Oswald de Andrade lançou o *Manifesto Antropófago*. Seis anos depois, em 1934, Candido Portinari concebeu duas de suas obras mais conhecidas: *Mestiço* e *O lavrador de café*. Assim, uma parte expressiva da intelectualidade artística brasileira passava a encarar e a representar o Brasil como um país de negros e mestiços.

É importante dizer que esse movimento da Semana de 1922 não resumia a diversidade da arte moderna brasileira. Para o argumento central deste livro é fundamental pontuar que os modernistas de São Paulo não inauguraram uma concepção artística que fazia de negros e mestiços objetos ou inspiração positiva de suas expressões artísticas. Existia no Brasil uma importante geração de artistas negros, muitos formados na Escola Nacional de Belas Artes do Rio de Janeiro, que entre o final do século XIX e o começo do XX ganhou significativa notoriedade. As obras desses artistas demonstram que, antes do modernismo brasileiro, já havia uma arte que via um Brasil negro, mestiço e belo — muitas vezes, um reflexo do que eles mesmos viam no espelho.

Nomes como os dos irmãos João Timótheo da Costa e Arthur Timótheo da Costa e de Emmanuel Zamor marcaram as artes brasileiras no raiar do século XX. Ainda assim, suas carreiras foram acompanhadas pelo racismo, como no caso dos irmãos Timótheo, que, ao serem convidados para pintar o salão nobre do Fluminense Football Club, no bairro de Laranjeiras, no Rio de Janeiro, foram obrigados a entrar pela porta dos fundos — o acesso reservado a todos os negros.

O que se inaugurou na década de 1920 — e se consolidou nas duas décadas seguintes — foram movimentos de intelectuais e artistas brancos (em sua imensa maioria) que passaram a pintar e a projetar um Brasil no qual a mestiçagem e a negritude deixaram de ser uma mácula para se tornar a marca da brasilidade, uma possibilidade de futuro. Não por acaso, eles foram alçados ao panteão das artes brasileiras, deixando nomes como os já citados irmãos Timótheo ou do literato Lima Barreto[6] por muito tempo no segundo escalão das artes brasileiras. O futuro que se projetou para o Brasil a partir de 1920

---

6 Lima Barreto (1881-1922) foi um dos mais importantes intelectuais brasileiros. Embora não tenha tido o merecido reconhecimento em vida, nas últimas décadas seus livros, suas crônicas e demais escritos vêm sendo revisitados e analisados, demonstrando como esse intelectual e artista negro brasileiro tinha um olhar crítico e uma escrita ácida sobre o Brasil em que vivia, sobretudo no que tange à questão racial. A leitura das obras do autor permite acessar os registros de um homem negro que foi alvo e vítima de uma série de políticas higienistas e que de forma brilhante apresentou o racismo brasileiro.

passou a incorporar negros e mestiços, porém ainda em lugares bem demarcados.

Essa percepção mais positiva da população brasileira e sua pertença abertamente não branca ganhou contornos mais definidos durante a Era Vargas. Nesse período, a mestiçagem foi alçada como "a cara do Brasil", o mesmo país onde cinquenta meninos negros foram escravizados por mais de uma década.

De certa forma, o governo de Getúlio Vargas levou ao pé da letra a expressão de Monteiro Lobato que dizia que "Jeca Tatu não é assim, Jeca está assim". A política de embranquecimento através do incentivo da imigração europeia já havia dado provas de ineficiência. Inclusive a premissa de que existiriam raças humanas já tinha sido derrubada com estudos genéticos, ainda que o conceito continuasse a ser usado numa perspectiva sociológica. Além disso, havia a resistência constante e multifacetada dessa população não branca, que insistia em disputar sentidos e possibilidades de Brasil por meio da tessitura de redes de sociabilidade e outras formas de fazer política.

O Estado Novo se organizou em meio a tais questões e acabou sendo um período no qual outros sentidos de brasilidade foram formados. Para muitos estudiosos, foi aí que o Brasil teria entrado na modernidade, recriando sua identidade e toda uma tradição em torno dela. Porém tal construção se deu por meio da relação combinada entre *inclusão* e *seleção* dos ditos cidadãos brasileiros.

O Brasil não é assim, o Brasil está assim: A Era Vargas e o novo Brasil

O ano de 1930 foi marcado por significativas mudanças no quadro político brasileiro. A Revolução de 1930, liderada por alguns setores descontentes com a organização política do país, pôs fim ao período que eles mesmos chamavam de República Velha.

A ideia por trás desse golpe/revolução era a construção de um governo novo, que fizesse jus à brasilidade que representava.[7]

Getúlio Vargas, governador do Rio Grande do Sul que tinha algum prestígio e experiência política no seu estado de origem, assumiu o cargo máximo do Estado, destituindo o então presidente Washington Luís e sem reconhecer a eleição do paulista Júlio Prestes como sucessor no cargo presidencial. Vargas e seus companheiros também não reconheciam mais a Constituição de 1891: derrubavam assim um pilar importante da Primeira República.

A Revolução de 1930 pode ser explicada em grande medida pela grave crise que acometeu o país nos anos finais da década de 1920. Num breve resumo, ela se deu pela somatória do crescimento do movimento operário, da entrada da média oficialidade militar nas disputas políticas e do adensamento das crises entre as oligarquias estaduais, explicitado pela Aliança Liberal feita entre as elites do Rio Grande do Sul, de Minas Gerais e da Paraíba contra o candidato indicado pelo estado de São Paulo.

Getúlio Vargas se tornaria, a partir de então, um dos nomes mais importantes da história nacional, a ponto de batizar um período inteiro: a Era Vargas. Getúlio foi um presidente autoritário, popular e populista, bastante receptivo à parte das reivindicações da população negra, ao mesmo tempo que flertava com o nazismo. Há um debate na historiografia sobre a

---

7 A Era Vargas é um dos períodos mais estudados pela historiografia brasileira. Existem centenas de trabalhos que abordam as inúmeras e complexas questões que marcaram esse momento de nossa história. A figura de Getúlio Vargas, um presidente autoritário e populista, é sem dúvida uma das mais analisadas, sobretudos pelos estudos que se debruçam sobre a construção nacional na primeira metade do século XX. A questão racial tem particular relevo nessa produção, tendo em vista a consolidação do mito da democracia racial como ideologia do Estado Novo. Uma obra composta de vários autores e que ajuda a compreender parte dessa complexidade é de Dulce Pandolfi (Org.). *Repensando o Estado Novo* (Rio de Janeiro: Editora FGV, 1999).

data final dessa era: alguns defendem que termina com o Estado Novo, em 1945, enquanto outros sustentam que coincide com o suicídio de Vargas, em 1954. De todo modo, sob seu comando, as décadas de 1930 e 1940 foram de extrema importância para a construção do país que conhecemos hoje, sobretudo no que diz respeito à compreensão das relações raciais e do racismo.

Apesar da instabilidade que marcou os primeiros anos de seu mandato, também conhecido como governo provisório (1930-4), Getúlio Vargas apresentou parte de sua agenda política. Cerca de um mês depois da revolução, em 14 de novembro de 1930, foi criado o Ministério da Educação e da Saúde Pública. Doze dias mais tarde, em 26 de novembro, foi a vez do Ministério do Trabalho, Indústria e Comércio. Esses novos aparelhos burocráticos do Estado brasileiro acenavam para duas importantes demandas da população ao longo da Primeira República. Por um lado, as inúmeras greves do período apontavam para a necessidade de haver algum tipo de regulamentação dos contratos trabalhistas. Por outro, os movimentos a favor da educação, principalmente na década de 1920, reforçavam que não deveria ser um privilégio de poucos, mas um direito de todos.

Como herdeiro e construtor da ideologia da democracia racial, Vargas fez do enaltecimento da brasilidade (agora orgulhosamente multirracial) uma importante estratégia para a inclusão mais sistemática da população negra e mestiça no mundo do trabalho. Ao contrário das políticas públicas levadas a cabo na Primeira República, o governo de Vargas foi marcado pela defesa do trabalhador brasileiro, fosse ele branco ou não. Isso pode ser observado tanto nas campanhas que enalteciam o labor do brasileiro multirracial — que inclusive chegou a ser xenófoba, em alguns momentos —, quanto na própria regulamentação do mundo do trabalho.

As lutas trabalhistas encontraram nos sindicatos patronais e de trabalhadores importantes instituições de mediação, mesmo que muitas vezes elas fossem aparelhadas pelo Estado. Graças a esse processo tenso e complexo, foram elaboradas leis que garantiam uma série de direitos à classe trabalhadora.[8] A Consolidação das Leis do Trabalho (CLT) foi decretada em 1943, unificando toda a legislação trabalhista do país e regulamentando jornadas de trabalho, proteção ao trabalho da mulher e do menor, Previdência Social, férias anuais, salário mínimo e sindicatos, tanto nas cidades quanto no campo.

O que estava por trás da regulamentação era uma verdadeira revolução que desvinculou a pobreza do mundo do trabalho. Na verdade, o trabalho se transformou numa possibilidade efetiva para sair da pobreza e para o exercício da vida cidadã, fazendo com que o trabalhador se transformasse numa categoria-chave na definição do que era o povo brasileiro, tanto na dimensão individual quanto na coletiva. Essa constatação é profundamente poderosa, sobretudo quando lembramos que aqui era um país onde o trabalho (principalmente o manual) esteve historicamente vinculado à instituição escravista. Ao desvencilhá-lo da pobreza e atrelá-lo à cidadania, a Era Vargas elaborou um novo sentido de brasilidade, que abarcava homens e mulheres de diferentes pertenças raciais.

A positivação e o reconhecimento de parte dos direitos do trabalhador brasileiro foram acompanhados pela elaboração de determinado éthos de como deveria ser esse indivíduo. Se, por um lado, o trabalhador não precisava mais ser necessariamente branco para compor o modelo ideal, por outro, os modos e costumes de sua vida deveriam estar sujeitos aos projetos

---

8 Uma obra fundamental para a análise da história do trabalho no Brasil República, com grande ênfase da Era Vargas, é de Angela de Castro Gomes. *A invenção do trabalhismo* (Rio de Janeiro: Editora FGV, 2005).

de nação do período, que se alicerçaram na prerrogativa de que o trabalhador deveria servir à pátria. Ordem e progresso continuavam a ser o lema da República brasileira. Dessa forma, o trabalhador brasileiro deveria seguir uma cartilha de bons modos, nas quais palavras como honestidade, ordem, compromisso, hombridade e família tinham um peso significativo.

À primeira vista, essas transformações implementadas pareciam resolver uma série de exclusões e marginalizações sofridas pela população negra brasileira. Um episódio que ganhou significativa repercussão e que corroborava o olhar mais atento de Getúlio Vargas para a população negra ocorreu quando a Frente Negra Brasileira foi recebida pelo então presidente da República numa audiência para reverter o dispositivo que proibia a participação de negros na Guarda Municipal de São Paulo, no que foi bem-sucedida. A mais importante entidade negra na primeira metade do século XX havia sido criada em 1931, com o objetivo de lutar pela igualdade de direitos e pela inserção efetiva da população negra na sociedade brasileira. A organização, que chegou a ter milhares de filiados distribuídos por mais de dez estados do país, se transformou em partido político em 1936, porém foi dissolvido pela ditadura varguista implementada a partir do ano seguinte.[9]

Foi uma vitória significativa, que demonstrava alguns pontos de convergência entre os projetos defendidos por Vargas e pelos membros da Frente Negra, ambos reconhecidamente nacionalistas. Na verdade, o que se observou ao longo de todo

---

9 Entre 1931 e 1937, a Frente Negra Brasileira foi a maior entidade negra no país, demonstrando não só a capacidade de organização e de reivindicação da população negra, como também a complexidade das questões raciais da época. Ver: Petrônio Domingues, "Movimento Negro Brasileiro: Alguns apontamentos históricos". *Tempo*, Niterói, v. 12, n. 23, pp. 100-22, 2007; Amilcar Araujo Pereira, *O mundo negro: Relações raciais e a constituição do movimento negro contemporâneo no Brasil* (Rio de Janeiro: Pallas, 2013).

o período foi a inserção dos negros nessa categoria-chave "trabalhador brasileiro", além da reinterpretação de manifestações culturais marcadamente negras e afrodescendentes dentro desse novo sentido de brasilidade que se construía.

A capoeira também deixou de ser uma prática criminosa — como constava no Código Penal de 1890 — para ganhar o status de esporte nacional. O Carnaval popular e de rua também foi aceito e enaltecido, fazendo com que as escolas de samba ganhassem uma nova dimensão no cenário nacional. O futebol, que durante anos havia sido um esporte de elite, no qual existia uma proibição para negros e mestiços, passou por um significativo processo de popularização, que não só fez com que os clubes se vissem obrigados a aceitar jogadores negros, mas que também mudou a própria forma de jogar: o estilo "à inglesa" do esporte bretão foi relido pelo drible brasileiro.

Talvez o exemplo mais notório dessa nova brasilidade esteja nas mudanças que atravessaram o samba. O ritmo, que até então era malvisto e chegou a ser combatido pelas autoridades da Primeira República, foi transformado numa espécie de cartão de visitas "da cara do Brasil", atraindo personalidades como Walt Disney, que visitou o país em 1941 e criou o personagem Zé Carioca. Mas o samba propagado pelo Estado Novo não era mais aquele tocado na casa de Tia Ciata ou nos cantos de Salvador e do Recôncavo Baiano. A música brasileira de exportação não tinha mais o "aspecto selvagem" que tanto havia escandalizado a elite brasileira na década de 1920, ao se deparar com o sucesso dos Oito Batutas em Paris. O samba que se tornou a cara da nação era aquele de "Aquarela do Brasil" — música escrita por Ary Barroso em 1939 e que se tornou um segundo hino nacional —, que reconhecia e enaltecia a pertença multirracial do país, mas que era cada vez menos negro e africano. Era um samba higienizado.

Parecia que a cara do Brasil começava a mudar. E, de fato, o discurso e a prática atestados por diversas políticas públicas apontavam para uma maior sensibilização no que se refere à população negra e à sua inserção na sociedade brasileira. Outra importante estratégia na celebração dessa nova brasilidade foi a criação do Dia da Raça Brasileira, que passou a ser comemorado, a partir de 1939, em 5 de setembro — um lembrete simbólico de que o país que havia ficado independente era multirracial.

Mas é preciso pontuar que há uma grande diferença entre viabilizar a maior participação de negros e negras no país e construir uma agenda antirracista. Como o novo feriado deixa transparecer, a raça continuava sendo um conceito organizador do Brasil, inclusive no mundo do trabalho.

Parecia mais justo que o potencial de trabalho, e não mais a cor da pele, definisse a vida de um sujeito, ao permitir um olhar meritocrático para as trajetórias individuais. A ideia de uma nação caracterizada pela ausência de conflitos raciais era profundamente sedutora, inclusive para a população negra, que parecia finalmente estar sendo coberta pelo manto da brasilidade. Mas esse era apenas o verniz do mito da democracia racial. Além das discriminações sofridas no momento da contratação e no próprio cotidiano,[10] havia ainda a impossibilidade naturalizada de que negros e negras pudessem exercer profissões de maior prestígio social, como as tradicionais medicina e advocacia. Por trás da falaciosa ideia de um país harmonioso e pacífico, o país do samba, do Carnaval e do futebol, havia um projeto de nação que, assim como o livro

10 Boris Fausto tem um livro interessante no qual analisa o racismo no mundo do trabalho brasileiro, por meio da investigação de um crime cometido em São Paulo durante o Estado Novo. Ver: Boris Fausto, *O crime do restaurante chinês: Carnaval, futebol e justiça na São Paulo dos anos 30* (São Paulo: Companhia das Letras, 2009).

Casa-grande & senzala, tinha lugares sociais muito bem demarcados para brancos e negros.

A convivência das autoridades brasileiras com a escravização de cinquenta meninos negros na Era Vargas já dá pistas de que a questão racial era muito mais complexa no período. Ainda que Getúlio fosse uma figura benquista por boa parte da população negra brasileira e tenha mantido com ela uma interlocução, um dos pressupostos por trás do que seria o trabalhador brasileiro ideal era o fascismo, ideologia com a qual Vargas flertou de forma aberta — tanto ele quanto boa parte dos homens que compuseram seu governo foram profundamente influenciados por uma das doutrinas mais deletérias do racismo científico: a eugenia.

Essa doutrina, que já estava presente nas ações higienistas e sanitaristas da Primeira República e na política de embranquecimento da população brasileira por meio da imigração europeia, manteve-se forte e muito difundida depois da Revolução de 1930. No Brasil, ainda hoje a eugenia propagada nesse período é muitas vezes tratada de maneira isolada, como se houvesse sido uma ideologia restrita a algumas associações ou a grupos de intelectuais específicos. Nomes como Renato Kehl, Edgard Roquette-Pinto, Oliveira Viana e o já citado Monteiro Lobato muitas vezes aparecem associados à ideologia eugenista por terem encabeçado instituições e periódicos fundados nesses pressupostos, como a Sociedade Eugênica de São Paulo, criada em 1918, o Congresso Brasileiro de Eugenia, em 1929, e o *Boletim de Eugenia*, um suplemento do jornal médico criado por Renato Kehl.

Homens como esses, muitos deles médicos, jornalistas e advogados influentes, ocuparam cargos públicos estratégicos no governo de Getúlio Vargas, sendo responsáveis pela formulação de uma série de políticas públicas que transformaram a eugenia em ações do Estado nacional brasileiro, sobretudo durante o regime ditatorial imposto por Vargas, o Estado Novo.[11] Vale destacar a participação de Renato Kehl e Roquette-Pinto em uma das comissões do Ministério do Trabalho, que, entre outras coisas, defendia a restrição de imigrantes com base em critérios raciais. Essa restrição ganhou status de lei com o Decreto nº 7967, de 1945, que dizia que a entrada de imigrantes no Brasil estava condicionada "à necessidade de preservar e desenvolver, na composição étnica da população, as características mais convenientes da sua ascendência europeia". Ou seja, imigrantes africanos e asiáticos não eram bem-vindos.

Foi na educação que os princípios eugênicos ficaram mais evidentes no governo Vargas. O artigo 138 da Constituição de 1934 — que substituiu a de 1891 — pretendia abertamente "estimular a educação eugênica". Ainda que esse artigo tenha sido suprimido na Constituição de 1937, a presença de ideais eugênicos sustentou boa parte das ações do Ministério da Educação e Saúde Pública (MES) nas décadas de 1930 e 1940.

A Era Vargas foi marcada por uma significativa expansão do sistema educacional público brasileiro. Gustavo Capanema, que esteve à frente do MES entre 1934 e 1945, implementou uma série de medidas, entre elas a Reforma do Ensino Secundário, também conhecida como Reforma Capanema. Em consonância com o projeto de que os trabalhadores deveriam servir à pátria, a reforma previa um ciclo de estudo total de sete anos, que se dividiria em duas etapas. Assim, a formação dos futuros cidadãos deveria prezar pela capacitação técnica e pelo preparo para atuar em diferentes áreas.

---

11 Além dos trabalhos já citados de Nancy Stepan, Marcos Chor Maio, Jerry Dávila e Weber Góes sobre o peso da eugenia nas ações do Estado brasileiro, indico também: André Mota, *Quem é bom já nasce feito: Sanitarismo e eugenia no Brasil* (Rio de Janeiro: DP&A, 2003); Pietra Diwan, *Raça pura: Uma história da eugenia no Brasil e no mundo* (São Paulo: Contexto, 2007).

Para além dessas mudanças, o que se observou no cotidiano escolar foi a implementação de ações fundadas nos pressupostos eugenistas. A escola se tornou uma instituição-chave na luta contra a degenerescência racial, sendo um instrumento muito bem utilizado por quem estava no poder. Para boa parte de quem atuou nas décadas de 1930 e 1940, a imigração europeia não tinha conseguido embranquecer a população brasileira.

Se não era possível transformar o país branco por meio do controle de reprodução da sua população, a "raça brasileira" seria depurada com um branqueamento comportamental. Essa política se evidencia, por exemplo, na guerra declarada pelo governo contra práticas de cura em todo o país. Fazendo uso do conceito de charlatanismo (previsto no Código Penal vigente), órgãos repressores do Estado Novo perseguiram curandeiras e curandeiros que usavam saberes de origem indígena e africana.[12]

A escola também passou a excluir esses saberes para adotar deliberadamente um ideal civilizacional europeu. Não por acaso, nos currículos escolares, o ensino de cultura geral e humanística se tornou sinônimo de perspectiva eurocêntrica — uma herança que carregamos até hoje.

Ainda que as ações para a educação pública estivessem a cargo de estados e municípios, o MES teve papel central na reformulação do sistema escolar público. Para muitos intelectuais que participaram do governo Vargas, a escola era uma reprodução em menor escala de um país doente. Assim, os estudantes brasileiros seriam como Jeca Tatuzinho, que precisava ser tratado.

A pobreza e a composição multirracial eram as maiores doenças do Brasil. Artur Ramos, um importante intelectual

---

12 Luana Vanessa Costa Soares, *Lições para ordenar Salvador: Práticas de cura de dona Anália nas páginas do* Diário de Notícias *em 1940*. Salvador, Uneb, 2021, dissertação de mestrado.

do período que esteve diretamente ligado aos estudos sobre educação pública e questão racial, afirmou que, mesmo que não houvesse mais preconceito étnico, "não devemos esquecer [...] o lado sociológico, de culturas atrasadas dificultando a obra da nossa educação".[13] A substituição do termo *raça* por *cultura* anunciada por Gilberto Freyre em 1933 foi logo incorporada pelos intelectuais brasileiros, principalmente os eugenistas. Assim, as escolas se tornaram os espaços da implementação de políticas de saúde pública.

Para crianças e jovens, um dos maiores atrativos das escolas públicas era o almoço gratuito — que muitas vezes era a única refeição que estudantes pobres tinham. Nutrição, higiene escolar (mãos e pés limpos, roupa asseada, limpeza bucal) e ampliação significativa da educação física foram carros-chefes das ações dos eugenistas, que chegaram a se indispor com a Igreja católica, que era contra a prática de exercícios físicos de meninos e meninas. A premissa de exercitar-se regularmente passou a ser defendida pelos professores de educação física, que acreditavam estar melhorando a raça brasileira.

Engana-se quem imagina que a eugenia representou apenas uma cruzada contra a pobreza, privilegiando signos culturais da supremacia branca. Milhares de crianças passaram a ser analisadas durante a experiência escolar. Em muitos casos, sem o conhecimento e o consentimento dos pais, eram preenchidas fichas antropométricas e de higiene mental, nas quais eram registrados dados dos aspectos fenotípico e físico dos estudantes e do seu desenvolvimento mental. Esses dados eram utilizados por pesquisadores eugenistas que queriam que o Brasil se tornasse uma nação ideologicamente branca.

---

13 Esse trecho do discurso de Artur Ramos foi tirado do já citado *Diploma de brancura*, de Jerry Dávila, um estudo de fôlego sobre os propósitos racistas do Estado brasileiro entre 1917 e 1945.

Como era de esperar, essas pesquisas também levaram em conta a pertença racial e a condição socioeconômica das crianças. A falácia da eugenia ficava evidente quando os pesquisadores precisavam interpretar desempenhos semelhantes de crianças negras e/ou pobres e de brancas e/ou ricas. No primeiro caso, os resultados negativos sempre eram atribuídos à degenerescência resultante da pobreza e da raça; no segundo, os mesmos resultados eram tidos como um desvio que deveria ser desconsiderado.

A eugenia também esteve presente em outras instâncias da vida pública no Brasil. Os inúmeros concursos de beleza realizados nessa época, por exemplo, estabeleciam uma relação direta entre o belo e o fenótipo branco, reforçando uma prática antiga no país, na qual a própria ideia de beleza era vetada para a população não branca, que, quando muito, era considerada exótica. Mesmo após a reforma psiquiátrica implementada por Juliano Moreira no início do século XX, o tratamento dado às doenças mentais com frequência era organizado a partir dos princípios da eugenia, que continuou formando muitos psiquiatras do período. Isso fez com que diversos comportamentos indesejáveis fossem tachados como loucura, levando a internações e tratamentos profundamente violentos, que muitas vezes resultavam no encurtamento da vida dos pacientes, e não numa possível melhora de seu quadro clínico.

O combate às práticas criminosas também esteve pautado pelos ideais da eugenia. O governo Vargas foi responsável pela implementação de um projeto que pretendia cientificar os órgãos policiais e de repressão. A ideia era começar pelo Rio de Janeiro para depois estender o modelo para o restante do Brasil. O objetivo central do projeto era usar a ciência para instrumentalizar tecnicamente a polícia, a fim de conhecer e identificar criminosos potenciais. Para tanto, foi criado o Gabinete de Identificação Criminal e o Laboratório de Antropologia Criminal, ambos em 1931.

De certa forma, esses dois braços científicos das forças de repressão da polícia do Rio de Janeiro estavam embasados no racismo científico que datava da Primeira República, reunindo estudos de antropologia criminal, medicina legal e psiquiatria. O intuito era combinar essas áreas para criar perfis que permitissem identificar possíveis criminosos brasileiros, a fim de garantir uma ação profilática da polícia, que poderia até mesmo antever atividades criminosas. Se a Era Vargas foi marcada pela regulamentação do mundo do trabalho, também houve um esforço significativo das forças estatais em regulamentar o "não trabalhado", numa espécie de caçada a tudo que pudesse macular o processo civilizatório que se implementava. O tipo de cabelo, o formato do nariz e do rosto, a cor da pele eram critérios fisionômicos utilizados para desenhar os criminosos potenciais e indesejáveis. A pseudociência legitimou que ações da polícia continuassem tornando negros e pardos suspeitos em ações arbitrárias.[14]

O fim do Estado Novo em 1945 trouxe algumas transformações, sobretudo no que diz respeito à forte presença dos pressupostos eugênicos, que passaram a ser combatidos de forma mais veemente após o fim da Segunda Guerra Mundial. Todavia, o que se observa é que o governo Vargas entre 1930 e 1945 foi um período marcado pela construção de um novo sentido de brasilidade, que era ao mesmo tempo inclusiva e seletiva, como resultado de uma combinação de trabalhismo, nacionalismo, democracia racial e eugenia, muito bem orquestrada pelos homens que estiveram à frente do poder.

14 Um dos estudos mais interessantes sobre os processos de identificação criados pelas forças policiais no Rio de Janeiro na Era Vargas é o livro da antropóloga Olivia Cunha, *Intenção e gesto: Pessoa, cor e a produção cotidiana da (in)diferença no Rio de Janeiro, 1927-1942* (Rio de Janeiro: Arquivo Nacional, 2002), que propõe uma análise combinada entre discursos médicos e psiquiátricos, estudos antropológicos, eugenia e ações do Estado.

Se não havia como embranquecer os brasileiros, o novo projeto de nação apostava no embranquecimento da ideia de Brasil: um país que reconhecia e até certo ponto enaltecia a sua condição multirracial, contanto que os lugares sociais criados pelo racismo não fossem questionados. Qualquer desvio deveria ser combatido pela depuração social dos pressupostos eugênicos. O país dava impressão de finalmente ter entrado na modernidade republicana, só que essa modernidade não parecia ir muito além dos limites impostos pela casa-grande e pela senzala.

A força dessa brasilidade explica em parte a eleição de Vargas na década de 1950, embora na época algumas políticas públicas implementadas durante o Estado Novo estivessem sendo questionadas. Além disso, algumas críticas à democracia racial começaram a aparecer de forma mais contundente entre intelectuais brancos. No entanto, para grande parte da população, a ideia de uma nação marcada pela harmonia racial parecia profundamente confortável. A aposta nesse Brasil lindo e trigueiro, que contou com a força da era do rádio para se propagar, também era a aposta num país organizado pelo racismo.

A população negra encontrou diferentes formas de denunciar e de lutar contra essa nova cara do racismo. A já mencionada Frente Negra Brasileira foi uma das entidades criadas no período, mas esteve longe de ser a única. Já no fim da ditadura varguista, novas associações negras foram criadas. Em 1943, foi fundada a União dos Homens de Cor (UHC) em Porto Alegre, que em pouco tempo abriu filiais em mais de dez estados, atuando nas imprensas locais, oferecendo assistência médica e jurídica, além de promover cursos de alfabetização.

No ano seguinte, em 1944, foi criado o Teatro Experimental do Negro (TEN) por Abdias do Nascimento. Localizado no Rio de Janeiro, o TEN não só promovia atores e atrizes negros — que eram sistematicamente excluídos do universo artístico brasileiro —, como também passou a trazer o debate racial para o cenário público com profunda criticidade. Além de aulas de alfabetização e de corte e costura, o TEN fundou o jornal *Quilombo* e passou a promover uma série de encontros que tinham como pauta principal a luta antirracista.

A imprensa negra ganhou novo fôlego nas décadas de 1940 e 1950, com periódicos como *Alvorada* (1945), *Notícias de Ébano* (1957), *O Mutirão* (1948), *Niger* (1960) etc. Outras organizações negras também foram criadas em vários lugares do país, evidenciando que as transformações da Era Vargas estavam longe de criar uma sociedade mais igualitária e justa para a população negra. É bem significativo que junto com as denúncias de práticas racistas, a alfabetização e os cursos profissionalizantes continuassem sendo pautas importantes para essas associações. A expansão do sistema escolar brasileiro, a maior inclusão e o reconhecimento de negros e negras como parte do corpo de trabalhadores brasileiros não alteravam o caráter excludente e discriminatório do país. Ainda havia muito a ser feito, e os diferentes movimentos negros sabiam disso.[15]

Uma dificuldade importante que marcou a trajetória dessas entidades negras era contar com o apoio de setores políticos do país, fossem eles mais progressistas ou mais conservadores. Em 1945, por exemplo, o Partido Comunista do Brasil (PCB) se opôs ao projeto de uma lei antidiscriminatória, pois acreditava que as reivindicações exclusivas da população negra iriam dividir a luta dos trabalhadores, desconsiderando por completo a história da classe trabalhadora brasileira e sua clivagem racial.

Nem a esquerda nem a direita viam a questão racial como um problema, o que reforça uma das camadas mais profundas do racismo estrutural brasileiro, na qual o racismo, quando

---

15 Atualmente existe uma historiografia cada vez mais especializada nos estudos das ações de entidades, associações e movimentos negros brasileiros durante a Era Vargas. Além dos trabalhos já citados, sugiro a leitura de *Modernidades negras*, de Antonio Sérgio Alfredo Guimarães (São Paulo: Ed. 34, 2021).

tem sua existência reconhecida, é tido como um problema apenas do negro. A primeira lei contra discriminação racial no Brasil, a Afonso Arinos, foi promulgada em 1951, não como consequência de uma conscientização da classe política do país, mas como resposta a um escândalo envolvendo uma consagrada bailarina negra estadunidense que foi proibida de se hospedar num hotel em São Paulo.

O racismo continuava operando, agora protegido pelo escudo do mito da democracia racial — a mesma que fez do samba e do Carnaval símbolos nacionais, desde que deixassem de ser "coisa de preto". Esse projeto parecia, enfim, encontrar eco no regime instaurado entre 1945 e 1964, quando o país viveu quase vinte anos de experiência democrática, quando o exercício da cidadania estava estendido para um percentual muito maior da população.

Não por acaso, foi entre as décadas de 1950 e 1960 que o samba passou a disputar espaço com a bossa nova, que era "a cara do Brasil" de exportação. O ritmo mesclava samba e jazz, festejando essa brasilidade multirracial, sem ter necessariamente um olhar mais crítico para a estrutura racial do país. Vale lembrar que a própria bossa nova foi um ritmo muito mais consumido e tocado por pessoas brancas, ainda que importantes artistas negros tenham feito parte do movimento, como Elizeth Cardoso e Baden Powell. Inclusive a estrutura "casa-grande & senzala" ficou evidente nos versos finais do "Samba da bênção", composto por Vinicius de Moraes e Baden Powell, ao afirmar: "Porque o samba nasceu lá na Bahia/ E se hoje ele é branco na poesia/ Se hoje ele é branco na poesia/ Ele é negro demais no coração".

O coração pulsante do samba — e por que não dizer do Brasil? — até podia ser negro, mas sua forma de se apresentar para o mundo era branca. Esses três versos resumem de forma exemplar o projeto de nação gestado na Era Vargas e que se perpetuou nas décadas seguintes no Brasil.

No entanto, a história é sempre plural. Quando a bossa nova dava seus primeiros passos e a maior parte do país insistia em se entender como uma democracia racial, uma mulher registrava um outro país — o seu. Carolina Maria de Jesus, uma mulher negra e pobre que saiu de Minas Gerais para tentar a vida em São Paulo, mantinha um diário no qual escrevia seu cotidiano, seus medos, anseios e desejos. Ainda que representasse a regra imposta para a maior parte das mulheres negras brasileiras, destinadas aos serviços domésticos e/ou à exploração máxima das relações de trabalho, Carolina também foi uma exceção, por ser uma mulher negra, pobre e alfabetizada.

Em 13 de maio de 1958, quando o Brasil celebrava os setenta anos da abolição, Carolina acordou feliz, pois aquele era o dia em que "comemoramos a liberdade dos escravos". Mas sua felicidade era atormentada pela pena que sentia de seus próprios filhos, que estavam constantemente com fome.[16] Naquele ano, no Brasil livre e democrático, ainda havia uma parcela significativa da população negra que passava fome — uma fome que era parte constitutiva do sistema de poder criado pela estrutura racial do país. Mas nem isso impediu que a poesia e a escrita brasileiras também pudessem ser negras.

---

16 Carolina Maria de Jesus, *Quarto de despejo: Diário de uma favelada*. Rio de Janeiro: Francisco Alves, 1960, p. 27. Carolina Maria de Jesus é atualmente uma das mais consagradas escritoras brasileiras. Ainda em vida, ela teve sua obra reconhecida e aclamada, sendo traduzida para mais de dez idiomas. Menos do que a pobreza em si — tema de inúmeros tratados e estudos acadêmicos e científicos —, o que tornou o livro de Carolina tão arrebatador foi o fato de essa narrativa ter sido feita em *primeira pessoa*, conferindo autoria a uma mulher que, em tese, estava fadada ao silenciamento imposto pela realidade, descrita por ela de forma tão singular. Isso é algo que pode parecer simples, mas é muito poderoso: uma mulher negra e pobre descrevendo a sua própria vida. Carolina Maria de Jesus é uma das maiores comprovações de que, mesmo em meio à estrutura perversa do racismo, os sentidos e significados de Brasil continuavam em disputa.

II.
Ditadura militar e a aposta violenta na falsa democracia racial

Na noite de 4 de novembro de 1969, Carlos Marighella foi assassinado. Nos dias que se seguiram, diversas notícias foram veiculadas nos principais jornais do país. Algumas narravam o episódio, que foi consequência de uma emboscada feita pelo Departamento de Ordem Política e Social (Dops) nas imediações da avenida Paulista, em São Paulo. Outras, mais detalhadas, mostravam a relação de Marighella com grupos mais progressistas da Igreja católica, que como ele eram contrários ao regime ditatorial instaurado no Brasil em 1º de abril de 1964. O nome de Marighella ainda reverberou na primeira página dos jornais por algumas semanas. E não era para menos: o homem que até então era considerado o inimigo número um da ditadura estava morto. E ele era um homem negro.

Carlos Marighella nasceu em Salvador em 1911. Era um dos sete filhos da baiana Maria Rita do Nascimento, uma mulher negra descendente de africanos escravizados (hauçás, mais especificamente), que havia trabalhado parte da vida como empregada doméstica com o italiano Augusto Marighella, um dos milhares de imigrantes que vieram tentar a sorte no Brasil no alvorecer do século XX e que havia trabalhado como metalúrgico e motorista de caminhão. De família humilde, Carlos foi um menino negro que se destacou nos estudos, principalmente em matemática, o que o levou a cursar alguns semestres da faculdade de engenharia civil. Largou o curso para atuar como militante do PCB. Suas ações no partido fizeram com que fosse duas vezes perseguido, preso e torturado durante a ditadura de Getúlio Vargas, chegando a ficar seis anos detido.

Em 1945, Carlos Marighella foi eleito deputado federal, mas perdeu o mandato porque seu partido foi proscrito. Defensor do comunismo, na década de 1950, passou alguns meses na China para conhecer pessoalmente a Revolução Comunista e, anos depois, se aventurou em Cuba e em sua recém-instaurada Revolução de 1959 — essas experiências foram documentadas por ele. Na ocasião do golpe de 1964, Marighella optou pela luta armada. Sua concepção de comunismo e de militância acabou fazendo com que fosse expulso do PCB e fundasse a Ação Libertadora Nacional (ALN), um grupo armado que, entre outras ações, participou com o Movimento Revolucionário Oito de Outubro (MR-8) do sequestro de um embaixador estadunidense.

A vida de Marighella perpassa muitas questões que atravessaram os primeiros sessenta anos do século XX no Brasil,[1] como a presença do comunismo e sua organização partidária, a formação da classe trabalhadora, as políticas de imigração, as duas grandes ditaduras do país, a luta pela democracia e a questão racial. Curiosamente, Carlos Marighella é um dos poucos personagens negros de destaque quando o assunto é "os anos de chumbo".

A ditadura militar instaurada em 1964, intensificada em 1968 e interrompida em 1985, foi assinalada não só pelo fim da democracia, mas também pela supressão de uma série de direitos civis da população. Foi um período marcado por um Estado autoritário e violento, que não permitia críticas e cerceava a liberdade de expressão. Censura, perseguições, prisões e torturas foram ações que o caracterizaram. Nesses anos,

---

1 Para uma biografia bastante completa de Marighella, ver: Mário Magalhães, *Marighella: O guerrilheiro que incendiou o mundo* (São Paulo: Companhia das Letras, 2012).

a historiografia oficial jogou pouca ou nenhuma luz sobre a questão racial, uma escolha que, conscientemente ou não, reforça uma das maiores apostas do regime: a disseminação do mito da democracia racial como ideologia de dominação.

Carlos Marighella acabou se tornando uma exceção. Ou, ao menos, na forma como a época vem sendo tratada até agora. Mesmo sendo um homem negro de pele clara, sua vida é um lembrete de que a ditadura militar brasileira não alterou as engrenagens racistas que moviam o Brasil. O novo pacto da oligarquia política manteve o racismo como um elemento central da organização social. De certa forma, a novidade desse tempo residia nas violências física e psicológica que também passaram a pautar sistematicamente a vida de um percentual significativo de pessoas brancas, sobretudo da classe média intelectualizada. E, não por acaso, ainda é sobre as violências cometidas contra essas pessoas brancas que a maior parte dos estudos se debruçam.

Reconhecer a manutenção da ordem racista durante a ditadura militar em nada diminui as atrocidades cometidas contra a população branca que resistiu ao regime. Pelo contrário. Racializar o regime — ou seja, reconhecer o racismo como sistema de poder operante — apenas complexifica a compreensão desse período da história brasileira, ajudando a desnudar os projetos de Estado que estavam em construção.

O poder do negro e o projeto Unesco

A década de 1960 foi de grande efervescência no que diz respeito às questões raciais, sobretudo à questão negra. Por um lado, foi um período-chave no processo de independência dos países africanos. Até então, pouco mais de uma dezena de colônias haviam conquistado suas respectivas independências. No decorrer da década, 38 países se desvincularam do jugo colonial, iniciando um longo processo de construção nacional. Esses movimentos ocorreram de formas distintas, dependendo dos grupos que os encabeçavam e da relação com as elites metropolitanas.

Um aspecto central compartilhado pelas recém-criadas nações africanas era a questão racial. Informados por movimentos como o pan-africanismo e a negritude, lideranças africanas reconheceram que o racismo tinha sido um elemento organizador e legitimador da colonização. Não por acaso, a África independente e soberana nasceu em meio à construção de uma identidade que se reconheceu e se legitimou pela pertença racial. A negritude, que era vista como condição de inferioridade por parte dos colonizadores europeus, foi reapropriada pelos africanos, se transformando em um pilar da luta anticolonial — que também era antirracista. As batalhas da população negra por liberdade e igualdade não ficaram circunscritas ao contexto africano, embora estivessem conectadas a ele, como bem demonstrou o movimento pan-africanista na primeira metade do século XX.

Nas Américas, a década de 1960 foi igualmente vibrante e transformadora. Os processos de independência da Jamaica e de Trinidad e Tobago, que se desvincularam da Grã-Bretanha e do processo colonial, foram fortemente marcados pela articulação de intelectuais e ativistas negros. Embora não tenha conseguido sua independência da França, Martinica também foi um espaço caribenho de questionamento da ordenação política e racial, como apontam os trabalhos e as ações de Aimé Césaire e de Frantz Fanon. A pauta da negritude atrelada às lutas antirracistas ganhou uma escala global e se fundiu com as lutas anti-imperialistas e com os debates sobre a efetivação dos direitos humanos, tudo isso em meio a um mundo dividido em dois blocos econômicos.

Nessa mesma época, a luta dos negros estadunidenses pelos direitos civis vivenciou uma agudização. A questão era tão antiga quanto a experiência dos escravizados naquele país, mas, sem sombra de dúvida, ganhou uma dimensão profundamente perversa quando foram promulgadas as famosas leis Jim Crow, logo após a abolição formal da escravidão, em 1865. Essas leis tinham cunho abertamente segregacionista e, além de impedir a presença da população negra em diversos espaços, proibiam casamentos inter-raciais e dificultavam intencionalmente o exercício da vida política, inclusive do voto.

A liberdade da população negra garantida pela 13ª Emenda Constitucional não significou o gozo dos direitos civis. Assim, a década de 1960 foi uma espécie de transbordamento de inúmeras lutas, tecidas pela ousadia e pela coragem de jovens negras — como Ruby Bridges Hall, a primeira aluna negra a ingressar numa escola para brancos, em 1960; ou Rosa Parks, a mulher que se recusou a dar seu assento no ônibus para passageiros brancos, em Montgomery, no Alabama, em 1955 —, pelos discursos de lideranças como Malcom X e Martin Luther King Jr., pela organização dos Panteras Negras, pelo movimento black power e pela soul music.

Toda essa conjuntura de afirmação dos direitos humanos, atravessada pela questão racial e pela denúncia sistemática do racismo, encontrou eco no Brasil em segmentos da população negra que se organizavam com propósitos semelhantes e entre a juventude negra, que passou a enxergar de forma mais positiva a sua negritude, celebrando sua identidade e sua herança africanas. Vale lembrar do sucesso dos bailes black em muitas cidades do país, do uso mais difundido do chamado black power e da fundação de entidades culturais negras, como o Ilê Aiyê em Salvador, em 1974. Wilson Simonal, um dos artistas mais consagrados do período — que mais tarde foi acusado de compactuar com o regime militar — teve como um dos seus maiores sucessos a música "Tributo a Martin Luther King", composta em 1967.

A pauta antirracista era antiga entre as entidades e associações negras brasileiras, que aproveitaram a experiência democrática entre 1946 e 1964 para ampliar seus campos e suas possibilidades de atuação. A positivação da identidade e da cultura negras a partir de uma perspectiva transatlântica também não era uma novidade. Na década de 1930, a Frente Negra Brasileira já havia exercido uma grande influência na luta dos negros estadunidenses, enquanto, em 1915, foi fundado em São Paulo o periódico *O Menelick*, escrito e publicado por jornalistas negros, cujo título era uma aberta homenagem ao rei etíope Menelik II, que conseguiu expulsar as forças italianas de seu reino e evitar a colonização.

Ademais, no Brasil, as décadas de 1950 e 1960 foram marcadas por um olhar crítico para o mito da democracia racial, ao menos no campo intelectual. O extermínio de ciganos, judeus e outras minorias, bem como os horrores cometidos em nome da eugenia nazista, fizeram com que o debate racial ganhasse uma dimensão global com o fim da Segunda Guerra Mundial. A aparente harmonia racial brasileira chamou a atenção de organizações internacionais para a possibilidade de pensar o país como um modelo exitoso de "laboratório racial", sobretudo se comparado às realidades vividas nos Estados Unidos e na África do Sul.

Assim, a Organização das Nações Unidas para a Educação, a Ciência e a Cultura (Unesco) promoveu um projeto no início da década de 1950 que ficou conhecido como projeto Unesco, em grande parte capitaneado por Artur Ramos. Com financiamento internacional, pesquisadores brasileiros e estrangeiros se debruçaram sobre diferentes aspectos das relações raciais, analisando diversas localidades do país. O objetivo maior era pontuar elementos culturais, psicológicos, políticos, sociais e econômicos na organização dessas relações para concluir se haveria ou não racismo no Brasil.

As pesquisas não seguiram uma única linha teórico-metodológica e chegaram a conclusões diversas, sem que houvesse consenso entre elas. Alguns pesquisadores defenderam o caráter harmonioso e pacífico das relações raciais no Brasil, o que chegou a alimentar a esperança de certos membros da Unesco, enquanto outros elencaram dados e trajetórias sociais e históricas que destacavam o peso exercido pelo racismo na organização social do país.[2]

Ainda em 1953, no início do projeto, o sociólogo Luís de Aguiar Costa Pinto publicou *O negro no Rio de Janeiro*, obra que cruzava as questões racial e de classe, apontando como a vida das pessoas negras era mais difícil do que a das brancas, estremecendo assim as bases do mito da democracia racial. Anos depois, os trabalhos de Florestan Fernandes — *A integração do negro na sociedade de classes* (1965) — e de Oracy Nogueira — *Preconceito de marca: As relações raciais em Itapetininga* (1955) — criticavam abertamente a ideia de que o Brasil seria um paraíso racial. Ambos os autores, que tiveram destaque no universo acadêmico brasileiro nos anos seguintes, pontuaram que, ainda que correlacionados, os critérios de raça e de classe não podiam ser tomados como sinônimos, pois mesmo os negros que ascenderam socialmente estavam sujeitos às discriminações raciais.

Na época, de certa forma, o desmonte da democracia racial feito por meio de trabalhos de intelectuais brancos caminhava em paralelo às análises realizadas por intelectuais negros. Alberto Guerreiro Ramos, Clóvis Moura e Edison Carneiro

---

2 Entre os estudos que analisam o projeto Unesco e seu impacto na produção intelectual do Brasil, ver: Carlos A. Hasenbalg, "Entre o mito e os fatos: Racismo e relações raciais no Brasil". In: Marcos Chor Maio e Ricardo Ventura Santos (Orgs.), *Raça como questão*, op. cit., pp. 235-49; Marcos Chor Maio, "O projeto Unesco: Ciências sociais e o 'credo racial brasileiro'". *Revista USP*, São Paulo, n. 46, pp. 115-28, jun.-ago. 2000; Antonio Sérgio Guimarães. *Racismo e antirracismo no Brasil* (São Paulo: Ed. 34, 2019).

realizaram estudos sociológicos e históricos que desnudaram o caráter sistêmico do racismo no Brasil, derrubando a crença de que aqui seria um país pacífico e harmonioso.[3] Seus estudos eram denúncias latentes tanto da necessidade de se repensar a história do país a partir do reconhecimento do protagonismo negro, como de compreender por que os valores da brancura se tornaram sinônimos de beleza, positividade e civilização.

O que se observa é que, no momento do golpe militar, o debate sobre racismo havia se intensificado na academia, nos muitos movimentos militantes e nos debates políticos. A questão negra tinha especial destaque, revelando sua dimensão transcontinental, em grande parte decorrente do longo e perverso processo de escravização dos africanos e de seus descendentes.

Esse contexto não passou despercebido por quem estava à frente do Estado nacional brasileiro a partir de 1º de abril de 1964. Mais uma vez, a leitura da Constituição é uma ferramenta interessante para examinar como a questão racial estava sendo pensada na época. Num primeiro momento, pode parecer curioso o fato de a Constituição de 1967, elaborada pela e para a ditadura militar, ter sido a primeira a determinar punição para o racismo. Em seu artigo 150, no parágrafo 1º, ficava determinado que "todos são iguais perante a lei, sem distinção de sexo, raça, trabalho, credo religioso e convicções políticas. O preconceito de raça será punido por lei".[4] Ainda que seja importante pontuar que existe uma diferença significativa entre *preconceito de raça* e *racismo*, chega a ser quase irônico o

---

3 No que diz respeito à produção desses três intelectuais negros e suas críticas ao racismo no Brasil, ver: Edison Carneiro, *O Quilombo dos Palmares* (São Paulo: Brasiliense, 1947); Alberto Guerreiro Ramos, *Introdução crítica à sociologia brasileira* (Rio de Janeiro: Andes, 1957); Clóvis Moura, *Rebeliões da senzala: Quilombos, insurreições, guerrilhas* [1959] (São Paulo: Anita Garibaldi, 2020).
4 A Constituição de 1967 na íntegra está disponível em: <www.planalto.gov.br/ccivil_03/constituicao/constituicao67.htm>. Acesso em: 20 fev. 2022.

reconhecimento de práticas racistas no texto constitucional elaborado meses antes do Ato Institucional nº 5 (AI-5).

Parecia que, finalmente, o Estado reconhecia que o preconceito "de raça" era parte da sociedade brasileira. Entretanto, quando se fala desse assunto, sempre existe um "mas...". A leitura completa do artigo revela, no parágrafo 8º, que não será "tolerada a propaganda de guerra, de subversão da ordem ou de preconceito de raça ou de classe". Quem imagina que isso se referia às ideologias fascistas e nazistas está muito equivocado. O que não seria tolerado a partir de então era toda e qualquer prática que denunciasse o racismo no Brasil — ou, como registrado nos documentos oficiais, "o racismo do negro".

Temos, mais uma vez, a escolha consciente por manter os privilégios criados pelo racismo. Ao incluir a punição por preconceitos de raça, o governo militar brasileiro acatava medidas internacionais que visavam a diminuição de práticas racistas no mundo. Todavia, esse mesmo Estado também deixava claro que não toleraria que o racismo fosse pauta de movimentos sociais.

O que estava por trás desse parágrafo 8º do artigo 150 era a aposta por continuar propagando o Brasil como uma democracia racial invejável, um país tão bem resolvido com a sua miscigenação trigueira que se sentia à vontade para criminalizar práticas e comportamentos racistas (ainda que não houvesse nenhum tipo de definição do que seria isso). A aposta era alta, mas o terreno era arenoso. Por isso, também não admitia que a ordem racial imposta de maneira "democrática e pacífica" fosse questionada, sobretudo por aqueles que insistiam em ver racismo em tudo. Mais perigoso do que o preconceito de raça era o tal "racismo [do] negro", que nada mais era do que a forma como o Estado brasileiro tinha passado a chamar os movimentos negros do país.

O Brasil oficial vs. o racismo do negro

No dia 13 de maio de 1971, Petrópolis parou. A cidade recebeu as maiores autoridades do país: o presidente Médici (1969-74), acompanhado de sua esposa, d. Scylla, alguns de seus principais ministros e generais, além dos governadores dos estados do Rio de Janeiro e da Guanabara, para uma cerimônia que marcava o traslado dos restos mortais da princesa Isabel e de seu marido, o conde d'Eu, para a catedral de Petrópolis, onde se encontravam os despojos de d. Pedro II e de sua esposa, a imperatriz Teresa Cristina.

A data foi escolhida a dedo. Aquele também era o dia em que se comemoravam 83 anos da abolição da escravatura e da Lei Áurea, assinada pela princesa Isabel — que entrou para os anais da história como "A Redentora". Em nome de todo o governo, o ministro da Educação Jarbas Passarinho fez um discurso inspirado, no qual não só enalteceu a figura da princesa regente e de seu marido, como também sublinhou que, apesar de representar um governo republicano, "o regime político não fraturou a coerência dos tempos e, acima de todas as vicissitudes — que marcam a escalada serena do Brasil —, os homens de hoje se inclinam diante das gerações extintas, para bendizer a mão redentora que despedaçou os ferros da escravidão, o pulso militar que, a serviço do Brasil, manejou a espada vitoriosamente".[5]

Esse episódio, que contou com uma chuva de flores na catedral e foi noticiado nos jornais de maior circulação do país, diz muito sobre o projeto de nação levado a cabo durante a ditadura militar. Em primeiro lugar, nota-se a presença do alto

---

5 "Isabel repousa em Petrópolis". *O Estado de S. Paulo*, 14 maio 1971. Disponível em: <acervo.estadao.com.br/pagina/#!/19710514-29479-nac-0011-999-11-not/tela/fullscreen>. Acesso em: 30 out. 2021.

escalão da República brasileira numa cerimônia que reconhecia e enaltecia a figura da princesa Isabel — a mulher que chegou a representar a esperança do terceiro reinado do Império do Brasil. Em segundo, o discurso oficial foi proferido por ninguém menos que o ministro da Educação. Em terceiro, surpreende a pregação oficiosa de que a história do Brasil — inclusive o golpe de 1889, que resultou na implementação do regime republicano — teria sido uma escalada serena e livre de conflitos. E em quarto e último lugar temos que a abolição da escravidão foi resultado da mão redentora da princesa Isabel, e não fruto das ações do movimento abolicionista.

Temos aqui uma articulação muito bem orquestrada para propagar uma ideia antiga, mas que, não por acaso, ganhou especial relevância na ditadura militar: o Brasil era um país pacífico e sereno, cuja história havia sido escrita por muitos heróis e algumas heroínas, na sua imensa maioria brancos. Essa percepção foi amplamente divulgada nas escolas brasileiras durante o regime. Na verdade, a educação foi uma pasta crucial do governo por ser uma ferramenta necessária para duas dimensões fundamentais: o desenvolvimento econômico e a segurança nacional.

Do ponto de vista econômico, o governo militar apostou no desenvolvimento industrial e tecnológico do país, incentivando e fomentando a formação de parques industriais e, consequentemente, privilegiando a vida nas cidades. Para que esse plano fosse posto em prática, era necessário formar trabalhadores capacitados para as novas indústrias. Todavia, essa formação não poderia colocar em risco a hierarquia de poderes e muito menos a ordem pública. Ou seja, a educação da classe trabalhadora deveria andar de mãos dadas com os preceitos de segurança nacional estabelecidos pelo governo militar.

A capacitação dos cidadãos brasileiros não deveria representar a maior entrada deles nas universidades. Por isso, o ensino médio se tornou um espaço privilegiado de profissionalização para a imensa maioria da população, ao mesmo tempo que o controle da entrada no ensino superior se intensificou com a criação do vestibular, que apenas reforçava o caráter elitista do mundo acadêmico brasileiro.

Para coordenar os diferentes (e hierarquizados) tipos de educação, foi realizada a reforma do ensino em 1971, que visava a formação de cidadãos pouco ou nada críticos, mas preparados para o mercado de trabalho e com senso cívico aflorado. Vale lembrar que essa reforma foi implementada por Jarbas Passarinho, o mesmo ministro que discursou no evento de Petrópolis. Então não surpreende que o ensino geral e o de história, em particular, tenham sido fortemente controlados pelo governo militar.

Esse controle foi exercido de diferentes formas. Em primeiro lugar, foram implementadas políticas deliberadas de precarização da formação de professores, que ficaram especialmente nítidas com a instituição das licenciaturas curtas de terceiro grau. Com esses cursos de um ano e meio de duração, muitos oferecidos por instituições privadas, professores eram formados sem ingressar na universidade. Além disso, as disciplinas de história e geografia foram substituídas por estudos sociais. Ou seja, em dezoito meses quem quisesse lecionar as matérias de ciências humanas, concluiria sua formação e poderia atuar no sistema educacional.

E o que isso tudo tem a ver com o racismo?

Pois bem, a abertura das licenciaturas curtas e a implementação da matéria estudos sociais foram políticas públicas que dificultaram propositadamente a formação de cidadãos críticos, dispostos a questionar a ordem vigente. Conforme mencionado, o governo militar tinha uma atenção especial pelos conteúdos ministrados nas aulas de estudos sociais. A história ensinada nas escolas deveria auxiliar na justificação do sistema vigente, despertando o caráter cívico em professores e alunos, o que tornou a matéria uma sucessão linear de fatos e personagens heroicos, num recorte que privilegiava os acontecimentos políticos e militares escolhidos por aqueles que estavam no poder.[6]

O sistema educacional brasileiro se transformou numa importante máquina de perpetuação de uma visão europeia e branca da história, que insistia em entender o Brasil como uma democracia racial bem-acabada. O "Brasil oficial" criado pelo governo militar era um país cuja história continuava naturalizando a experiência da população branca como universal, ao mesmo tempo que silenciava trajetórias de negros, indígenas e mestiços — isso sem contar de sociedades não brancas ao redor do mundo.

Como propagandeado nos governos de Getúlio Vargas e de Juscelino Kubitschek, havia a persistência em acreditar na ideia de que o Brasil era o país do futuro. As condições naturais, as dimensões territoriais e a localização estratégica no Cone Sul pareciam ser argumentos suficientes para apostar nisso como vocação nacional. Assim, era preciso fazer os investimentos necessários e garantir as circunstâncias ideais para que "ordem e progresso" não fosse apenas um lema.

O alinhamento do país ao bloco capitalista durante a Guerra Fria era uma das premissas do regime militar, que, como outras ditaduras instauradas na América Latina, contou com forte apoio dos Estados Unidos. Tal alinhamento representava não só a adoção de dinâmicas e práticas sociais e econômicas do capitalismo, como também a luta contra o arqui-inimigo: o comunismo. Assim, a doutrina de segurança nacional tinha por objetivo garantir que o desenvolvimento do país não sofresse interferências de antagonistas internos e externos. A função

6 Sobre o ensino de história durante a ditadura militar, ver: Marilena Chaui, "A reforma do ensino de história". *Discurso*, São Paulo, FFLCH-USP, n. 8, 1978; Selva Guimarães Fonseca, *Caminhos da história ensinada* (São Paulo: Papirus, 1993); Luiz Fernando Cerri (Org.), *O ensino de história na ditadura militar* (Curitiba: Aos Quatro Ventos, 2003).

do governo era preservar a ordem, nem que para isso fosse necessário utilizar forças policiais e militares no combate a todo tipo de subversão, numa política na qual os fins justificavam os meios — que podiam incluir a supressão dos direitos humanos e do próprio direito à vida.

O comunismo não era o único inimigo do regime militar. O Estado nacional brasileiro passou a encarar o racismo como uma invenção da esquerda, o que fazia da luta antirracista uma forma de subversão da ordem.[7] É preciso lembrar que uma das premissas ideológicas da ditadura era a crença de que o Brasil seria quase um modelo a ser seguido quando o assunto era relações raciais. De certo modo, foram feitos esforços para afirmar o compromisso do regime na luta contra a discriminação racial, o que pode ser visto no artigo 150 da Constituição de 1967 e parece ter sido ratificado nos compromissos firmados pelo governo com a comunidade internacional nos dois anos subsequentes, sendo o mais importante a Convenção Internacional sobre a Eliminação de Todas as Formas de

---

7 Como já mencionado, estudos que analisam a ditadura militar através da questão racial são relativamente recentes na historiografia e quase todos propõem análises verticais de localidades específicas do país. Ver: Karin Sant'Anna Kössling, *As lutas antirracistas de afro-descendentes sob a vigilância do DEOPS/SP (1964-1983)*. São Paulo, USP, 2007, dissertação de mestrado; Marize Conceição de Jesus, *O legado da militância negra pós-64 para a democratização das relações étnico-raciais*. Rio de Janeiro, UFRJ, 2015, dissertação de mestrado; Thula Rafaela de Oliveira Pires, Colorindo memórias: Ditadura militar e racismo. In.: *Comissão da Verdade do Rio, Relatório*. Rio de Janeiro, CEV-Rio, 2015, pp. 127-137; Id., "Estruturas intocadas: Racismo e ditadura no Rio de Janeiro". *Revista Direito e Práxis*, Rio de Janeiro, v. 9, n. 2, pp. 1054-79, 2018; Greice Adriana Neves Macedo, *O Grupo Palmares (1971-1978) e suas estratégias de enfrentamento ao racismo da ditadura de segurança nacional brasileira*. Porto Alegre, UFRGS, 2020, dissertação de mestrado; Antonio Sérgio Guimarães, "Ação afirmativa, um balão de ensaio em 1968". In: Id., *Modernidades negras*, op. cit., pp. 193-224.

Discriminação Racial, assinado na Organização das Nações Unidas (ONU), em 1969.

Aparentemente, o "Brasil oficial" não era apenas um país sem racismo, mas também um cujas autoridades do alto escalão se colocavam abertamente contrárias ao preconceito racial. Essa postura parecia funcionar bem até a página dois. Um olhar mais atento permite notar que o racismo era uma questão tensa para o regime militar, o que pode ser atestado, por exemplo, quando o Itamaraty, ainda em 1964, promoveu o Seminário Internacional sobre Cultura Africana, no Rio de Janeiro. O evento não contou com a participação de nenhuma entidade e nenhum intelectual negros. Essa não foi a única vez que o Ministério das Relações Exteriores tentou definir, ao menos internamente, como deveria acontecer o debate sobre questões raciais. Ao assinar a convenção com a ONU em 1969, o Itamaraty decidiu manter sigilo sobre as restrições que constavam nos termos do documento.

Era necessário, a todo custo, evitar que "o problema do negro" minasse o bem-acabado mito da democracia racial brasileira.[8] Não por acaso, durante o mandato do presidente Médici — o período mais violento do regime militar —, jornais de pequeno e grande porte foram proibidos de publicar matérias sobre índios, esquadrão da morte, movimento negro e guerrilha. Era como se essas questões não existissem no "Brasil oficial".

Mas havia uma parcela da população, majoritariamente negra e indígena, que insistia em apontar e denunciar o racismo que ordenava as relações sociais, econômicas e políticas do país, desconstruindo por dentro a falaciosa ideia de harmonia

---

8 Sobre a defesa do mito da democracia racial no período, ver: Carlos Fico, *Reinventando o Otimismo: Ditadura, propaganda e Imaginário Social no Brasil* (Rio de Janeiro: Editora FGV, 1997).

racial. Num regime autoritário e violento, essas pessoas deveriam ser silenciadas.

As ações para tratar do que a própria ditadura intitulou "o problema do negro" tiveram três direções distintas. A primeira foi a já mencionada reforma escolar, que pregava um ensino acrítico e retirava de livros e guias didáticos a agência da população negra e indígena. As outras duas estavam alicerçadas nos serviços de espionagem, que monitoravam movimentos e associações negras, e na atuação dos órgãos de repressão contra a população negra.

Os serviços de espionagem e monitoramento implementados pelo regime militar estavam diretamente ligados ao papel central que a Escola Superior de Guerra (ESG) passou a desempenhar durante a ditadura. Fundada em 1948, inspirada nos *war colleges* dos Estados Unidos, a ESG é um instituto de altos estudos de política, defesa e estratégia subordinado à Presidência da República, cuja função é proporcionar uma formação acadêmica para as elites militares e civis no que diz respeito ao desenvolvimento e à segurança.

A forte influência norte-americana exercida (historicamente) na Escola Superior de Guerra ajuda a compreender por que o "racismo do negro" se tornou uma questão para a entidade. Embora as autoridades brasileiras se valessem do mito da democracia racial — que, em certa medida, afastava a realidade do país das políticas de segregação e apartheid experimentadas nos Estados Unidos e na África do Sul —, o monitoramento de entidades negras já era praticado desde o Estado Novo. No entanto, no contexto de transformação social e cultural que marca a década de 1960, os movimentos negros passaram a ser vistos como ainda mais subversivos, haja vista o exemplo dos Panteras Negras nos Estados Unidos ou a adoção do comunismo por muitas das recém-criadas nações africanas.

Respaldada por parte significativa da burguesia brasileira, a ESG foi um órgão fundamental para a legitimação teórica do Brasil como um país pacífico, multiétnico, no qual a miscigenação teria permitido zonas de confraternização entre as raças e culturas de forma democrática. Tais pressupostos faziam parte dos manuais elaborados pela instituição, que reforçavam certa boçalidade e passividade da população negra, ao mesmo tempo que negava qualquer tipo de desigualdade social entre brancos e negros.

Mas essas foram ações "preventivas" da Escola Superior de Guerra. Ao adotar a doutrina de segurança nacional, a ESG reforçava o alinhamento do Brasil com os Estados Unidos, deixando evidente que a luta antirracista seria tratada como uma afronta à ordem, um crime previsto pela Lei de Segurança Nacional.

Nos últimos anos, graças ao importante trabalho promovido pela Comissão Nacional da Verdade, instituída em 2012, parte da repressão feita pelo regime militar às lutas negras tem sido revelada. No âmbito internacional, a rede de espionagem formada pelo Centro de Informações do Exterior (Ciex) e pela Divisão de Segurança e Informações (DSI) do Itamaraty vigiava as ações e as redes construídas com expoentes estrangeiros da luta antirracista por lideranças negras brasileiras. Internamente, o Serviço Nacional de Informação (SNI) foi peça fundamental na espionagem de entidades negras entre as décadas de 1960 e 1980. Um relatório de mais de quatrocentas laudas entregue ao órgão demonstra a atenção dada a movimentos e associações de vários lugares do país que trouxeram à tona o debate racial, bem como o acompanhamento de parte das articulações que criaram o Movimento Negro Unificado (MNU), em 1978.

Os infiltrados tentavam participar das reuniões de entidades negras e monitorar os jornais criados, que, assim como a imprensa negra do início do século XX, haviam se tornado instrumentos importantes na divulgação do debate racial. No Rio de Janeiro, os bailes black — que ficaram famosos sobretudo na década de 1970, sendo frequentados por milhares de pessoas — também passaram a ser vigiados pelos órgãos de repressão.[9] Além do medo da penetração de ideais externos subversivos, como os propagados pelos Panteras Negras, havia a compreensão por parte das autoridades de que movimentos que reforçassem positivamente a negritude e a ancestralidade africana estariam promovendo uma espécie de guerra psicológica, ameaçando assim a segurança nacional.

Em um país no qual a experiência republicana havia sido erguida sobre ideais eugenistas, a simples afirmação de que o "negro é lindo" era um ato político que não poderia ficar impune. Junto com a espionagem e a vigilância de uma série de movimentos, organizações, jornais, clubes recreativos e associações criados pela população negra brasileira, o regime militar também fez uso recorrente das forças policiais para tentar garantir que a "negrada" ficasse quieta, em seu lugar. Algumas lideranças chegaram a ser sequestradas pelos órgãos de repressão, que também inviabilizaram encontros promovidos por entidades que estavam discutindo a questão racial no país.

A ideologia da vadiagem continuou sendo um argumento utilizado pela polícia para realizar uma série de prisões arbitrárias da população negra, apontando que o Estado ainda se valia de uma perspectiva próxima à eugenia para guiar suas ações. Homens negros eram vistos como criminosos em potencial, situação que era agravada se fossem pobres, e que poderia representar dias ou semanas na cadeia se estivessem sem os documentos.

---

9 Sobre Bailes black e repressão na ditadura militar, ver: Carlos Eduardo de Freitas Lima, *Sou Negro e tenho orgulho: Política, identidade e música negra no black Rio (1960-1980)* (Niterói, UFF, 2017, dissertação de mestrado); Lucas Pedretti, *Dançando na mira da ditadura: Bailes soul e violência contra a população negra nos anos 1970* (Rio de Janeiro: Arquivo Nacional, 2022).

Em determinadas ocasiões, junto com as prisões arbitrárias, quem tivesse um penteado black power, símbolo máximo dos movimentos de luta e afirmação identitária negra na época, tinha o cabelo raspado pelos policiais. O recado estava dado.

Nos grandes centros urbanos, documentos produzidos pelos órgãos estatais em 1971 demonstram que blitze e batidas policiais eram uma política pública do regime militar nas principais favelas do país. Para garantir a ordem num espaço habitado sobretudo por negros pobres, era sugerido de três a quatro batidas semanais, seguindo uma lógica de vigiar e punir. A interseção entre pobreza e negritude tornava essa parcela da população ainda mais vulnerável para os grupos de extermínio que passaram a atuar de forma sistemática em algumas regiões do país, como na Baixada Fluminense.[10]

Embora isso já tenha sido pontuado por diversos estudos, é fundamental sublinhar que a ditadura militar foi um período de institucionalização da violação dos direitos humanos no Brasil. A justificativa oficial era a famigerada segurança nacional. Para garantir a ordem e a boa governança, foi montado um aparelhamento do Estado que visava promover uma democracia autoritária, que chegou a querer intervir em aspectos privados da vida dos cidadãos brasileiros, como nos lembra a repressão violenta e moral exercida pelo governo contra a população LGBT.[11] O comunismo era o grande inimigo, mas ele não andava sozinho.

---

10 A formação dos grupos de extermínio que atuaram durante o período militar e a ação de paramilitares na Baixada Fluminense podem ser compreendidas de forma mais aprofundada no trabalho de José Cláudio Souza Alves, *Dos barões ao extermínio: Uma história da violência na Baixada Fluminense* (Duque de Caxias: APPH-Clio, 2003). 11 Renan Quinalha, *Contra a moral e os bons costumes: A ditadura e a repressão à comunidade LGBT*. São Paulo: Companhia das Letras, 2021.

A ideia de ordem propagada partia do pressuposto da harmonia racial à brasileira: uma harmonia na qual a população branca não só ocupava os espaços de poder e prestígio, como também definia o que era "normal", o que era bonito, o que era civilizado e o que era o Brasil. Toda e qualquer ação que maculasse essa falaciosa ideia — que, a bem da verdade, vinha sendo gestada havia décadas pelas classes dominantes — era enquadrada como subversão. Questionar a ordem racial vigente era rebeldia. Afirmar que o negro é lindo e usar o cabelo crespo era rebeldia. Positivar as heranças africanas era rebeldia. Ser indígena e reivindicar o direito de manter dinâmicas e tradições ancestrais não era apenas rebeldia, mas também atraso.

Ainda que as violências e discriminações experimentadas pelas populações indígenas tenham sua história própria, com uma série de particulares, é inevitável atrelá-las à base racista que sustentou os projetos de Brasil levados a cabo pelas elites oligárquicas do país. Durante a ditadura militar, as populações indígenas sofreram uma série de violências, muitas delas justificadas pela aposta no progresso desenvolvimentista do regime. A construção da Transamazônica, rodovia que atravessaria o país e fazia parte do Programa de Integração Nacional (PIN), alterou a vida de dezenas de sociedades indígenas, muitas das quais ainda viviam de forma isolada. A construção de hidrelétricas na região Norte do país também representou a remoção de centenas de aldeias, causando a morte indireta de milhares de indígenas. Além disso, o Estado tomou diversas terras indígenas.

A lógica era vigiar e punir todos que ousassem sair dos espaços sociais que lhes cabiam, sobretudo aqueles que eram considerados selvagens e incivilizados. Junto com o desprezo institucionalizado pelas formas de vida das populações indígenas, o regime militar também criou prisões específicas para esse grupo, como o Reformatório Agrícola Indígena Krenak e a Fazenda Guarani, realizou encarceramentos clandestinos e tortura e criou milícias, que atuavam sob a tutela de órgãos públicos federais para garantir a "aculturação" indígena, ou seja, transformá-los em mão de obra barata.[12]

O grau de violência empregada contra as populações negra e indígena também nos dá a medida das lutas que elas travaram para a construção de um outro Brasil, muitas delas abertas e declaradas. A organização do Movimento Negro Unificado, em 1978, é um dos tantos exemplos do que se convencionou chamar de "renascimento do movimento negro", que tinha pautas abertamente antirracistas e, não por acaso, foi vigiado por espiões do regime militar. Em outras situações, essas lutas eram travadas através da música e da dança, fazendo de bailes black, blocos de afoxé e festividades religiosas um microcosmos de uma nação que, havia séculos, tinha na cultura uma forma de fazer política.

Para os governantes, o Brasil continuava sendo um extenso e caudaloso rio branco, cujos afluentes negro e indígena não podiam transbordar. Mas eles transbordavam.

---

12 O já mencionado trabalho feito pela Comissão Nacional da Verdade tem desnudado violências cometidas pelo regime militar, inclusive contra as populações indígenas. Sobre a relação da ditadura com as populações indígenas, ver: Rubens Valente, *Os fuzis e as flechas: A história de sangue e resistência indígena na ditadura militar* (São Paulo: Companhia das Letras, 2017). Para ler os relatórios da comissão, ver: <memoriasdaditadura.org.br/indigenas/> e <comissaodaverdade.al.sp.gov.br/relatorio/tomo-i/parte-ii-cap2.html>.

12.
A carne mais barata do mercado é a carne negra

"Nós vamos marchar até onde o racismo do Exército permitir, mas nós vamos nessa direção. E fomos, fomos até certo ponto."

Essa passagem é do testemunho que Januário Garcia, presidente do Instituto de Pesquisas das Culturas Negras (IPCN) na década de 1980, concedeu à Comissão da Verdade, em 2015.[1] Januário Garcia foi um importante líder do movimento negro. Um homem que teve papel central não só na militância negra, mas na preservação da memória dessa militância.

A frase teria sido proferida durante a Marcha contra a Farsa da Abolição, realizada em 13 de maio de 1988, no centro do Rio de Janeiro, a um coronel do Exército que queria alterar o percurso dessa que foi uma das ações mais emblemáticas do movimento negro. O protesto havia sido organizado e protagonizado por diversas entidades negras com o objetivo de denunciar, no centenário da abolição, a falta de inserção equânime da população negra no Brasil livre e republicano.

Mais de 5 mil pessoas participaram do ato no Rio de Janeiro, enquanto essa mesma data, em outras cidades do país, foi marcada por protestos de negros e negras que não aceitavam a visão de que a Lei Áurea havia sido protagonizada exclusivamente

---

[1] Os testemunhos de Januário Garcia e outras lideranças do movimento negro no contexto da ditadura militar foram analisados em Thula Rafaela de Oliveira Pires, "Estruturas intocadas: Racismo e ditadura no Rio de Janeiro". *Revista Direito e Práxis*, Rio de Janeiro, v. 9, n. 2, pp. 1054-79, 2018.

pelas classes dominantes do país. Esses protestos também marcavam uma disputa significativa para o movimento negro: reconhecer o dia 20 de novembro — data da morte de Zumbi dos Palmares —, e não o 13 de maio, como o Dia Nacional da Consciência Negra.

O Exército brasileiro sempre havia estado atento às ações das entidades negras, sobretudo a partir de 1964. Em maio de 1988, a situação política do país era bem diferente da de duas décadas anteriores. A abertura democrática andava a passos largos, e a Assembleia Constituinte já estava instaurada, definindo qual seria a nova carta magna brasileira. Era questão de tempo para as eleições diretas se transformarem em realidade. Mesmo assim, o Exército tentava definir os rumos da marcha naquele Treze de Maio.

De acordo com os organizadores, a ideia era que o ato começasse na Candelária e seguisse até o monumento de Zumbi, andando numa linha reta pela avenida Presidente Vargas e passando em frente ao Pantheon de Caxias. Temerosos do que pudesse ser feito contra o monumento de seu patrono, o Exército tentou alterar o percurso, propondo que ela saísse da Candelária, seguisse para a Cinelândia e daí para a avenida Rio Branco. Januário Garcia e outros líderes não aceitaram. A direção foi mantida, e a marcha caminhou "até onde o racismo do Exército permitiu". Pouco antes de chegar ao Pantheon de Caxias, havia uma barreira composta de soldados, policiais e viaturas. O recado estava dado.

A impossibilidade de uma marcha negra passar pela estátua do patrono do Exército é profundamente simbólica, não só para o Brasil de maio de 1988, mas também para o do século XXI, que ainda defende monumentos em homenagem a personagens sabidamente defensores da escravidão, do extermínio e da exclusão da população não branca do país. E aqui não é nenhum anacronismo. O que está em jogo não são as suas biografias, que muitos tentam defender como "homens do seu tempo", mas um país que escolhe construir sua memória coletiva a partir deles, uma predileção que perpetua o passado por meio de figuras que materializam as recorrentes escolhas pelo racismo. É como se, ainda que silencioso, o racismo fosse o único caminho possível, mesmo num país republicano e democrático.

No dia 5 de outubro de 1988, às 15h50, o deputado federal Ulysses Guimarães, presidente da Assembleia Constituinte, instaurada entre fevereiro de 1987 e setembro de 1988, promulgava a nova Constituição Federal brasileira, que até hoje rege o país. Na manhã seguinte, jornais de todo o Brasil noticiavam o fato como o marco de um novo tempo na nossa história. No Rio de Janeiro, o *Jornal do Brasil* estampou na sua primeira página a manchete: "Ulysses proclama Carta com 'ódio e nojo' à ditadura", enquanto *O Globo* foi mais comedido, dizendo "Promulgada a nova Constituição". Já o *Diário do Pará* colocou em letras garrafais: "Constituição. Agora, é só praticar"; a *Folha de S.Paulo* trazia, num tom irônico: "Ulysses faz sua a festa da promulgação"; e o *Correio de Notícias*, do Paraná, anunciava "A 8ª República".

De forma geral, havia um sentimento de comemoração generalizado. Boa parte das manchetes foi acompanhada de fotografias de Ulysses Guimarães e do então presidente da República, José Sarney, jurando a nova Constituição. Descrições de aplausos, festejos e discursos emocionados também ocuparam a primeira página dos periódicos, dando ares de graça ao documento que selava uma nova era na história brasileira. E não era para menos. A Constituição Federal de 1988 colocava um ponto-final na ditadura militar e subscrevia o compromisso do Brasil com a democracia.

Ainda que Ulysses Guimarães tenha recebido todos os holofotes no episódio, a Constituição de 1988 foi um trabalho feito a muitas mãos. Entre deputados federais e senadores, 559 políticos participaram dos debates. Boa parte havia sido eleita de forma direta, nas eleições gerais de 1986, e muitos eram membros dos partidos políticos do centro democrático, também conhecido como "Centrão". Além dos parlamentares, a elaboração da Constituição contou com a participação de direções sindicais e patronais, representantes da sociedade civil, entidades religiosas e lideranças de diferentes movimentos sociais.

O resultado foi um documento balizado pela ampliação dos direitos e das garantias individuais. Não por acaso, os primeiros artigos versam sobre "direitos sociais", sinalizando para a construção de um Estado de bem-estar social — o que equivale a dizer, mais presente na economia e nas ações sociais do país. Nesse sentido, políticas públicas de peso foram desenhadas, como o Sistema Único de Saúde (SUS), a Previdência Social, a função social da terra e as diretrizes da educação pública. A participação da sociedade civil se fez valer em diversas frentes, como na unificação nacional do salário mínimo, na ampliação da CLT e no reconhecimento de terras quilombolas e indígenas, para citar alguns exemplos. Assim, não é de estranhar que tenha ficado conhecida como "Constituição cidadã".

Mas essa só é parte da história. Entre os 559 parlamentares que fizeram parte da Assembleia Constituinte, apenas 26 eram mulheres (nenhuma senadora) e onze eram negros, o que nem de longe representava a população brasileira, embora fizesse todo sentido na longa história da vida política do país. Apesar dos importantes avanços feitos, a nossa Constituição cidadã chancelou a lógica racista e machista que ordenava (e ainda ordena) o Brasil.

A pouca representatividade racial e de gênero entre os congressistas poderia ter sido reparada pela ampla participação da sociedade civil e dos movimentos sociais. Quem estuda o processo da Assembleia Constituinte defende que uma parcela significativa dos avanços no reconhecimento dos direitos dos cidadãos brasileiros só foi possível graças à pressão e à ação desses setores sociais. Entretanto, no racismo brasileiro, até mesmo o progresso tem limites.

Um aspecto que nos ajuda a compreender essa limitação, ao mesmo tempo que corrobora muito do que vimos da experiência republicana no Brasil, é a restrição consciente à temática racial. Fazendo jus à lógica da supremacia branca que embasa o funcionamento do racismo, a Assembleia Nacional Constituinte determinou que as questões raciais fossem debatidas exclusivamente na Subcomissão dos Negros, Populações Indígenas, Pessoas Deficientes e Minorias. O racismo continuava sendo um problema "dos outros", dos "não brancos", que teriam parte de seus direitos reconhecidos, contanto que a lógica estrutural do racismo continuasse dando as cartas do jogo.

A postura da Assembleia em reconhecer a questão racial no Brasil sem lhe dar a centralidade merecida pode ser observada em situações bastante exemplares, como a não criminalização do preconceito e da discriminação racial. Na ocasião, a justificativa era de que a proposta esbarrava na dimensão subjetiva do comportamento social, ou seja, o racismo seria passível de interpretações — uma argumentação ainda amplamente utilizada. Outro exemplo é a ausência de conteúdos relacionados a questões negras, africanas e indígenas na organização dos currículos escolares, que continuaram operando a partir de uma perspectiva abertamente eurocêntrica. Por fim, vale mencionar a retirada do trecho sobre os direitos dos indígenas, que estabelecia o direito à posse de terras tradicionalmente ocupadas.[2]

---

2 Importante análise sobre a Constituinte de 1988 e as questões raciais pode ser encontrada em Nilma Lino Gomes e Tatiane Consentino Rodrigues, "Resistência democrática: A questão racial e a Constituição Federal de 1988". *Educação & Sociedade*, Campinas, v. 39, n. 145, pp. 928-45, out.-dez. 2018.

Como era de esperar, os movimentos sociais não se deram por vencidos, nem mesmo diante de uma Constituição sabidamente progressista. Não só porque esses movimentos estavam organizados havia décadas e tinham uma agenda política consolidada, com pautas e reivindicações bem estabelecidas, mas também porque o racismo não dava tréguas. Nunca deu.

Com uma Constituição promulgada no mesmo ano em que se comemorava os cem anos da assinatura da Lei Áurea, uma data abertamente criticada pelo movimento negro, 1988 era a oportunidade ideal para trazer à tona o debate racial. Assim como a Marcha contra a Farsa da Abolição, outros atos marcaram a reexistência negra em diversas cidades, como Rio de Janeiro, São Paulo, Brasília, Salvador e Porto Alegre. Na tentativa de dialogar com esses movimentos, em agosto do mesmo ano o governo federal criou a Fundação Cultural Palmares, uma instituição pública voltada para a promoção e preservação da influência negra na sociedade brasileira. O próprio presidente José Sarney se viu obrigado a fazer um discurso enaltecendo a importância do negro para o país.

As ações não pararam por aí. A sociedade civil negra também iniciou um importante movimento, fundando ONGs e institutos, muitos criados por expoentes do movimento negro, como Geledés e Criola. A ampliação do debate sobre a questão racial no Brasil chegou de forma mais intensa na academia, impactando diretamente a pesquisa e a produção de historiadores e cientistas sociais que revisitaram a história do país, sobretudo o passado escravista, sublinhando as agências de personagens negros que até então haviam sido silenciados pela dita história oficial.

A clareza de que a democracia não se consolidaria sem um amplo enfrentamento do racismo esteve na base de atuação de diversos setores dos movimentos negros. O Congresso Nacional, que já havia testemunhado discursos importantes de

Abdias do Nascimento, também precisou rever sua dificuldade em enquadrar o racismo como crime. A proposta que havia sido negada na Assembleia Constituinte foi aprovada como a Lei nº 7716/1989 e ficou conhecida como Lei Caó, em homenagem a seu autor, Carlos Alberto Oliveira, um dos poucos deputados federais negros. O racismo, que até então era considerado uma contravenção penal, passou a ser tipificado como crime inafiançável, passível de penas mais duras, que podem variar de dois a cinco anos de prisão.

O que se observa no final da década de 1980 é o resultado de longas lutas do movimento negro, cujas reivindicações estavam diretamente ligadas à situação vivida pela população negra do país. As conquistas eram palpáveis. Todavia, ainda não atingiam a maior parcela desse grupo, que continuava sujeito a todos os tipos de discriminação que o racismo pode oferecer. Mais do que isso: essas conquistas estavam longe de transformar as camadas mais profundas do racismo brasileiro.

A década de 1990 teve início trazendo em sua bagagem todos esses avanços. Mas, infelizmente, a compreensão da necessidade de garantir condições equânimes para negros e indígenas ainda era compartilhada por poucos. Não por acaso, as maiores chacinas da década acometeram justamente grupos "não brancos". No dia 2 de outubro de 1992, o Brasil assistiu ao massacre do Carandiru. Em meio a uma rebelião de presos no maior presídio do país, o governador de São Paulo ordenou a entrada da Polícia Militar, numa ação de extermínio que resultou na morte de 111 presos — quase todos homens pretos, "ou quase brancos, quase pretos de tão pobres/ E pobres são podres e todos sabem como se tratam os pretos", como bem colocado por Caetano Veloso e Gilberto Gil na música "Haiti".

Em julho de 1993, mais de sessenta jovens dormiam na praça da igreja da Candelária, no centro do Rio de Janeiro, quando foram acordados por tiros disparados por um grupo paramilitar formado por policiais. Oito deles foram mortos, de novo meninos negros e pobres. Quarenta dias depois, ainda no Rio de Janeiro, 21 moradores da favela de Vigário Geral foram assassinados também por um grupo de extermínio, do qual faziam parte policiais militares. Uma vez mais, as vítimas, em sua maioria, eram pessoas negras.

Ainda em 1993, dezesseis indígenas ianomâmis da comunidade de Haximu, em Roraima, foram chacinados por garimpeiros. Não era a primeira vez, nem seria a última, que o embate entre populações indígenas e extrativistas terminava em tragédia para os primeiros. Uma parcela significativa do Brasil continuava a não entender os indígenas como cidadãos ou até mesmo como gente.

Quatro anos depois do Massacre de Haximu, a barbárie estava estampada na capa dos principais jornais do país. Galdino Jesus dos Santos, de 44 anos, cacique dos Pataxós Hã-hã-Hãe, havia viajado do sul da Bahia para Brasília junto com outras lideranças indígenas para marcar com protestos o Dia do Índio, comemorado todo 19 de abril. Ao tentar retornar para a pensão onde estava hospedado, se perdeu e acabou passando a noite num ponto de ônibus. Pouco antes das seis horas da manhã do dia 20 de abril, um grupo de cinco jovens da classe média alta do Plano Piloto estacionou o carro e decidiu pregar uma peça: com álcool e fósforo, atearam fogo em Galdino, que teve 95% do corpo queimado e não resistiu à "brincadeira" dos rapazes candangos. Não houve confronto, não houve disputa: foi apenas o assassinato covarde de um homem que dormia.

No país que acreditava estar construindo uma República democrática alicerçada na ampliação dos direitos — inclusive dos direitos humanos —, as ações diretas do Estado, de forças paramilitares e de grupos particulares foram lembretes de que isso estava longe de alterar a ordem vigente. E o nome dela já sabemos qual é.

Mesmo horrorizadas, muitas pessoas acreditavam que tais episódios poderiam ser tomados como anedotas da história brasileira, ou então como exceções terríveis de uma sociedade desigual. Mas não podemos esquecer o dito popular: a exceção confirma a regra. Essas chacinas são a ponta do iceberg. O que está submergido é um sistema de poder complexo, no qual as questões de raça e de classe estão intersecionadas, regendo uma sociedade profundamente desigual. Existe uma naturalização da violência brutal empregada contra a população negra e mestiça, como se essas pessoas estivessem "predestinadas" a experimentar os mais variados tipos de violência. Ao mesmo tempo, também observamos uma profunda complacência, quando os autores dessas violências são pessoas brancas, que argumentam não "ter tido a intenção de". Uma ausência de dolo que pode ser aplicada tanto para justificar uma piada racista como para desculpar os autores do espancamento ou o incêndio de homens negros e indígenas.

Não precisamos ir muito longe para comprovar isso. Os desfechos desses crimes considerados hediondos revelam um sistema de justiça que, como a sociedade que julga, foi forjado pela lógica racista. Um caso representativo é o Massacre do Carandiru, em que, num verdadeiro jogo processual, podemos observar uma resistência significativa no reconhecimento de atitudes criminosas por parte do Estado e de seus representantes diretos. Trinta anos após a chacina, graças a uma série de recursos utilizados pelos membros da Justiça brasileira, o caso ainda não chegou ao fim e ninguém respondeu criminalmente pelo crime. Os 74 policiais que participaram da ação já foram condenados, depois absolvidos e, mais recentemente, tiveram sua condenação restabelecida após recursos do Ministério Público de São Paulo, que não aceitou a surpreendente absolvição em 2018. No caso da Chacina da Candelária, três dos nove policiais acusados foram condenados e presos, porém hoje já estão em liberdade.

O caso do assassinato de Galdino dos Santos talvez seja o mais emblemático. Não só pela barbárie cometida pelos cinco rapazes de classe média, mas pela justiça que foi imputada. Na época, o crime causou uma enorme comoção nacional. Até o presidente e parte de seus ministros se pronunciaram, impactados pelo ocorrido. Sem dúvida, a opinião pública foi fundamental no julgamento do caso, que terminou com quatro dos cinco envolvidos, pois um deles era menor de idade, condenados por júri popular a catorze anos de prisão em regime fechado por homicídio triplamente qualificado.

Um desfecho que parecia fazer jus ao ditado "a justiça tarda, mas não falha" e que apontava para uma mudança de perspectiva da justiça punitiva ou que, em alguma medida, demonstrava que o sistema penal brasileiro poderia, de fato, servir como um instrumento de reeducação social. Só que a história não parou por aí. Em 2002, muito antes de completarem dois terços de suas penas, os rapazes do Plano Piloto tiveram liberdade condicional concedida pela Primeira Turma Criminal e puderam não só estudar, como prestar e assumir cargos públicos.

Ao ampliar nossa análise para o funcionamento do sistema de justiça brasileiro, veremos que ele não se constrói acima da sociedade, mas é parte constitutiva dela. E, por essa razão, o sistema de justiça também é forjado pelo racismo.[3] A dificuldade em chegar ao veredito em sentenças de crimes hediondos, ou então a facilidade em atenuar a pena de réus confessos

---

3 Sobre o funcionamento do sistema de justiça brasileiro em meio à ordem racista, vale ressaltar os seguintes trabalhos: Ana Luiza Pinheiro Flauzina, *Corpo negro caído no chão: O sistema penal e o projeto genocida do Estado brasileiro* (Brasília: Brado Negro, 2017); Ana Luiza Pinheiro Flauzina e Thula Rafaela de Oliveira Pires, "Supremo Tribunal Federal e a naturalização da barbárie". *Revista Direito e Práxis*, Rio de Janeiro, v. 11, n. 2, pp. 1211-37, 2020.

por um crime triplamente qualificado, não é uma possibilidade disponível para todos os cidadãos brasileiros. Basta observar a superlotação nos presídios. Uma vez mais, estamos diante de uma exceção que comprova a regra. A liberdade condicional dos assassinos de Galdino dos Santos revela o quão seletivo é nosso sistema de justiça. Uma seletividade que, vale dizer, mostra que a justiça está longe de ser cega: a cor da pele continua sendo um atributo para definir "tipos criminosos" e imputar penas diferenciadas a depender do biotipo do réu em questão.

Basta olhar para estudos mais recentes que analisam a política de encarceramento em massa.[4] Ainda que essa não seja uma realidade exclusiva do Brasil, haja vista a grave situação dos Estados Unidos, o que se observa é que a ação silenciosa e sistêmica do racismo no direito e no sistema de justiça acabou criando uma situação que não só recupera a ideia de que todo negro é um criminoso em potencial, como também inviabiliza qualquer tipo de educação e reinserção da população carcerária, que sofre uma série de privações de direitos que, em tese, estariam garantidos. Isso sem contar o estigma que ex--presidiários carregam, mesmo aqueles que cumpriram pena por contravenções leves.

A situação é complexa e envolve diferentes camadas da relação que se estabelece entre criminalidade, humanidade e raça. Uma boa dose de psicanálise é fundamental para compreender como o passado escravista e a forma como ele é rememorado acabaram criando o que Frantz Fanon chamou de "zona do

---

4 O encarceramento em massa é um tema urgente, e sua correlação com as dinâmicas raciais vem sendo objeto de importantes análises, como as de Michelle Alexander, *A nova segregação: Racismo e encarceramento em massa* (São Paulo: Boitempo, 2018); e de Juliana Borges, *Encarceramento em massa* (São Paulo: Jandaíra, 2019).

não ser".[5] Isso muitas vezes define a subjetividade de homens e mulheres negros, na medida em que sua materialidade não só foge do padrão aceitável, como se constitui como uma espécie de antagonismo desse mesmo padrão. No racismo, não há espaço para a diversidade sem que os corpos nos quais o diverso habita sejam hierarquizados.

Todavia, essa "zona do não ser" não se trata apenas de um possível sentimento ou de uma forma específica de a população negra estar no mundo, mas também — e sobretudo — da maneira como o mundo encara a população negra. E conforme visto até aqui, essa zona tem sua história atrelada à manutenção do racismo como engrenagem social, que insiste em fazer da raça uma categoria normativa, embora a inexistência das raças humanas já tenha sido cientificamente provada desde o início do século XX.

Estar na "zona do não ser" envolve, em última instância, ter sua humanidade posta à prova — numa referência ao passado escravista e à maneira como ele nos foi contado. Assim, a quase impossibilidade de a população negra sair dessa zona é multifacetada na nossa conjuntura mais atual. Dois exemplos demonstram isso muito bem.

O primeiro deles está na luta antimanicomial e como ela revelou que a loucura — ou os comportamentos que foram classificados como tal — também foi atravessada pelo racismo. Apesar de figuras emblemáticas como Juliano Moreira e Nise da Silveira que lutaram para dissociar a loucura da pertença racial, assim como criaram alternativas de tratamento nas

---

5 No início do livro *Pele negra, máscaras brancas*, Frantz Fanon explica o que seria a "zona do não ser". De acordo com ele, essa zona seria um lugar estéril e árido ocupado pelo negro graças ao olhar e à postura imperialista do branco. Um lugar que anula a possibilidade de o negro ser um homem. Dessa forma, a zona do não ser é uma conceituação fundamental na análise desenvolvida por Fanon.

instituições asilares do país, a experiência republicana brasileira foi e continua sendo constituída por uma correlação direta entre loucura e violência.[6] E, por sua vez, essa correlação é definida pela pertença racial dos sujeitos considerados loucos. Isso porque em inúmeras ocasiões as "manifestações de loucura" são subprodutos da lógica racista operando na vida de pessoas negras e pobres.

O alcoolismo, por exemplo, já foi considerado como sintoma de doenças mentais. Algumas manifestações de religiões de matriz africana também foram (e continuam sendo) tidas como inadequadas, incivilizadas e até mesmo insanas. Por isso, não é de espantar que, historicamente, a maior parte dos internos de hospícios e colônias de alienados em todo o Brasil foi e é formada por homens e mulheres negros, que muitas vezes estavam ali exatamente pela cor da sua pele. E, também, não por acaso esses homens e mulheres foram tratados de forma tão desumana, vivendo por décadas em condições tão indignas, que o paralelo dessas instituições com os campos de concentração nazistas é imediato.[7]

O segundo exemplo, já anunciado aqui, consiste na forma como o sistema judiciário brasileiro trata a população negra. No Brasil, os responsáveis pela aplicação das leis e da justiça, com o aval de diferentes setores intelectuais, desenvolveram uma correlação direta entre a população negra e a criminalidade, como se houvesse uma predisposição genética entre "ser negro" e o universo do crime. E como se costuma dizer entre as alas mais conservadoras do país, "bandido bom é bandido morto".

---

6 Ynaê Lopes dos Santos, *Juliano Moreira: Um médico negro na fundação da psiquiatria brasileira*. Niterói: Eduff, 2020.   **7** Uma análise contundente sobre a situação mais recente das instituições asilares do Brasil pode ser vista na obra de Daniela Arbex, *Holocausto brasileiro: Genocídio: 60 mil mortos no maior hospício do Brasil* (Rio de Janeiro: Intrínseca, 2019).

Por isso, a violência policial desmedida e endereçada à população negra se tornou uma política pública que não causa nenhum tipo de comoção efetiva para além dos grupos que têm seus direitos constantemente violados. É na ponta do fuzil que o racismo ganha contornos escandalosamente violentos.[8] Seja com balas perdidas, abordagens equivocadas ou em confrontos diretos, as ações policiais seguem o mesmo pressuposto que enxerga a população negra nessa "zona do não ser". Porém, a polícia não está solta no tempo e no espaço, ela é o braço armado do Estado. Quem ingressa na instituição passa por um treinamento, aprende uma série de procedimentos e práticas, então, não seria exagero dizer que as ações da polícia refletem a maneira como instâncias dos poderes municipal, estadual e federal enxergam a população negra.

No país em que racismo e pobreza caminham de mãos dadas, o assassinato de jovens negros (e pobres) se tornou a norma. Uma situação que ficou ainda mais alarmante em meio à versão recente da "guerra antidrogas", cuja estratégia consiste em prender ou matar traficantes, sem nunca chegar às altas instâncias que organizam e lucram efetivamente com o tráfico. Uma política pública sustentada pelo que o filósofo camaronês Achille Mbembe chamou de *necropolítica*, a política da morte, ou a política de extermínio.[9]

A questão é que as ações das polícias são apenas parte do problema. Conforme exposto, a organização do sistema de justiça do Brasil também se faz a partir do racismo. Além da suposição de culpa no julgamento de pessoas não brancas, a

---

8 Caco Barcellos, *Rota 66: A história da polícia que mata*. Rio de Janeiro: Record, 2003. **9** Um dos expoentes da filosofia contemporânea, Achille Mbembe tem uma série de estudos nos quais examina e denuncia a lógica racista que ordena o Ocidente. Um dos seus trabalhos mais emblemáticos é *Necropolítica* (São Paulo: N-1, 2018).

história do país está repleta de casos nos quais os responsáveis pela aplicação das leis se "equivocaram", aprisionando a pessoa errada — a pessoa negra errada. No Brasil que defende os direitos humanos, que luta pela independência e soberania dos três poderes, que tem uma das maiores praças eleitorais do mundo, o negro já nasce suspeito. E, por ser negro, sua vida vale menos, isso quando vale alguma coisa.

Uma lógica que ultrapassa as ações policiais e ganha espaço nos jornais e nos demais veículos da grande mídia, que não têm nenhum tipo de pudor em classificar como traficante um rapaz negro que foi encontrado portando algum tipo de droga, sendo que se a mesma quantidade de droga for encontrada com um rapaz branco, a manchete provavelmente dirá algo como "rapaz é detido por porte ilegal de droga". E assim, como que de mãos dadas, a polícia, o sistema de justiça e a grande mídia vão formando uma opinião pública que reitera a premissa que todo o negro é um criminoso em potencial e que, de antemão, eles devem ser tratados de forma diferente. Tudo isso justificado pela máxima pérfida de que "não somos racistas".

Geralmente, a questão racial não é mencionada de modo explícito nos julgamentos, ainda que muitas vezes a pertença racial do réu tenha impacto no veredito final. Em alguns casos, sua menção vem acompanhada de uma perspectiva socioeconômica: o réu em questão não é apenas negro, mas negro e pobre. Em casos excepcionais, a sentença externaliza textualmente que a causa do crime está na raça do réu.

É importante pontuar que essas práticas não ficaram perdidas no passado, em um ponto obscuro da nossa história. Elas continuam ditando boa parte das práticas do sistema judiciário brasileiro. Em pleno 2020, uma juíza da 1ª Vara Criminal de Curitiba, no Paraná, citou três vezes a raça do réu ao proferir a sentença que o condenou por assalto. Em determinado momento, ela escreveu que o indivíduo seguramente seria integrante do grupo criminoso "em razão de sua raça".[10]

O sistema judiciário brasileiro é um espaço historicamente ocupado por homens brancos. Sob o manto da justiça que "tarda, mas não falha", a naturalização do racismo opera com pouco ou nenhum questionamento, fazendo com que tenhamos exatamente o oposto: uma justiça falha, porque não tarda a enxergar a população negra como criminosa, acelerando sentenças que, em muitos casos, são equivocadas. Mas como é característico desse racismo brasileiro, a concepção racista dos julgamentos se dá por meio do não dito.

Curiosamente, esse mesmo sistema de justiça precisou ser convencido da necessidade da implementação das cotas raciais para o ingresso nas universidades públicas e, mais tarde, para os concursos públicos. Uma questão que gerou muita polêmica, sobretudo porque revelava aquilo que o movimento negro e alguns intelectuais mais atentos (inclusive aos seus privilégios) já sabiam: embora as discriminações de raça e de classe caminhem juntas, elas não são sinônimos. Para manter o exemplo explorado até agora, não existem dúvidas de que um jovem negro e pobre receberá um tratamento significativamente diferente daquele dado a um jovem branco e pobre, seja na abordagem policial, seja numa entrevista de emprego. A diferença se transforma num verdadeiro fosso quando comparamos jovens negros e pobres com jovens brancos e ricos.

Criada em 2012, a Lei de Cotas raciais em instituições do ensino federal — uma pauta de longa data do movimento negro e que contou com argumentações de cunho sociológico e histórico — significou a entrada de milhares de jovens negros

10 Sobre esse caso, ver Cleide Carvalho e Rodrigo Berthone, "Juíza cita raça de réu negro em sentença de condenação no Paraná". *O Globo*, 12 ago. 2020. Disponível em: <oglobo.globo.com/brasil/juiza-cita-raca-de-reu-negro-em-sentenca-de-condenacao-no-parana-24581979>. Acesso em: 20 fev. 2022.

e negras em espaços destinados a promoção e elaboração do conhecimento. Esses estudantes foram, em grande parte, os primeiros de suas famílias a ingressar no ensino superior, rompendo um ciclo de gerações que estiveram alijadas deste que também é um espaço de poder. Uma realidade que causou pânico para as áreas mais conservadoras do país e que também foi responsável por uma transformação efetiva nesses espaços. Não só porque as universidades públicas se tornaram mais plurais, mas também porque se tornou urgente a formulação de novas perguntas para compreender e analisar o mundo. Perguntas feitas por pessoas que, até então, não deveriam estar nas universidades. E que, por isso mesmo, foram atrás de novos referenciais teóricos, novas metodologias, outras formas de construir o conhecimento.

A implementação dessas políticas de ação afirmativa esteve ligada com o momento bem recente da história brasileira, no qual a instância máxima do poder Executivo, o presidente, finalmente reconheceu a existência do racismo no Brasil. Tal reconhecimento ocorreu como consequência das ações seculares de diferentes entidades negras brasileiras, bem como por meio de um debate internacional sobre racismo. No raiar do século XXI, entre agosto e setembro de 2001, 173 países se encontraram em Durban, na África do Sul, para realizar a Conferência Mundial contra o Racismo, Discriminação Racial, Xenofobia e Intolerância Correlata. Ali, uma série de ações foi desenhada, efetivando a longeva luta da população negra por equidade racial.

O racismo não dito está entranhado em outras instituições brasileiras, públicas e privadas. Mesmo com a aprovação das leis federais 10 639 e 11 645 — que obrigam o ensino de história e cultura africanas, afrodescendentes e indígenas —, as escolas continuam sendo espaços de perpetuação e reorganização do racismo. As experiências são múltiplas, e podem passar tanto pela ausência de histórias e pessoas negras nos livros escolares como pela atuação de professores, educadores e estudantes que naturalizam as discriminações raciais. Infelizmente, para a grande maioria dos estudantes negros e negras, a escola (pública ou privada) é o primeiro espaço social no qual eles precisam lidar abertamente com o racismo e com os racistas. Empresas privadas se organizam e funcionam dentro da lógica racista, geralmente escamoteada pela falácia da meritocracia. A esmagadora maioria de presidências e demais postos do alto escalão dessas instituições é formada por homens brancos. Essa falta de representatividade negra em espaços de poder e privilégio se mantém no Congresso Nacional, nas universidades, nos veículos de mídia.

A impossibilidade de pensar em pessoas negras acessando espaços de privilégio é tamanha que nem mesmo na ficção isso parece possível. Basta um sobrevoo pelas telenovelas brasileiras, tão populares, para verificar como elas insistem em apresentar um Brasil branco, no qual negros e indígenas sabem bem o seu lugar.[11] Ou então uma análise rápida da maior parte das propagandas e peças publicitárias veiculadas nos grandes canais de comunicação, nas quais homens e mulheres negros geralmente não são idealizados como consumidores em potencial e, portanto, deixam de existir. Como se pessoas negras não comessem margarina, não dirigissem carros, não comprassem xampu, sabonete e pasta de dente.

Esse racismo brasileiro aparece nos salários mais baixos para negros e negras, mesmo entre quem ascendeu socialmente; na destruição e demonização dos terreiros de candomblé; na naturalidade com a qual a morte de crianças e jovens negros é tratada

---

11 Para aprofundar essa questão, vale a pena assistir ao filme *A negação do Brasil*, dirigido por Joel Zito Araújo em 2000. Também é fundamental a leitura de Adilson Moreira, *Racismo recreativo* (São Paulo: Jandaíra, 2019).

pelos mais importantes veículos de mídia do país; nas mortes decorrentes dos "desastres naturais", que foram bem delimitados pelo químico e ativista negro Benjamin Franklin Chavis Jr. como manifestações do racismo ambiental. Assim, podemos afirmar que pobreza tem cor, salários mais baixos têm cor, presídios têm cor, intolerância religiosa tem cor, as mortes em região de mineração têm cor. E mesmo quando essa bolha consegue ser furada, a engrenagem do racismo vai lá e dá o troco.

Quem mandou matar Marielle Franco? Essa é uma pergunta que não quer calar desde 14 de março de 2018. Uma pergunta cuja resposta parece estar na ponta da língua.

A vereadora negra, bissexual, que nasceu numa favela carioca e que fez da sua vida e da sua história a plataforma para uma política mais inclusiva e antirracista foi covardemente assassinada. E, infelizmente, ela não foi a primeira, nem será a última. É com bala que o Brasil trata as lideranças dos movimentos sociais. As mesmas balas que ele direciona para negros e negras.

No Brasil, em todos os sentidos, a carne mais barata do mercado continua sendo a carne negra.

A constatação a que chegamos é que, nessa democracia inconclusa em que vivemos, o racismo está em todo o lugar, definindo não só os graus de violência que acometem a vida da população negra e indígena, mas sustentando a normalidade com a qual a encaramos

Não por acaso, todas as vezes que ações mais contundentes são feitas para desestruturar essa lógica racista, a normalidade grita e esperneia. Foi assim com a adoção das cotas raciais nas universidades e nos concursos públicos. A indignação também marcou o debate sobre a Proposta de Emenda à Constituição (PEC) das domésticas, uma lei que finalmente regulamentava esse serviço que era, e ainda é, majoritariamente executado por mulheres negras. As mesmas mulheres que são consideradas como sendo "da família" de seus patrões, mas que recebem menos anestesia nos hospitais, que precisam ensinar seus filhos a nunca sair sem documento e os enterram sem grande comoção de seus chefes. Para uma parcela significativa dos brasileiros, essas mulheres não deveriam receber 13º salário, férias e muito menos aposentadoria. Seus filhos e suas filhas não deveriam entrar nas melhores universidades. São mulheres cujas existências são marcadas pelas mais variadas formas de violência.[12]

Nesse racismo em que vivemos, nós, negros, não merecemos quase nada. Mas há mudança, há embate e há luta. Por enquanto, essa luta também tem cor: ela é negra. Está mais do que na hora de questionarmos os privilégios criados pela supremacia branca exigindo a responsabilização daqueles que usufruem das benesses da estrutura racista.[13] Porque o racismo não é apenas "um problema do negro". O racismo é um problema de todos.

---

12 Para a compreensão das violências que acometem a vida das mulheres negras, é fundamental acessar o conceito de interseccionalidade organizado pela jurista negra e estadunidense Kimberlé Crenshaw. A interseccionalidade se apresenta mais como uma ferramenta de análise social, que permite compreender as especificidades do universo feminino, atravessado pelas questões de raça, classe e gênero. Sobre esse tema, sugiro as seguintes leituras: Patricia Hill Collins e Sirma Bilge, *Interseccionalidade* (São Paulo: Boitempo, 2021);. Carla Akotirene, *Interseccionalidade* (São Paulo: Jandaíra, 2019); Djamila Ribeiro. *Quem tem medo do feminismo negro?* (São Paulo: Companhia das Letras, 2018); Tamis Porfírio, *A cor das empregadas: A invisibilidade racial no debate do trabalho doméstico remunerado* (Belo Horizonte: Letramento, 2021).

13 Importante pontuar que há um número significativo de trabalhos que tem delineado e discutido a supremacia branca, ou a branquitude. Sobre o caso brasileiro, destaco aqui: Cida Bento, *O Pacto da branquitude* (São Paulo: Companhia das Letras, 2022); Livia Vainer, *Entre o encardido, o branco e o branquíssimo: Branquitude, hierarquia e poder na cidade de São Paulo* (São Paulo: Veneta, 2020); Tainá Muller e Lourenço Cardoso (Orgs), *Branquitude: Estudos sobre a identidade branca no Brasil* (Curitiba: Appris, 2017). Sobre os Estados Unidos indico a leitura de Robin de Angelo, *Não basta não ser racista: Sejamos antirracistas* (São Paulo: Faro, 2020). Eduardo Bonilla-Silva, *Racismo sem racistas: O racismo da cegueira de cor e a perspectiva da desigualdade na América* (São Paulo: Perspectiva, 2020).

Epílogo
"Volte, pegue e aprenda a escutar"

Pra que amanhã não seja só um ontem com um novo nome.

Emicida, "AmarElo"

Este livro foi elaborado, escrito e publicado em meio a uma pandemia. Um momento crítico e um tanto desesperador, no qual tivemos que lidar com um inimigo invisível, que ajudou a desnudar o que temos de pior. E quando uso o verbo na primeira pessoa do plural é porque o sujeito somos todos nós, a humanidade. Para muitos analistas de conjuntura, a pandemia da Covid-19 está sendo uma sindemia, ou seja, uma situação na qual um problema de saúde pública é agravado pelas situações sociais e econômicas. No Brasil, é impossível não agregar nossa grave situação política a esse quadro.

Vivemos um tempo de crise. E, justamente por isso, é também um tempo de verdades. Em meio a esses meses pandêmicos, uma das verdades que se desenhou de forma mais gritante foi o racismo e sua dimensão estrutural, uma percepção que há muito faz parte de meus estudos e da minha forma de estar no mundo. Curiosamente, a vontade de escrever este livro aconteceu pouco depois do dia 25 de maio de 2020, ou seja, pouco depois do assassinato de George Floyd, nos Estados Unidos. Foi uma morte avassaladora, cruel e, ao mesmo tempo, muito representativa das questões raciais nos Estados Unidos. Para quem conhece minimamente a história daquele país, infelizmente não há nenhuma novidade nesse assassinato. Sendo assim, para mim, o intrigante dessa situação não foi apenas a devastação do assassinato (filmado em tempo real) de um homem negro por um policial branco, mas a comoção que isso gerou em boa parte da população brasileira, como se a barbárie de Minneapolis não dissesse absolutamente nada sobre nós. É um estranhamento que beira a loucura, porém escancara apenas o racismo.

A dificuldade em enxergar nosso próprio racismo me parecia uma situação quase esquizofrênica, como se o Brasil passasse por um turbilhão de perturbação mental, marcado por alucinações e delírios que o impedissem de se conectar com sua própria história. Uma história que continuava ceifando vidas negras, sem que isso causasse muito alarde.

Basta lembrar que, uma semana antes do assassinato de George Floyd, o menino João Hélio, de catorze anos, morador de uma comunidade em São Gonçalo, morreu em decorrência de uma ação da Polícia Militar. Ele estava em casa, obedecendo aos protocolos de isolamento social impostos pela luta contra a Covid-19, quando sua residência foi invadida por policiais e balas "perdidas". Uma o acertou em cheio, e ele morreu a caminho do hospital. O inquérito permanece em aberto, e ninguém foi responsabilizado. No dia 2 de junho de 2020, a morte do menino Miguel, de cinco anos, em Pernambuco, causou uma dor indizível, porém também absolutamente condizente com a interseção de raça, gênero e classe. Meses depois, no dia 19 de novembro, véspera da data em que se comemora a Consciência Negra no Brasil, João Alberto, de quarenta anos, foi assassinado por dois seguranças brancos do supermercado Carrefour, em Porto Alegre. Assim como Floyd, ele morreu por asfixia, sem conseguir respirar.

Infelizmente, esses são alguns dos exemplos "do racismo nosso de cada dia". Só que há mais, muito mais... Mesmo com a proibição do Supremo Tribunal Federal, a Polícia Militar do Rio de Janeiro manteve sua "guerra antidrogas", com operações que resultaram na morte de seis crianças e uma mulher grávida, isso sem contar a chacina na favela do Jacarezinho que vitimou 28 pessoas (a operação mais letal de toda a história da polícia). Essa mesma instituição demorou meses para desvendar o caso dos três meninos desaparecidos na Baixada Fluminense, ainda por cima apresentando conclusões duvidosas. Não é preciso dizer que os três meninos são negros. É um quadro devastador, não circunscrito ao estado do Rio de Janeiro. Se ampliarmos nosso olhar para outras partes do país, como Salvador, São Paulo, demais centros urbanos e regiões rurais, veremos situações muito similares: as vidas negra e indígena pouco ou nada valem para grande parte dos responsáveis pelo governo deste país, nos mais variados níveis.

Outra verdade que passou a ser construída é a necessidade de mudar a estrutura que permite que situações como as descritas aconteçam. Nesses meses de pandemia, é possível dizer que os debates sobre racismo e luta antirracista ganharam um espaço nunca visto entre os setores mais progressistas. É como se um grande despertar tivesse se iniciado no Brasil, um país que começou a entender (assim espero!) que reconhecer a existência do racismo também significa reconhecer a existência de racistas, sejam instituições ou pessoas.

Segmentos da população brasileira começaram a se perceber como parte dessa estrutura racista: pessoas brancas, que conscientemente ou não usufruem dos privilégios criados pela falsa ideologia da branquitude — um neologismo para falar de supremacia branca —, um lugar que até pouco tempo era profundamente confortável. Porém já não cabem mais desculpas, mesmo porque o pesar ou a absolvição não mudarão nossa realidade. É necessário compreensão e responsabilização.

Para mim, que comecei este livro apresentando-o como um "presente de grego", a constatação de que a história do racismo no Brasil é a própria história do Brasil me remete a outra situação do universo da Grécia antiga: o famoso mito da caixa de Pandora. Para quem não se lembra, esse mito começa com o desejo de Zeus de se vingar de Prometeu, que tivera a ousadia de entregar à humanidade a capacidade de controlar o fogo. Na arquitetura de seu plano, Zeus presenteou Epimeteu, irmão de Prometeu, com a bela Pandora. Junto com a esposa, Epimeteu recebeu uma caixa, que deveria ser guardada num recinto seguro para nunca ser aberta. Acometida por uma imensa curiosidade, Pandora se aproveitou de um momento de descanso do marido para ir ao esconderijo e ver o que estava guardado ali. Ao abri-la, libertou inúmeras doenças e sentimentos pérfidos, que até hoje acompanham a humanidade. Assustada, fechou a caixa, deixando trancada a única coisa boa que ela guardava: a esperança.

Lidar com a dimensão estrutural do racismo e perceber que ela atravessa toda a nossa história, sendo repactuada nos momentos de mudanças políticas expressivas, nos dá certa sensação de apatia, sufocamento e desesperança. Essas sensações fazem todo o sentido diante dos mais de quinhentos anos de violência, discriminação e genocídio ocorridos nesta terra chamada Brasil. Todavia, ainda que fundamental, essa não é a única forma de ver as coisas.

Lutar contra o racismo é também uma forma, ou melhor, uma oportunidade de mudar nosso olhar sobre nossa realidade, nossa forma de ser e estar no mundo, nossas perspectivas. O povo Acã, que vive onde hoje é Gana, desenvolveu uma série de símbolos que representam conceitos ou aforismos, chamados *adinkras*. Entre eles, dois parecem especialmente interessantes para lidar com a paralisia que o racismo parece provocar em qualquer tentativa de destruí-lo. O primeiro, e talvez um dos mais conhecidos, é o *Sankofa*, cujo significado é "volte e pegue", e traz a imagem de um pássaro que volta sua cabeça para trás. Esse símbolo carrega o conceito de que é necessário "retornar ao passado para ressignificar o presente e construir o futuro". O segundo *adinkra* é o *Mate Masie*, um símbolo que se refere a sabedoria, conhecimento e prudência, e deriva da expressão "*mate masie*": "*O que eu ouço eu entendo*".

Se, por um lado, nossa estrutura racista nos faz lidar de forma cotidiana com todas as mazelas que fugiram da caixa de Pandora, o *Sankofa* pode ser a chave necessária para voltar à caixa e pegar a esperança que ficou ali trancada. É um caminho árduo e difícil, que significa encarar o racismo não só como uma verdade, mas também como uma escolha reiterada e constante.

Quando voltamos ao passado, vemos que a história do racismo caminha junto com a da luta contra esse sistema de poder. Nesse momento é fundamental exercitar o *Mate Masie*, ou seja, escutar para aprender. Se há algo positivo em estudar o racismo a partir de uma perspectiva histórica, é entender que essa história é complexa, polifônica e disputada. Se temos mais de quinhentos anos de racismo, temos também o mesmo tempo de combate a ele. Daí a necessidade de afinar nossa escuta para ouvir os outros lados da história, as vozes que existiram em diferentes lugares e tempos, para aprender com elas.

Sendo assim, para quem terminou este livro um tanto desanimado, a boa notícia é que temos centenas de referências de pessoas, trajetórias e situações de luta de negros e indígenas que mostram que neste sistema de poder perverso há e sempre houve resistência.[1] Precisamos aprender com ela.

---

[1] Aponto aqui algumas referências de trabalhos realizados por intelectuais negros brasileiros que analisaram e denunciaram a estrutura racista do Brasil:

O racismo é uma construção social e, portanto, humana. Essa constatação é ao mesmo tempo desoladora e transformadora. Desoladora porque mostra o que a humanidade tem de pior. Transformadora porque coloca a possibilidade de mudança em nossas mãos. É preciso, pois, voltar ao passado para ressignificar o presente e projetar novos futuros, agora com base em outras escolhas, em novas escutas e em outros saberes.

E, nesse movimento, bem típico de uma historiadora, fecho este livro com os versos escritos pela minha primeira e maior referência na luta antirracista, a pessoa que me ensinou que o racismo deve ser enfrentado com a cabeça erguida e os olhos sempre atentos: meu pai.

Sueli Carneiro, *Racismo, sexismo e desigualdade no Brasil* (São Paulo: Selo Negro, 2011); Neusa Santos Souza, *Tornar-se negro: Ou As vicissitudes da identidade do negro brasileiro em ascensão social* (Rio de Janeiro: Zahar, 2021); Iray Carone e Maria Aparecida Silva Bento (Orgs.), *Psicologia social do racismo: Estudos sobre branquitude e branqueamento no Brasil* (Petrópolis: Vozes, 2014); Abdias do Nascimento, *O genocídio do negro brasileiro*, op. cit; Nilma Lino Gomes, *O movimento negro educador: Saberes construídos nas lutas por emancipação* (Petrópolis: Vozes, 2011); Alex Ratts (Orgs.), *Beatriz Nascimento: Uma história feita por mãos negras* (Rio de Janeiro: Zahar, 2021); Jessé Souza, *Como o racismo criou o Brasil* (Rio de Janeiro: Estação Brasil, 2021); Clóvis Moura, *Rebeliões da senzala*, op. cit.; Alberto Guerreiro Ramos, *Introdução crítica à sociologia brasileira*, op. cit.; Martiniano José da Silva, *Racismo à brasileira: Raízes históricas* (São Paulo: Anita Garibaldi, 2009); Mário Theodoro, *A sociedade desigual: Racismo e branquitude na formação do Brasil* (Rio de Janeiro: Zahar, 2022); Joel Rufino dos Santos, *O que é racismo* (São Paulo: Brasiliense, 1998). Ver também a entrevista com Kabenguele Munanga, "Nosso racismo é um crime perfeito". *Fundação Perseu Abramo*, 8 set. 2010. Disponível em: <https://fpabramo.org.br/2010/09/08/nosso-racismo-e-um-crime-perfeito-entrevista-com-kabengele-munanga/>. Acesso em: 26 de abr. 2022

Zumbi não caminha pela noite
Nem está bobo no espaço
Zumbi é graveto, é tronco, é fruto
É pedra, é negro, é aço

É bicho que tira o sono do poder
É pedra dura
Resto do tempo
Soma de desgraças,
É graça, é raça,
É ser.
Zomba, Zumbi ê ê
Zomba Zumbi
Zumbizar aqui ê
Sonhar
Zomba, Zumbi ê ê
Zomba Zumbi
Zumbizar aqui ê
Sonhar

E nascer do alto ser
Capoeira com o poder
Matar a morte
E festejar a tristeza
De viver, de viveiro,
Cativeiro
Longe do mundo arde
Negra, doce, faceira,
Zumbi, capoeira,
Liberdade

Luiz Carlos dos Santos

Sigamos!

Agradecimentos

Não foi coisa fácil escrever em plena pandemia. Este livro não seria possível sem o companheirismo, o amor, a cumplicidade, a torcida (e alguns pitacos) do meu marido, Tiago Lessa. Agradeço também minha família. Meus pais, Luiz Carlos dos Santos e Ana Lucia Lopes, que leram e discutiram aspectos importantes da obra, assim como meus irmãos Uyrá Lopes dos Santos e Kauê Lopes dos Santos. Agradeço também ao Rodrigo Lopez, por fazer da Grécia Antiga um lugar de respiro e questionamentos. O isolamento social, árduo e necessário, dificultou as boas conversas com amigos e colegas. No entanto, segui aprendendo e trocando com os membros e membras da Rede de Historiadorxs Negrxs e também pude contar com a consultoria luxuosa de Álvaro Nascimento, Angela Moreira Domingues da Silva, Paulo Fontes, João Marcelo Maia e Juliana Barreto Farias nos assuntos dessa nossa República Brasil. Agradeço também, ao meu editor Leandro Sarmatz, que acreditou no livro, quando ele era apenas um grito por mudanças.

Por fim, agradeço aos meus filhotes, que, ainda bem, são e insistem em ser a esperança e o futuro.

Referências bibliográficas

ABREU, Martha; XAVIER, Giovana; MONTEIRO, Lívia; BRASIL, Eric (Orgs.). *Cultura negra: Festas, carnavais e patrimônios negros*. 2 v. Niterói: Eduff, 2018.

_____; DANTAS, Carolina. *Monteiro Lopes e Eduardo das Neves: Histórias não contadas da Primeira República*. Niterói: Eduff, 2020.

AKOTIRENE, Carla. *Interseccionalidade*. São Paulo: Jandaíra, 2019.

ALBUQUERQUE, Wlamyra. *O jogo da dissimulação: Abolição e cidadania no Brasil*. São Paulo: Companhia das Letras, 2009.

_____; SAMPAIO, Gabriela dos Reis. *De que lado você samba?: Raça, política e ciência na Bahia do pós-abolição*. Campinas: Editora da Unicamp, 2021.

ALENCASTRO, Luiz Felipe. *O trato dos viventes: Formação do Brasil no Atlântico Sul*. São Paulo: Companhia das Letras, 2000.

_____. "Modelos da história e da historiografia imperial". In: _____ (Org.). *História da vida privada no Brasil: A corte e modernidade nacional*. v. 2. São Paulo: Companhia das Letras, 2004, pp. 7-10.

ALEXANDER, Michelle. *A nova segregação: Racismo e encarceramento em massa*. São Paulo: Boitempo, 2018.

ALEXANDRE, Valentim. *Os sentidos do Império: Questão nacional e questão colonial na crise do Antigo Regime português*. Lisboa: Afrontamento, 1993.

ALMEIDA, Rita Heloísa de. *O Diretório dos índios: Um projeto de "civilização" no Brasil do século XVIII*. Brasília: Editora UnB, 1997.

ALMEIDA, Silvio de. *Racismo estrutural*. São Paulo: Jandaíra, 2019.

_____; VELLOZO, Júlio César de Oliveira. "O pacto de todos contra os escravos no Brasil imperial". *Revista Direito e Práxis*, Rio de Janeiro, v. 10, n. 3, pp. 2137-60, 2019.

ALONSO, Angela. *Flores, votos e balas: O movimento abolicionista brasileiro (1868-1888)*. São Paulo: Companhia das Letras, 2015.

ALVES, José Cláudio Souza. *Dos barões ao extermínio: Uma história da violência na Baixada Fluminense*. Duque de Caxias, APPH-Clio, 2003.

AMADO, Janaína. "O grande mentiroso: Tradição, veracidade e informação em história oral". *História*, São Paulo, n. 14, pp. 125-36, 1995.

AMANCIO, Kléber Antonio de Oliveira. *Pós-abolição e quotidiano: Ex-escravos, ex-libertos e seus descendentes em Campinas (1888-1926)*. São Paulo: Alameda, 2016.

A NEGAÇÃO DO BRASIL. Direção: Joel Zito Araújo. São Paulo: Casa de Criação Cinema, 2000.

ANGELO, Robin de. *Não basta não ser racista: Sejamos antirracistas*. São Paulo: Faro, 2020.

ARANTES, Érika Bastos. "Pretos, brancos, amarelos e vermelhos: Conflitos e solidariedades no porto do Rio de Janeiro". In: GOLDMACHER, Marcela; MATTOS, Marcelo Badaró; TERRA, Paulo Cruz (Orgs.). *Faces do trabalho: Escravizados e livres*. Niterói: Eduff, 2010, pp. 119-41.

_____; FARIAS, Juliana; SANTOS, Ynaê Lopes dos. "Racismo em pauta: 'A história que a história não conta'". *Revista Brasileira de História*, São Paulo, v. 41, n. 88, pp. 15--32, 2021. Disponível em: <doi.org/10.1590/1806--93472020v41n88-03>. Acesso em: 11 abr. 2022.

ARBEX, Daniela. *Holocausto brasileiro. Genocídio: 60 mil mortos no maior hospício do Brasil*. Rio de Janeiro: Intrínseca, 2019.

AZEVEDO, Célia Maria Marinho de. *Onda negra, medo branco: O negro no imaginário das elites — século XIX*. Rio de Janeiro: Paz e Terra, 1987.

AZEVEDO, Elciene. *Orfeu de carapinha: A trajetória de Luiz Gama na imperial cidade de São Paulo*. Campinas: Editora da Unicamp, 2005.

BANCO de dados do Slave Voyages. Disponível em: <www.slavevoyages.org>.

BARBOSA, Rui. *A questão social e política no Brasil: Discurso proferido em 20 de março de 1919*. Rio de Janeiro: Fundação Casa de Rui Barbosa, [s.d.]. (Série Pensamento em Ação).

BARBOSA, Silvana Mota. *A sphinge monárquica: O poder Moderador e a política imperial*. Campinas, IFCH-Unicamp, 2001, tese de doutorado.

BARCELLOS, Caco. *Rota 66: A história da polícia que mata*. Rio de Janeiro: Record, 2003.

BASILE, Marcello. "O laboratório da nação: A era regencial (1831-1840)". In: GRINBERG, Keila; SALLES, Ricardo (Orgs.). *O Brasil Imperial: vol. II — 1831-1870*. Rio de Janeiro: Civilização Brasileira, 2009, pp. 53-120.

BENTO, Cida. *O pacto da branquitude*. São Paulo: Companhia das Letras, 2022.

BERBEL, Márcia Regina; MARQUESE, Rafael de Bivar. "The Absence of Race: Slavery, Citizenship and Pro-Slavery Ideology in the Cortes of Lisbon and the Rio de Janeiro Constituent Assembly (1821-4). *Social History*, Londres, v. 32, pp. 415-33, 2007.

_____; PARRON, Tâmis. *Escravidão e política: Brasil e Cuba, c. 1790-1850*. São Paulo: Hucitec; Fapesp, 2010.

BETHENCOURT, Francisco. *Racismos: Das Cruzadas ao século XX*. São Paulo: Companhia das Letras, 2013, pp. 35-7.

BLACKBURN, Robin. *A queda do escravismo colonial — 1776-1848*. Rio de Janeiro: Record, 2002.

_____. *A construção do escravismo no Novo Mundo — 1492-1800*. Rio de Janeiro: Record, 2003.

BONILLA-SILVA, Eduardo. *Racismo sem racistas: O racismo da cegueira de cor e a perspectiva da desigualdade na América*. São Paulo: Perspectiva, 2020.

BORGES, Juliana. *Encarceramento em massa*. São Paulo: Jandaíra, 2019.

BOXER, Charles R. *Relações raciais no Império colonial português, 1415-1825*. Rio de Janeiro: Tempo Brasileiro, 1967.

_____. *O Império marítimo português, 1415-1825*. São Paulo: Companhia das Letras, 2002.

BRASIL. Câmara dos Deputados, Lei de 7 de novembro de 1831. Disponível em: <www2.camara.leg.br/legin/fed/lei_sn/1824-1899/lei-37659-7-novembro-1831-564776-publicacaooriginal-88704-pl.html>. Acesso em: 20 fev. 2022.

BRITO, Luciana. "'Mr. Perpetual Motion' enfrenta o Jim Crow: André Rebouças e sua passagem pelos Estados Unidos no pós-abolição". *Estudos Históricos*, Rio de Janeiro, v. 32, n. 66, pp. 241-65, 2019.

BUCK-MORSS, Susan. *Hegel e o Haiti*. São Paulo: N-1, 2017.

CARNEIRO, Edison. *O Quilombo dos Palmares*. São Paulo: Brasiliense, 1947.

CARNEIRO, Sueli. *Racismo, sexismo e desigualdade no Brasil*. São Paulo: Selo Negro, 2011.

CARONE, Iray Carone; BENTO, Maria Aparecida Silva (Orgs.). *Psicologia social do racismo: Estudos sobre branquitude e branqueamento no Brasil*. Petrópolis: Vozes, 2014.

CARULA, Karoline. *Darwinismo, raça e gênero: Projetos modernizadores de nação em conferências e cursos políticos (1870-1889)*. Campinas: Editora da Unicamp, 2016.

CARVALHO, José Murilo de. *A Construção da ordem e teatro de sombras*. Rio de Janeiro: Civilização Brasileira, 2003.

_____. *Bestializados: O Rio de Janeiro e a República que não foi*. São Paulo: Companhia das Letras, 2019.

CARVALHO, Maria Alice Rezende de. *O quinto século: André Rebouças e a construção do Brasil*. São Paulo: Revan, 2007.

CASAS, Bartolomé de las. *Brevíssima relação da destruição de África*. Lisboa: Antígona, 1996.

CASTRO JR., Sebastião Eugenio Ribeiro. *Francisco Montezuma e os dilemas da mestiçagem e da cidadania na construção do Império do Brasil* (c. *1820*-c. *1834*). Programa de Pós-graduação em História Social, UFF, Niterói, 2014, dissertação de mestrado.

CERRI, Luiz Fernando (Org.). *O ensino de história na ditadura militar*. Curitiba: Aos Quatro Ventos, 2003.

CHALHOUB, Sidney. *A força da escravidão: Ilegalidade e costumes no Brasil oitocentista*. São Paulo: Companhia das Letras, 2012.

_____. *Trabalho, lar e botequim: O cotidiano dos trabalhadores no Rio de Janeiro da Belle Époque*. Campinas: Editora da Unicamp, 2012.

CHAUI, Marilena. "A reforma do ensino de história". *Discurso*, São Paulo, FFLCH-USP, n. 8, 1978.

COELHO, Mauro Cezar. "A construção de uma lei: O Diretório dos Índios". *Revista do IHGB*, Rio de Janeiro, v. 437, n. 168, pp. 29-48, out.-dez. 2007.

COLLINS, Patricia Hill; BILGE, Sirma. *Interseccionalidade*. São Paulo: Boitempo, 2021.

COSTA, Emilia Viotti da. *A abolição*. São Paulo: Editora Unesp, 2012.

COSTA, Maria de Fátima. "Alexandre Rodrigues Ferreira e a capitania de Mato Grosso: Imagens do interior". *História, Ciências, Saúde: Manguinhos*, v. VIII, suplemento, pp. 993-1014, 2001.

COWLING, Camillia. *Concebendo a liberdade: Mulheres de cor, gênero e a abolição da escravidão nas cidades de Havana e Rio de Janeiro*. Campinas: Editora da Unicamp, 2018.

CRUZ, Cíntia; PIVA, Juliana Dal. "Depois de 130 anos apreendidas, peças de religiões afro-brasileiras chegam ao Museu da República". *O Globo*, 21 set. 2020. Disponível em: <https://oglobo.globo.com/epoca/depois-de-130--anos-apreendidas-pecas-de-religioes-afro-brasileiras-chegam-ao-museu--da-republica-1-24652424>. Acesso em: 26 set. 2021.

CRUZ, Jerônimo Aguiar. "Terra de Pardo: Entre forros, reinóis e lavouras de cana — Campo Grande, Rio de Janeiro, 1720-1800". *Afro-Ásia*, Salvador, n. 61, pp. 37-77, 2020.

CRUZ, Maria Cecília Velasco e. "Cor, etnicidade e formação de classe no porto no Rio de Janeiro: A Sociedade de Resistência dos Trabalhadores em Trapiche e Café e o conflito de 1908". *Revista USP*, São Paulo, n. 68, pp. 188-209, 2005-6.

CUNHA, Olívia Maria Gomes da. *Intenção e gesto: Pessoa, cor e a produção cotidiana da (in)diferença no Rio de Janeiro — 1927-1942*. Rio de Janeiro: Arquivo Nacional, 2002.

DANTAS, Monica Duarte (Org.). *Revoltas, motins, revoluções: Homens livres pobres e libertos no Brasil século XIX*. São Paulo: Alameda, 2011.

DÁVILA, Jerry. *Diploma de brancura: Política social e racial no Brasil — 1917-1945*. São Paulo: Editora Unesp, 2005.

DAVIS, Angela. *Mulheres, raça e classe*. São Paulo: Boitempo, 2016.

DAVIS, David Brion. *O problema da escravidão na cultura ocidental*. Rio de Janeiro: Civilização Brasileira, 2001.

DIWAN, Pietra. *Raça pura: Uma história da eugenia no Brasil e no mundo*. São Paulo: Contexto, 2007.

DOLHNIKOFF, Miriam. *José Bonifácio*. São Paulo: Companhia das Letras, 2012.

DOMINGUES, Petrônio. "Movimento negro brasileiro: Alguns apontamentos históricos". *Tempo*, Niterói, v. 12, n. 23, pp. 100-22, 2007.

_____. "Vai ficar tudo preto": Monteiro Lopes e a cor na política. *Novos Estudos Cebrap*, São Paulo, n. 95, pp. 59-81, mar. 2013.

DUBOIS, Laurent. *Avengers of the New World: The Story of the Haitian Revolution*. Cambridge: The Belknap Press of Harvard University Press, 2004.

FANON, Frantz. *Pele negra, máscaras brancas*. São Paulo: Ubu, 2020.

FARIAS JR., Emmanuel de Almeida. "Negros do Guaporé: O sistema escravista e as territorialidades específicas". *Ruris: Revista do Centro de Estudos Rurais*, Campinas, v. 5, n. 2, pp. 85-116, set. 2011.

FARIAS, Eny Kleyde Vasconcelos. *Maria Felipa de Oliveira: Heroína da independência da Bahia*. Salvador: Quartetto, 2010.

FARIAS, Márcio. *Clóvis Moura e o Brasil: Um ensaio crítico*. São Paulo: Dandara, 2019.

FAUSTO, Boris. *O crime do restaurante chinês: Carnaval, futebol e justiça na São Paulo dos anos 30*. São Paulo: Companhia das Letras, 2009.

FICK, Carolyn E. *The Making of Haiti: The Saint Domingue Revolution from Below*. Knoxville: University of Tennessee Press, 1991.

FICO, Carlos. *Reiventando o Otimismo: Ditadura, propaganda e Imaginário Social no Brasil*. Rio de Janeiro: Editora FGV, 1997.

FILHO, Sidney Aguilar. *Educação, autoritarismo e eugenia: Exploração do trabalho e violência à infância desamparada no Brasil (1930-1945)*. Campinas, Unicamp, 2011, tese de doutorado.

FLAUZINA, Ana Luiza Pinheiro. *Corpo negro caído no chão: O sistema penal e o projeto genocida do Estado brasileiro*. Brasília: Brado Negro, 2017.

_____; PIRES, Thula Rafaela de Oliveira. "Supremo Tribunal Federal e a naturalização da barbárie". *Revista Direito e Práxis*, Rio de Janeiro, v. 11, n. 2, 2020, pp. 1211-37.

FLORENTINO, Manolo. *Em costas negras: Uma história do tráfico de escravos entre a África e o Rio de Janeiro (séculos XVII e XIX)*. São Paulo: Editora Unesp, 2015.

FONSECA, Selva Guimarães. *Caminhos da história ensinada*. São Paulo: Papirus, 1993.

FONSECA, Marcus Vinícius; BARROS, Surya Aaronovich Pombo de. (Orgs.). *A história da educação dos negros no Brasil*. Niterói: Eduff, 2016.

FRAGOSO, João Luís. *Homens de grossa aventura*. Rio de Janeiro, Civilização Brasileira, 1998.

FRAGOSO, João Luís; GOUVÊA, Maria de Fátima (Orgs.). *Coleção: O Brasil Colonial*. Rio de Janeiro: Civilização Brasileira, 2014. v. III: 1720-1821.

FRANCO, Maria Sylvia de Carvalho. *Homens livres na ordem escravocrata*. São Paulo: IEB-USP, 1969.

FREITAS, Décio. *Palmares, a Guerra dos Escravos*. Rio de Janeiro: Graal, 1978.

GAMA, Luiz. "Uma representação ao imperador d. Pedro II (8 de agosto de 1882)". In: FERREIRA, Ligia (Org.). *Com a palavra, Luiz Gama: Poemas, artigos, cartas, máximas*. São Paulo: Imprensa Oficial, 2011.

GARCIA, Elisa Fruhauf. "O projeto pombalino de imposição da língua portuguesa aos índios e a sua aplicação na América meridional". *Tempo*, Niterói, v. 12, n. 23, pp. 23-38, 2007.

GODOI, Rodrigo Camargo de. *Um editor no Império: Francisco de Paula Brito — 1809-1861*. São Paulo: Edusp, 2016.

GÓES, Weber Lopes. *Racismo e eugenia no pensamento conservador brasileiro: A proposta de povo em Renato Kehl*. São Paulo: LiberArs, 2018.

GOMES, Angela de Castro. *A invenção do trabalhismo*. Rio de Janeiro: Editora da FGV, 2005.

GOMES, Flávio. *Palmares: Escravidão e liberdade no Atlântico Sul*. São Paulo: Contexto, 2005.

_____; DOMINGUES, Petrônio (Orgs.). *Políticas da raça: Experiências e legados da abolição e da pós-emancipação no Brasil*. São Paulo: Selo Negro, 2014.

GOMES, Nilma Lino. *O movimento negro educador: Saberes construídos nas lutas por emancipação*. Petrópolis: Vozes: 2011.

_____; RODRIGUES, Tatiane Rodrigues. "Resistência democrática: A questão racial e a Constituição Federal de 1988". *Educação & Sociedade*. Campinas, v. 39, n. 145, pp. 928-45, out.-dez. 2018.

GOULD, Stephen Jay. *A falsa medida do homem*. São Paulo: WMF Martins Fontes, 2014.

GRESPAN, Jorge. *Revolução francesa e Iluminismo*. São Paulo: Contexto, 2003.

GRINBERG, Keila. *O fiador dos brasileiros: Cidadania, escravidão e direito civil no tempo de Antônio Pereira Rebouças*. Rio de Janeiro: Civilização Brasileira, 2002.

_____; SALLES, Ricardo (Orgs.). *O Brasil imperial*. Rio de Janeiro: Civilização Brasileira, 2010. v. I: 1808-1831.

GUIMARÃES, Antonio S. *Racismo e antirracismo no Brasil*. São Paulo: Ed. 34, 2019.

_____. "Ação afirmativa, um balão de ensaio em 1968". In: _____. *Modernidades negras: A formação racial brasileira (1930-1970)*. São Paulo: Ed. 34, 2021, pp. 193-224.

HABIB, Paula Arantes Botelho Briglia. *"Eis o mundo encantado que Monteiro Lobato criou": Raça, eugenia e nação*. Campinas, Unicamp, 2003, dissertação de mestrado.

HASENBALG, Carlos A. "Entre o mito e os fatos: Racismo e relações raciais no Brasil". In: MAIO, Marcos Chor; SANTOS, Ricardo Ventura (Orgs.). *Raça, ciência e sociedade*. Rio de Janeiro: Fiocruz; Centro Cultural Banco do Brasil, 1996, pp. 235-49.

HOLLOWAY, Thomas H. *Polícia no Rio de Janeiro*. Rio de Janeiro: Editora FGV, 1997.

HONORATO, Cláudio de Paula. *Valongo: O mercado de almas na praça carioca*. Curitiba: Appris, 2019.

HOOKS, bell. *Olhares Negros: Raça e representação*. São Paulo: Elefante, 2019.

HOFBAUER, Andreas. *Uma história de branqueamento ou o negro em questão*. São Paulo: Editora Unesp; Fapesp, 2006.

JAMES, C. L. R. *Os jacobinos negros: Toussaint L'Ouverture e a Revolução de São Domingos*. São Paulo: Boitempo, 2000.

JANCSÓ, István (Org.). *Brasil: A formação do Estado e da nação*. São Paulo: Hucitec, 2003.

_____. (Org.). *Independência: História e historiografia*. São Paulo: Hucitec, 2005.

JESUS, Carolina Maria. *Quarto de despejo: Diário de uma favelada*. Rio de Janeiro: Francisco Alves, 1960.

JESUS, Marize Conceição de. *O legado da militância negra pós-64 para a democratização das relações étnico-raciais*. Rio de Janeiro, UFRRJ, 2015, dissertação de mestrado.

KARASCH, Mary C. *A vida dos escravos no Rio de Janeiro (1808-1850)*. São Paulo: Companhia das Letras, 2000.

KOPYTOFF, Igor. "Slavery". *Annual Review of Anthropology*, Palo Alto, v. 11, pp. 207-30, 1982.

KÖSSLING, Karin Sant'Anna. *As lutas antirracistas de afro-descendentes sob a vigilância do DEOPS/SP (1964-1983)*. São Paulo, USP, 2007, dissertação de mestrado.

KOUTSOUKOS, Sandra Sofia Machado. *Zoológicos humanos: Gente em exibição na era do imperialismo*. Campinas: Editora da Unicamp, 2020.

LACERDA, João Batista de. *O Congresso Universal das Raças reunido em Londres (1911)*. Rio de Janeiro: Papelaria Macedo, 1912.

LACOMBE, Américo Jacobina; SILVA, Eduardo; BARBOSA, Francisco de Assis. *Rui Barbosa e a queima dos arquivos*. Rio de Janeiro: Fundação Casa de Rui Barbosa, 1988.

LARA, Silvia Hunold (Org.). "Legislação sobre escravos africanos na América portuguesa". In: ANDRÉS-GALLEGO, José. *Nuevas aportaciones a la historia jurídica de Iberoamérica*. Madri: Fundación Histórica Tavera; Digibis; Fundación Hernando de Larramendi, 2000.

_____. *Fragmentos setecentistas: Escravidão, cultura e poder na América portuguesa*. São Paulo: Companhia das Letras, 2007.

LARA, Silvia Hunold (Org.). *Palmares & Cucaú: O aprendizado da dominação*. São Paulo: Edusp, 2021.

LIMA, Carlos E. *Sou Negro e tenho orgulho: Política, identidade e música negra no black Rio (1960-1980)*. Niterói, UFF, 2017, dissertação de mestrado.

LIMA, Nísia Trindade; HOCHMAN, Gilberto. "Condenado pela raça, absolvido pela medicina: O Brasil descoberto pelo movimento sanitarista da Primeira República". In: MAIO, Marcos Chor; SANTOS, Ricardo Ventura (Orgs.). *Raça, ciência e sociedade*. Rio de Janeiro: Fiocruz; Centro Cultural Banco do Brasil, 1996, pp. 23-40.

LOPES, Juliana Serzedello Crespim. *Identidades políticas e raciais na Sabinada (Bahia, 1837-1838)*. São Paulo, USP, 2011, dissertação de mestrado.

LOPES, Nei. *O Racismo explicado para meus filhos*. São Paulo: Nova Fronteira, 2012.

LOSURDO, Domenico. *Contra-história do liberalismo*. São Paulo: Ideias & Letras, 2015.

LOVEJOY, Paul F. *A escravidão na África: Uma história de suas transformações*. Rio de Janeiro: Civilização Brasileira, 2002.

LUNA, Francisco Vidal. "São Paulo: População, atividades e posse de escravos em 25 localidades (1777-1829)". *Estudos Econômicos*, São Paulo, v. 28, n. 1, 1998.

LUSTOSA, Isabel. *D. Pedro I: Um herói sem nenhum caráter*. São Paulo: Companhia das Letras, 2006. (Coleção Perfis Brasileiros).

MACEDO, Greice Adriana Neves. *O Grupo Palmares (1971-1978) e suas estratégias de enfrentamento ao racismo da ditadura de segurança nacional brasileira*. Porto Alegre, UFRGS, dissertação de mestrado.

MACHADO, Maria Helena P. T.; CASTILHO, Celso Thomas (Orgs.). *Tornando-se livres: Agentes históricos e lutas sociais no processo de abolição*. São Paulo: Edusp, 2016.

MAGALHÃES, Mário. *Marighella: O guerrilheiro que incendiou o mundo*. São Paulo: Companhia das Letras, 2012.

MAIO, Marcos Chor. "O projeto Unesco: Ciências sociais e o 'credo racial brasileiro'". *Revista USP*, São Paulo, n. 46, pp. 115-28, jun.-ago. 2000.

_____. "Raça, doença e saúde pública no Brasil: Um debate sobre pensamento higienista do século XIX". In: MAIO, Marcos Chor; SANTOS, Ricardo Ventura (Orgs.). *Raça como questão: História, ciência e identidades no Brasil*. Rio de Janeiro: Fiocruz; Faperj, 2010, pp. 51-82.

MAMIGONIAN, Beatriz. *Africanos livres: A abolição do tráfico de escravos no Brasil*. São Paulo: Companhia das Letras, 2017.

MARQUESE, Rafael de Bivar. *Feitores do corpo, missionários da mente: Senhores, letrados e o controle dos escravos nas Américas, 1660-1860*. São Paulo: Companhia das Letras, 2004.

_____. "A dinâmica da escravidão no Brasil: Resistência, tráfico negreiro e as alforrias — séculos XVII a XIX". *Novos Estudos Cebrap*, São Paulo, n. 74, pp. 107-23, mar. 2006.

MARTINS, Antonio Marcos Ventura. *Escravidão e Estado: Entre princípios e necessidades, São Paulo (1835-1871)*. Franca, Unesp, 2019, tese de doutorado

MARTIUS, Karl F. von. "Como se deve escrever a história do Brasil". *Revista Trimestral de História e Geografia*, Rio de Janeiro, n. 24, pp. 381-403, jan. 1845.

MATTOS, Hebe. *Das cores do silêncio: O significado da liberdade no Sudeste escravista — Brasil, século XIX*. Rio de Janeiro: Arquivo Nacional, 1993.

_____. *Escravidão e cidadania no Brasil monárquico*. Rio de Janeiro: Zahar, 1999.

_____. "A escravidão moderna nos quadros do Império português: O Antigo Regime em perspectiva atlântica". In: FRAGOSO, João; BICALHO, Maria Fernanda; GOUVÊA, Maria de Fátima (Orgs.). *O Antigo Regime nos trópicos: A dinâmica imperial portuguesa (séculos XVI-XVIII)*. Rio de Janeiro: Civilização Brasileira, 2001, pp. 141-62.

_____. "André Rebouças e o pós-abolição: Entre a África e o Brasil (1888-1898)". XXVII Simpósio Nacional de História, Natal, 2013.

MATTOS, Ilmar Rohloff de. *O tempo saquarema: A formação do Estado imperial*. São Paulo: Hucitec, 2004.

MBEMBE, Achille. *Necropolítica*. São Paulo: N-1, 2018.

MEILLASSOUX, Claude. *Antropologia da escravidão: O ventre de ferro e dinheiro*. Rio de Janeiro: Zahar, 1995.

MELLO, Evaldo Cabral de. *O negócio do Brasil: Portugal, os Países Baixos e o Nordeste (1641-1669)*. São Paulo: Companhia das Letras, 2011.

MILLS, Charles W. *The Racial Contract*. Ithaca; Londres: Cornell University Press, 1997.

MONSMA, Karl. *A reprodução do racismo: Fazendeiros, negros e imigrantes no oeste paulista, 1880-1914*. São Carlos: EdUFSCar, 2016.

MONTEIRO, John Manuel. *Negros da terra: Índios e bandeirantes nas origens de São Paulo*. São Paulo: Companhia das Letras, 1994.

MORAES, Renata Figueiredo. "Festa e resistência negra no Rio de Janeiro: Batuques escravos e as comemorações pela abolição em maio de 1888". *Revista do Arquivo Geral da Cidade do Rio de Janeiro*, n. 15, pp. 231-50, 2018.

MOREIRA, Adilson. *Racismo recreativo*. São Paulo: Jandaíra, 2019.

MOTA, André. *Quem é bom já nasce feito: Sanitarismo e eugenia no Brasil*. Rio de Janeiro: DP&A, 2003.

MOTTA, José Flávio. *Escravos daqui, dali e de mais além: O tráfico interno de cativos na expansão cafeeira paulista*. São Paulo: Alameda, 2012.

MOURA, Clóvis. *Rebeliões da senzala: Quilombos, insurreições, guerrilhas*. São Paulo: Anita Garibaldi, 2020.

MUAZE, Mariana de Aguiar Ferreira. "Violência apaziguada: Escravidão e cultivo de café nas fotografias de Marc Ferrez (1882-1885)". *Revista Brasileira de História*, São Paulo, v. 37, n. 74, pp. 33-62, jan.-abr. 2017.

MULLER, Tainá; CARDOSO, Lourenço Cardoso (Orgs). *Branquitude: Estudos sobre a identidade branca no Brasil*. Curitiba: Appris, 2017.

NASCIMENTO, Álvaro Pereira do. *Cem anos da Revolta da Chibata: João Cândido e a saga dos marinheiros negros*. São Paulo: Cortez, 2010.

NASCIMENTO, Abdias do. *O genocídio do negro brasileiro: Processo de um racismo mascarado*. São Paulo: Perspectiva, 2016.

NASCIMENTO, Beatriz. *Uma história feita por mãos negras*. Org. Alex Rattz. Rio de Janeiro: Zahar, 2021.

NEGRO, Antonio Luigi; GOMES, Flávio dos Santos. "As greves antes da 'grève': As paralisações do trabalho feitas por escravos no século XIX". *Ciência e Cultura*, São Paulo, v. 65, n. 2, pp. 56-9, 2013.

O ESTANDARTE, 8 mar. 1849. Fundação Biblioteca Nacional, Hemeroteca Digital. Disponível em: <http://memoria.bn.br/DocReader/docreader.aspx?bib=707635&pasta=ano%20184&pesq=africanos%20livres&pagfis=745>. Acesso em: 8 fev. 2022.

OLIVEIRA, Anderson José Machado de. "Padre José Maurício: 'Dispensa da cor', mobilidade social e recriação de hierarquias na América portuguesa". In: GUEDES, Roberto (Org.). *Dinâmica imperial no Antigo Regime português: Escravidão, governos, fronteiras, poderes, legados — séc. XVII-XIX*. Rio de Janeiro: Mauad X, 2011.

OLIVEIRA, Cecília Helena. "Repercussões da revolução: Delineamento do Império do Brasil, 1808/1831". In: GRINBERG, Keila; SALLES, Ricardo. *O Brasil Imperial*. Rio de Janeiro: Civilização Brasileira, 2009, pp. 15-54. v. 1: 1808-31.

OLIVEIRA, Dennis de. *Racismo estrutural: Uma perspectiva histórico-crítica*. São Paulo: Dandara, 2021.

PAIVA, Eduardo França; IVO, Isnara Pereira (Orgs.). *Dinâmicas da Mestiçagem no mundo moderno: Sociedades, cultura e trabalho*. Vitória da Conquista: Edições Uesb, 2016.

PANDOLFI, Dulce (Org.). *Repensando o Estado Novo*. Rio de Janeiro: Editora FGV, 1999.

PARRON, Tâmis. *A política da escravidão no Império do Brasil*. Rio de Janeiro: Civilização Brasileira, 2011.

PATTESON, Orlando. *Escravidão e morte social: Um estudo comparativo*. São Paulo: Edusp, 2008.

PEDRETTI, Lucas. *Dançando na mira da ditadura: Bailes soul e violência contra a população negra nos anos 1970*. Rio de Janeiro: Arquivo Nacional, 2022.

PEREIRA, Amilcar Araujo. *O mundo negro: Relações raciais e a constituição do movimento negro contemporâneo no Brasil*. Rio de Janeiro: Pallas, 2013.

PEREIRA, Leonardo. *A cidade que dança: Clubes e bailes negros no Rio de Janeiro (1881-1933)*. Campinas: Editora da Unicamp, 2021.

PICCINO, Evandro Avelino. *A persistência de Jeca Tatuzinho: Igual a si e a seu contrário*. São Paulo, PUC, 2018, dissertação de mestrado.

PINTO, Ana Flávia Magalhães. *Imprensa negra do Brasil do século XIX*. São Paulo: Selo Negro, 2010.

_____. *Escritos de liberdade: Literatos negros, racismo e cidadania no Brasil oitocentista*. Campinas: Editora da Unicamp, 2019.

PINTO, Elisabete Aparecida. *Etnicidade, gênero e educação: A trajetória de vida de d. Laudelina de Campos Mello (1904-1991)*. São Paulo: Anita Garibaldi, 2015.

PIRES, Thula Rafaela de Oliveira. Colorindo memórias: Ditadura militar e racismo. In: *Comissão da Verdade do Rio, Relatório*. Rio de Janeiro: CEV-Rio, 2015, pp. 127-137.

_____. "Estruturas intocadas: Racismo e ditadura no Rio de Janeiro". *Revista Direito e Práxis*, Rio de Janeiro, v. 9, n. 2, pp. 1054-79, 2018.

PORFÍRIO, Tamis. *A cor das empregadas: A invisibilidade racial no debate do trabalho doméstico remunerado*. Belo Horizonte: Letramento, 2021.

PUNTONI, Pedro. *A guerra dos bárbaros: Povos indígenas e a colonização do sertão nordeste do Brasil, 1650-1720*. São Paulo: Hucitec; Edusp, 2002.

QUEIROZ, Marcos. *Constitucionalismo brasileiro e o Atlântico negro: A experiência constituinte de 1823 diante da Revolução Haitiana*. Rio de Janeiro: Lumen Juris, 2018.

QUINALHA, Renan. *Contra a moral e os bons costumes: A ditadura e a repressão à comunidade LGBT*. São Paulo: Companhia das Letras, 2021.

RAMINELLI, Ronald; FEITLER, Bruno (Orgs.). Dossiê "Pureza, raça e hierarquias no Império Colonial português". *Tempo*, Niterói, v. 16, n. 30, 2011. Disponível em:<https://www.scielo.br/j/tem/i/2011.v16n30/>. Acesso em: 11 abr. 2022.

RAMOS, Alberto Guerreiro. *Introdução crítica à sociologia brasileira*. Rio de Janeiro: Andes, 1957.

RATTS, Alex (Org.). *Beatriz Nascimento: Uma história feita por mãos negras*. Rio de Janeiro: Zahar, 2021.

REGINALDO, Lucilene. *Os rosários dos angolas: Irmandades de africanos e crioulos na Bahia Setecentista*. São Paulo: Alameda, 2011.

_____. "'Não tem informação': Mulatos, pardos e pretos na Universidade de Coimbra (1700-1771)". *Estudos Ibero-Americanos*, Porto Alegre, v. 44, n. 3, pp. 421-34, 2018.

REIS, Flávia Maria da Mata. *Das faisqueiras às galerias: Explorações do ouro, leis e cotidiano das Minas Gerais do século XVIII (1702-1762)*. Belo Horizonte, UFMG, 2007, dissertação de mestrado.

REIS, João José. "O jogo duro do Dois de Julho: o 'Partido Negro' na Independência do Brasil". In: REIS, João José; SILVA, Eduardo. *Negociação e conflito: A resistência negra no Brasil escravista*. São Paulo: Companhia das Letras, 1989, pp. 79-98.

_____. "Identidade e diversidade étnicas nas irmandades negras no tempo da escravidão". *Tempo*, Rio de Janeiro, v. 2, n. 3, 1997.

_____. *Ganhadores: A greve negra de 1857 na Bahia*. São Paulo: Companhia das Letras, 2019.

REIS, João José. *Rebelião escrava no Brasil: A história do Levante dos malês em 1835*. São Paulo: Companhia das Letras, 2003.

_____; GOMES, Flávio dos Santos. *Liberdade por um fio: História dos quilombos no Brasil*. São Paulo: Companhia das Letras, 1996.

RIBEIRO, Djamila. *Quem tem medo do feminismo negro?*. São Paulo: Companhia das Letras, 2018.

RIOS, Flávia; LIMA, Márcia (Orgs.). *Lélia Gonzalez: Por um feminismo afro-latino-americano*. Rio de Janeiro, Zahar, 2020.

RODRIGUES, Jaime. *O infame comércio: Propostas e experiências no final do tráfico de africanos para o Brasil*. Campinas: Editora da Unicamp, 2005.

RODRIGUES, Raimundo Nina. *As raças humanas e a responsabilidade penal no Brasil*. 3. ed. São Paulo: Nacional, 1938.

RUSSELL-WOOD, A. J. R. *Escravos e libertos no Brasil colonial*. Rio de Janeiro: Civilização Brasileira, 2005.

SALGADO, Manoel. "Nação e civilização nos trópicos: O Instituto Histórico e Geográfico Brasileiro e o projeto de uma história nacional". *Estudos Históricos*, Rio de Janeiro, v. 1, n. 1, pp. 5-27, 1988.

SALLES, Ricardo. *Guerra do Paraguai: Escravidão e cidadania na formação do Exército*. Rio de Janeiro: Paz e Terra, 1990.

SAMPAIO, Gabriela dos Reis; LIMA, Ivana Stolze; BALABAN, Marcelo (Orgs.). *Marcadores da diferença: Raça e racismo na história do Brasil*. Salvador: EDUFBA, 2019.

SAMPAIO, Patrícia Maria Melo. "'Vossa Excelência mandará o que for servido...': Políticas indígenas e indigenistas na Amazônia portuguesa do final do século XVIII". *Tempo*, Niterói, v. 12, n. 23, pp. 39-55, 2007.

SANTOS, Antonio Carlos Higino da. "Por uma socionomia oitocentista: Pensamento, vida e ação de André Rebouças, século XIX". *Revista da ABPN*, Goiânia, v. 10, n. 25, pp. 8-25, 2018.

SANTOS, Gislene Aparecida dos Santos. "Nem crime, nem castigo: O racismo na percepção do judiciário e das vítimas de atos de discriminação". *Revista do Instituto de Estudos Brasileiros*, n. 62, pp. 184-207, dez. 2015.

SANTOS, Luiz Carlos. *Luiz Gama: Retratos do Brasil negro*. São Paulo: Selo Negro, 2010.

SANTOS, Ynaê Lopes dos. *Além da senzala: Arranjos escravos de moradia no Rio de Janeiro (1808-1850)*. São Paulo: Hucitec, 2011.

_____. *Juliano Moreira: Um médico negro na fundação da psiquiatria brasileira*. Niterói: Eduff, 2020.

SANTOS, Joel Rufino dos. *O que é racismo*. São Paulo: Brasiliense, 1998. (Coleção Primeiros Passos).

SARAIVA, Luiz Fernando; PESSOA, Thiago Campos, SANTOS, Silvana Andrade (Orgs.). *Tráfico & Traficantes na ilegalidade: O comércio proibido de escravos para o Brasil*. São Paulo: Hucitec, 2021.

SCHULTZ, Kirsten. *Versalhes tropical: Império, monarquia e a corte real portuguesa no Rio de Janeiro, 1808-1821*. Rio de Janeiro: Civilização Brasileira, 2008.

SCHWARCZ, Lilia Moritz. *O espetáculo das raças: Cientistas, instituições e questão racial no Brasil — (1870-1930)*. São Paulo: Companhia das Letras, 1993.

SCHWARTZ, Stuart B. "Padrões de propriedade de escravos nas Américas: Novas evidências para o Brasil". *Estudos Econômicos*, São Paulo, v. 13, n. 1, pp. 259-87, jan.-abr. 1983.

_____. *Segredos internos: Engenhos e escravos na sociedade colonial*. São Paulo: Companhia das Letras, 1988.

SEVCENKO, Nicolau. "Introdução: O prelúdio republicano, astúcias da ordem e ilusões do progresso". In: SEVCENKO, Nicolau (Org.). *História da vida privada no Brasil*. São Paulo: Companhia das Letras, 1997, pp. 7-48. v. 3: República: Da belle époque à era do rádio.

SEYFERTH, Giralda . "Construindo a nação: Hierarquias raciais e o papel do racismo na política de imigração e colonização". In: MAIO, Marcos Chor; SANTOS, Ricardo Ventura (Orgs.). *Raça, ciência e sociedade*. Rio de Janeiro: Fiocruz, 1996, pp. 41-58.

_____. "Colonização, imigração e a questão racial no Brasil". *Revista USP*, São Paulo, n. 53, pp. 117-49, mar.-maio 2012.

SILVA, Ana Rosa Coclet. "Criar a nação por herdar o Império: Tradição e modernidade no projeto nacional de José Bonifácio". *Esboços*, Florianópolis, UFSC, v. 19, pp. 236-53, 2012.

SILVA, Martiniano José da. *Racismo à brasileira: Raízes históricas*. São Paulo: Anita Garibaldi, 2009.

SKIDMORE, Thomas E. *Preto no branco: Raça e nacionalidade no pensamento brasileiro*. Rio de Janeiro: Paz e Terra, 1976.

SOARES, Luana Vanessa Costa. *Lições para ordenar Salvador: Práticas de cura de dona Anália nas páginas do* Diário de Notícias *em 1940*. Salvador, Uneb, 2021, dissertação de mestrado.

SOARES, Mariza. *Devotos da Cor: Identidade étnica, religiosidade e escravidão no Rio de Janeiro, século XVIII*. Rio de Janeiro: Civilização Brasileira, 2001.

SOUZA, Adriana Barreto de. *Duque de Caxias: O homem por trás do monumento.* Rio de Janeiro: Civilização Brasileira, 2008.

SOUZA, Felipe Azevedo e. "As cigarreiras revoltosas e o movimento operário: História da primeira greve feminina do Recife e as representações das mulheres operárias na imprensa". *Cadernos Pagu*, Campinas, n. 55, 2019.

SOUZA, Jessé. *Como o racismo criou o Brasil.* Rio de Janeiro: Estação Brasil, 2021.

SOUZA, Neusa Santos. *Tornar-se negro: Ou As vicissitudes da identidade do negro brasileiro em ascensão social.* Rio de Janeiro: Zahar, 2021.

SOUZA, Robério. *Tudo pelo trabalho livre!: Trabalhadores e conflitos no pós-abolição.* Salvador: EDUFBA, 2011.

STARLING, Heloisa. *Ser republicano no Brasil colônia: A história de uma tradição esquecida.* São Paulo: Companhia das Letras, 2018.

STEPAN, Nancy. *A hora da Eugenia: raça, gênero e nação da América Latina.* Rio de Janeiro: Editora FioCruz, 2005.

TELLES, Edward E. *Racismo à brasileira: Uma nova perspectiva sociológica.* Rio de Janeiro: Relume Dumará, 2003.

THEODORO, Mário. *A sociedade desigual: Racismo e branquitude na formação do Brasil.* Rio de Janeiro: Zahar, 2022.

THORNTON, John. *A África e os africanos na formação do mundo atlântico — 1400-1800.* Rio de Janeiro: Campus, 2004.

TODOROV, Tzevan. *A conquista da América: A questão do outro.* São Paulo: Martins Fontes, 1982.

TOLEDO, Edilene. "Um ano extraordinário: Greves, revoltas e circulação de ideias no Brasil em 1917". *Estudos Históricos*, Rio de Janeiro, v. 30, n. 61, pp. 405-517, 2017.

TRINDADE, Alexandre. *André Rebouças: Um engenheiro do Império.* São Paulo: Hucitec, 2011.

TROUILLOT, Michel-Rolph. *Silenciando o passado: Poder e a produção da história.* Curitiba: Huya, 2016.

OLIVEIRA, Anderson José M. "Santos Negros e Negros Devotos: A Irmandade de Santo Elesbão e Santa Efigênia no Rio de Janeiro, século XIX". *Cativeiro e Liberdade*, Rio de Janeiro, UFRJ, Niterói, UFF, v. 4, 1997.

VAINER, Livia. *Entre o encardido, o branco e o branquíssimo: Branquitude, hierarquia e poder na cidade de São Paulo.* São Paulo: Veneta, 2020.

VAINFAS, Ronaldo. "Colonização, miscigenação e questão racial: Notas sobre equívocos e tabus na historiografia brasileira". *Tempo*, Niterói, v. 8, pp. 1-12, 1999.

_____. *Dicionário do Brasil colonial (1500-1808).* Rio de Janeiro: Objetiva, 2000.

VALENTE, Rubens. *Os fuzis e as flechas: A história de sangue e resistência indígena na ditadura militar.* São Paulo: Companhia das Letras, 2017.

VALIM, Patrícia. *Corporação dos enteados: Tensão, contestação e negociação política na Conjuração Baiana de 1798*. São Paulo, USP, 2012, tese de doutorado.

VARNHAGEN, Francisco Adolfo de. *História geral do Brazil: Antes de sua separação e independência de Portugal*. Rio de Janeiro: E. & H. Laemmert, 1877, p. XXIV. tomo I.

VIANNA, Larissa. *O idioma da mestiçagem: As irmandades de pardos na América portuguesa*. Campinas: Editora da Unicamp, 2007.

VITORINO, Artur José Renda. *Máquinas e operários: Mudança técnica e sindicalismo gráfico (São Paulo e Rio de Janeiro, 1858-1912)*. São Paulo: Annablume; Fapesp, 2000.

WEST, Cornel. "A Genealogy of Modern Racism". In: ESSED, Philomena; GOLDBERG, David Theo (Orgs.). *Race Critical Theories: Text and Context*. Malden: Blackwell Publishing, 2002, pp. 90-112.

YOUSSEF, Alain El. *Imprensa e escravidão: Política, tráfico negreiro no Império do Brasil (Rio de Janeiro, 1822-1850)*. São Paulo: Intermeio, 2016.

_____. "Questão Christie em perspectiva global: Pressão britânica, Guerra Civil norte-americana e o início da crise da escravidão brasileira (1860-1864)". *Revista de História*, São Paulo, v. X, pp. 1-26, 2018.

ZERON, Carlos Alberto de Moura Ribeiro. *Linha de fé: A Companhia de Jesus e a escravidão no processo de formação da sociedade colonial — Brasil, séculos XVI e XVII*. São Paulo: Edusp, 2011.

Índice remissivo

1 Congresso Universal de Raças (Londres, 1911), 192

A

Abdera (Grécia), 11
abdicação de d. Pedro I (1831), 111, 123, 140
abertura dos portos (1808), 98, 101
abolição da escravidão: em Portugal (1761), 99; em São Domingos (futuro Haiti, 1800), 82, 90; no Brasil (1888), 139, 149-51, 174, 176, 179, 202, 244-5; no Ceará e no Amazonas (1884), 149, 166; no Império Russo (1863), 163; nos Estados Unidos (1863, ratificada em 1865), 147, 163, 239
Abolição, A (Viotti da Costa), 161*n*
abolicionismo/abolicionistas, 92, 96, 103, 113, 127, 128*n*, 150-2, 158-68, 179-81, 187; negros e negras abolicionistas, 167-9
Abreu, Martha, 188*n*, 205*n*
"Absence of Race: Slavery, Citizenship, and Pro-Slavery Ideology in the Cortes of Lisbon and the Rio de Janeiro Constituent Assembly (1821-4), The" (Berber e Marquese), 114*n*

absolutismo, 108, 123
Acã (povo africano), 280
Academia Real Militar (Rio de Janeiro), 99
"Ação afirmativa, um balão de ensaio em 1968" (Guimarães), 248*n*
Ação Libertadora Nacional (ALN), 236
açúcar/produção açucareira, 35, 41-3, 46, 52, 55, 58-9, 61-3, 66, 132-3
Adão e Eva, 94
Adelina (A Charuteira), 167
adinkras (aforismos do povo Acã), 280
Afonso V, d., 27-30, 37-8
afoxés, 255
África, 32-5, 40, 45, 54, 69, 72, 76, 81, 101, 106, 144, 157, 181, 238; Central, 56, 60*n*; fortes portugueses na, 35; guerras entre povos africanos, 34; independência dos países africanos, 237; navegação portuguesa no continente africano, 32; Ocidental, 106-7; Pequena África (Rio de Janeiro), 201, 204; sociedades africanas, 32-4, 45, 56, 59-61, 65; Sul do Saara, 33-4, 45
África do Sul, 240, 250, 272

303

*África e os africanos na formação
do mundo atlântico, 1400-1800,
A* (Thornton), 34n
africanos livres, 128-30, 137
*Africanos livres: A abolição do
tráfico de escravos no Brasil*
(Mamigonian), 130n
Aguilar Filho, Sidney, 207n
AI-5 (Ato Institucional nº 5), 243
Akotirene, Carla, 275n
Alagoas, 138
Albergati, Niccolò, 28
Albuquerque, Wlamyra Ribeiro de,
167n, 205n
alcoolismo, 198, 268
*Além da senzala: Arranjos escravos
de moradia no Rio de Janeiro
(1808-1850)* (Ynaê Lopes dos
Santos), 100n
Alencastro, Luiz Felipe de, 60n,
120n
aletheia (verdade), 11, 13, 17
Alexander, Michelle, 266n
"Alexandre Rodrigues Ferreira e
a capitania de Mato Grosso:
Imagens do interior" (Costa),
55n
Alexandre, Valentim, 98n
alforria/alforriados, 63-5, 69, 73, 76-
7, 80-2, 112, 127, 136, 164, 168,
174-5, 185; *ver também* libertos
Almeida, Rita Heloísa de, 71n
Almeida, Silvio Luiz de, 13n, 120n
Alonso, Angela, 151n
Alvez, José Cláudio Souza, 253n
Alvorada (jornal negro), 232
Amado, Janaína, 106n
Amancio, Kléber Antonio de
Oliveira, 205n
Amaral, Tarsila do, 216
"AmarElo" (canção), 277

Amazonas, província do, 149, 166
América do Sul, 63, 247
América Latina, 169, 247
América portuguesa, 40, 42-3, 45,
50-1, 53, 56-62, 66, 67, 70-4, 83,
101, 104, 113
Américas, colonização das, 24, 40, 58
Anal da Vila Bela ano de 1770
(documento), 54
analfabetismo no Brasil, 165, 184,
187, 215-6
ancilostomíase (doença do
"amarelão"), 215
Andrada e Silva, José Bonifácio de,
110, 113-4
Andrade, Mário de, 216
Andrade, Oswald de, 216
"André Rebouças e o pós-abolição:
Entre a África e o Brasil (1888-
1898)" (Mattos), 154n
*André Rebouças: Um engenheiro do
Império* (Trindade), 154n
Angola, 58, 60, 101
"Ano extraordinário: Greves, revoltas
e circulação de ideias no Brasil
em 1917, Um" (Toledo), 203n
Antigo Regime, 90, 92, 115-6
Antigo Testamento, 36
Antiguidade clássica, 11-2, 35, 280
antimanicomial, luta, 267
antirracismo/luta antirracista, 15, 19,
224, 238, 240, 255, 274-5, 282
Antonil, André João, 68
antropologia, 95; criminal, 156;
criminal, 156; criminal, 229;
criminal, 230; cultural, 157,
209-10
*Antropologia da escravidão: O ventre
de ferro e dinheiro* (Meillassoux),
34n
antropometria, 95

anúncios de venda ou fuga de escravizados, 124, 164

apartheid, 250

"Apontamento para a civilização dos índios bravos do Império do Brasil" (José Bonifácio), 113

"Aquarela do Brasil" (canção), 223

Arantes, Érika Bastos, 204n

Arbex, Daniela, 268n

Arguim, forte de (África), 35

aristocracia portuguesa, 30

"arquivos da escravidão", queima dos (a mando de Rui Barbosa), 190

artistas negros, 217, 239

Ásia, 34, 76, 157, 181

asiáticos, 15, 191, 226

Asilo de Santa Teresa (Maranhão), 187

Assembleia Constituinte (1988), 257-60, 262; Subcomissão dos Negros, Populações Indígenas, Pessoas Deficientes e Minorias, 260; *ver também* Constituição brasileira (1988)

Assembleia Constituinte de Lisboa (1821), 109, 112

Assembleia Constituinte no Brasil (1823), 110, 112-4, 118n

Assis, Machado de, 182

Avengers of the New World: The Story of the Haitian Revolution (Dubois), 90n

Avis, dinastia de, 30, 32

Azevedo, Célia M. M., 193n

Azevedo, Elciene, 128n

B

Bahia, 23, 82, 99, 106, 111, 127, 134, 138-9, 197, 202-3, 223, 233, 263

bailes blacks, 239, 252, 255

Baixada Fluminense, 253

Balaiada (Guerra dos Bem-te-vis, MA, 1838-41), 139-40

Banco do Brasil, 99, 123

bandeirantes, 43-4, 51-3, 55-6

Barata, Cipriano, 83

Barbosa, Francisco de Assis, 190n

Barbosa, Rui, 151, 181, 190, 213

Barbosa, Silvana Mota, 115n

Barcellos, Caco, 269n

Barreto, Lima, 217

Barros, Surya Aaronovich Pombo de, 187n

Barroso, Ary, 74, 223

Basile, Marcello, 138n

Batalha de Alfarrobeira (1449), 27

batuques, 81

Beatriz Nascimento: Uma história feita por mãos negras (org. Ratts), 53, 282n

beleza, ideia de (vetada para a população não branca), 229, 252-3

bem-estar social, 259

Benci, Jorge, 68

Benedito, são, 80

Bento, Maria Aparecida Silva, 282n

Berbel, Márcia Regina, 114n

Bertioga (SP), 162n

Bestializados: o Rio de Janeiro e a República que não foi (Carvalho), 182n

Bethencourt, Francisco, 31n, 94n

Bíblia, 36, 161

Biblioteca Real (Rio de Janeiro), 99

Bilge, Sirma, 275n

Biotônico Fontoura, 214

black power (movimento), 239, 253

Blackburn, Robin, 36n, 58n, 97n

Bloqueio Continental, 97

Boas, Franz, 209

305

Boletim de Eugenia (periódico), 225

Bolívia, 43

"bom selvagem", ideia do, 145

Bonaparte, José, 97

Bonaparte, Napoleão, 97

Bomfim, Manuel, 213

Borges, Juliana, 266n

bossa nova, 233-4

botocudos, indígenas, 100, 158

Boxer, Charles R., 33n, 75n

Bragança, Casa dos, 27, 140, 145

Brandão, Joaquim Eduardo Leite, 127

Brandão, Leci, 171

branquitude, 255, 279; elites brancas, 142-3; política de embranquecimento da população brasileira, 175, 191-2, 194, 202, 218, 225, 227, 231; população branca, 15, 19, 53, 66, 70, 78, 96, 138, 181, 237, 247, 254; privilégio branco, 14-5, 19, 69, 77, 185, 200, 243, 246, 271, 273, 275, 279; supremacia branca, 15, 18-9, 228, 260, 275, 279; *ver também* racismo

Brasil colônia *ver* América portuguesa

Brasil imperial *ver* Império do Brasil

Brasil Imperial — volume I — 1808-1831, O (Grinberg e Salles), 104n, 110n

Brasil Imperial — volume II — 1831--1870, O (Grinberg e Salles), 138n

Brasil, Eric, 205n

Brasil: Formação do Estado e da Nação (Jancsó), 110n

Brasileiro Pardo (periódico), 125

Brasília, 261, 263

brasilidade, 141, 209-11, 216-21, 223-4, 230-1, 233

Brito, Francisco de Paula, 124, 133

Brito, Luciana, 154n

Broca, Paul, 155-6

Buck-Mors, Susan, 90n

C

Cabanada (1832-35), 138

Cabeça de Porco (cortiço carioca), 199

Cabral, Pedro Álvares, 23, 37-40

Cabrito, O (periódico), 125

café/cafeicultura, 132, 147-9, 161, 165, 183, 186, 189; oligarquia cafeicultora, 182, 186

Caim (personagem bíblica, filho de Adão), 36

caipira, estereotipagem do, 213-5

Calabouço (prisão para escravizados na Corte), 103

Cam (personagem bíblica, filho de Noé), 36

Câmara dos Deputados, 118, 167, 190

Caminha, Pero Vaz de, 37-8

Caminhos da história ensinada (Fonseca), 247n

Camões, Luís Vaz de, 30, 32

Campina do Monte Alegre (SP), 206

Campinas (SP), 203

campos de concentração nazistas, 268

Campos Melo, Laudelina de, 173-7, 188, 204

Campos Melo, Marcos Aurélio de (pai de Laudelina), 175-6

Campos Melo, d. Maria de (mãe de Laudelina), 173-5

Canabarro, David, 140

cana-de-açúcar *ver* açúcar/
produção açucareira
Candelária, Chacina da (Rio de
Janeiro, 1993), 262-4
Cândido, João (Almirante Negro),
201
candomblé, 205, 273
Caneca, Frei, 104
canibalismo, 51
Canindé (quilombola), 52, 53
Canudos, Guerra de (Bahia, 1896-7),
197-8, 200, 213
Capanema, Gustavo, 226
capitalismo, 33, 44, 65-6, 247
capitanias hereditárias na América
portuguesa, 41
capoeira(s), 103, 194, 196-7, 201,
223, 283
Carandiru, Massacre do (São Paulo,
1992), 262, 264
Cardoso, Elizeth, 233
Caribe, 47, 66, 133
Carnaval, 205, 211, 223, 233
Carneiro Leão (traficante de
escravos), 102
Carneiro, Edison, 53*n*, 241, 242*n*
Carneiro, Sueli, 282*n*
Carone, Iracy, 282*n*
Carrefour, 278
Carta Constitucional (1824), 114-9,
121, 123, 130, 139, 141, 165, 194
Carta de Pero Vaz de Caminha, 37-8
Carula, Karoline, 157*n*
Carvalho, José Murilo de, 182*n*
Carvalho, Marcus J. M. de, 138*n*
Carvalho, Maria Alice Rezende
de, 154*n*
Casa de Tia Ciata, 223
Casa-grande & senzala (Freyre),
209-10, 225
Castilho, Celso Thomas, 167*n*

Castro Jr., Sebastião Eugenio
Ribeiro, 126*n*
Castro e Gomes, Angela de, 221*n*
Catedral de Petrópolis, 244
catequese de indígenas, 49, 51, 72, 159
catolicismo *ver* Igreja católica
Caxias, duque de, 102, 111, 140,
145, 257
Ceará, 149, 166, 200
*Cem anos da Revolta da Chibata:
João Cândido e a saga
dos marinheiros negros*
(Nascimento), 202*n*
Censo de 1872, 165
censura, 236
"Centrão" (centro democrático), 259
Centro da Lavoura e do Comércio
(CLC), 148
Centro-Sul do Brasil, 123
cérebro humano, 155
Cerri, Luiz Fernando, 247*n*
Césaire, Aimé, 238
Ceuta, conquista de (1415), 32
Chacina da Candelária (Rio de
Janeiro, 1993), 262-4
Chacina de Vigário Geral (Rio de
Janeiro, 1993), 263
Chacina do Jacarezinho (Rio de
Janeiro, 2021), 279
Chagas, Cosme Bento das, 139
Chalhoub, Sidney, 135*n*, 193*n*
charlatanismo, acusações de, 227
Chaui, Marilena, 247*n*
Chavis Jr., Benjamin Franklin, 274
chefaturas africanas, 35
Chico da Matilde (Francisco José
do Nascimento), 149, 168
China, 236
Cícero, padre, 200
cidadania brasileira, 117, 120, 149, 184

Cidade que dança: Clubes e bailes negros no Rio de Janeiro (1881-1933), A (Pereira), 205n

Ciex (Centro de Informações do Exterior), 251

"Cigarreiras revoltosas e o movimento operário: História da primeira greve feminina do Recife e as representações das mulheres operárias na imprensa, As" (Souza), 203n

classe trabalhadora, 202-3, 221, 232, 236, 245

"classes perigosas", medo das ditas, 193-5, 197

clientelismo, 64, 174, 184, 197

CLT (Consolidação das Leis Trabalhistas), 221, 259

Código Criminal (1830), 121

Código Penal (1890), 193, 194-5, 223

Código Justiniano, 63

Coelho, Mauro Cezar, 71n

Coimbra, Casa de, 27

Collins, Patricia Hill, 275n

"Colonização, imigração e a questão racial no Brasil" (Seyferth), 191n

"Colorindo memórias: Ditadura militar e racismo", 248n

Com a palavra, Luiz Gama: Poemas, artigos, cartas, máximas (Ferreira), 127n

Comissão da Verdade, 256

Comissão Nacional da Verdade, 251, 255n

Como o racismo criou o Brasil (Souza), 282n

"Como se deve escrever a história do Brasil" (Martius), 143n

compadrio, 81-2

Companhia dos Homens Pretos (primeiro sindicato do Brasil), 204

comunismo, 236, 247, 248, 250, 253

Concebendo a liberdade: Mulheres de cor, gênero e a abolição da escravidão nas cidades de Havana e Rio de Janeiro (Cowling), 167n

"Condenado pela raça, absolvido pela medicina: O Brasil descoberto pelo movimento sanitarista da Primeira República" (Lima e Hochman), 199n

Confederação do Equador (Pernambuco, 1824), 116

Conferência Mundial contra o Racismo, Discriminação Racial, Xenofobia e Intolerância Correlata (Durban, na África do Sul, 2001), 272

Congresso Brasileiro de Eugenia (1929), 225

Congresso Nacional, 116, 259, 261, 273

Conjuração Baiana (Revolta dos Alfaiates, 1798), 82-3, 181

Conquista da América: A questão do outro, A (Todorov), 47n

Consciência Negra, 257, 278

Conselheiro, Antônio, 197

Constant, Benjamin, 115n, 180

Constitucionalismo brasileiro e o Atlântico negro: A experiência constituinte de 1823 diante da Revolução Haitiana (Queiroz), 118n

Constituição brasileira (1891), 183-4, 194, 219, 226

Constituição brasileira (1934), 226

Constituição brasileira (1967), 242, 248

Constituição brasileira (1988), 185, 258-9, 261

"Construção de uma lei: O Diretório dos Índios, A" (Coelho), 71*n*

Construção do escravismo no Novo Mundo: Do Barroco ao Moderno, 1492-1800, A (Blackburn), 36*n*

"Construindo a nação: Hierarquias raciais e o papel do racismo na política de imigração e colonização" (Seyferth), 191*n*

Contestado, Guerra do (Santa Catarina, 1912), 200

Contra a moral e os bons costumes: A ditadura e a repressão à comunidade LGBT (Quinalha), 253*n*

Contra-história do liberalismo (Losurdo), 92*n*

"contrato racial", 14

Convenção Adicional (1817), 103

Convenção Internacional sobre a Eliminação do Racismo e de Todas as Formas de Discriminação Racial (ONU, 1969), 248-9

cor da pele, 14, 24, 34, 37, 76, 121, 122, 137, 155-6, 194, 224, 230, 266, 268

"Cor, etnicidade e formação de classe no porto no Rio de Janeiro: A Sociedade de Resistência dos Trabalhadores em Trapiche e Café e o conflito de 1908" (Cruz), 204*n*

Coroa espanhola, 48, 58

Coroa portuguesa, 30, 40-2, 50, 70, 77, 79, 97

coronelismo, 184, 197

Corpo hipocrático (documentos gregos), 11

corpo humano, medições do, 155

Correio de Notícias (jornal), 258

Costa, Arthur Timótheo da, 217

Costa, Emília Viotti da, 161*n*

Costa, João Timótheo da, 217

Costa, Maria de Fátima, 55*n*

cotas raciais, 271, 274

Cotegipe, barão de, 167

Coutinho, d. Rodrigo de Sousa, 97, 103

Couto, Antônio Vieira do, capitão, 21

Covid-19, pandemia da, 277-9

Cowling, Camillia, 167*n*

craniologia, 95, 156, 158

Crenshaw, Kimberle, 275*n*

crianças negras, 187, 206-8, 218, 225, 229, 263, 273

"Criar a nação por herdar o Império: Tradição e modernidade no projeto nacional de José Bonifácio" (Silva), 113*n*

Crime do restaurante chinês: Carnaval, futebol e justiça na São Paulo dos anos 30, O (Fausto), 224*n*

crime inafiançável, racismo como (Lei Caó, 1989), 262

criminalidade, 103, 266, 268

Criola (ONG), 261

Crioulo, O (periódico), 125

cristianismo, 28, 31, 38, 46, 48-50, 63, 75-7, 80, 114

Cruz, Jerônimo Aguiar, 79*n*

Cruz, Maria Cecília Velasco e, 204*n*

Cruzadas (séc. XI-XIII), 31-2, 37

Cuba, 163, 236

cultura negra, 205, 239-40

Cultura negra: Festas, carnavais e patrimônios negros (org. Abreu et al.), 205*n*

Cunha, Euclides da, 213

Cunha, Olívia Maria Gomes da, 193n, 230n

curandeiras e curandeiros, perseguição policial a, 227

Cuvier, Georges, 95

D

D'Eu, conde, 244

Dançando na mira da ditadura: Bailes soul e violência contra a população negra nos anos 1970, 252n

Dantas, Carolina, 188n

Dantas, Lucas, 82, 83

Dantas, Monica Duarte, 125n

Darwin, Charles, 95, 154, 157

darwinismo social, 157

Darwinismo, raça e gênero: Projetos modernizadores de nação em conferências e cursos políticos (1870-1889) (Carula), 157n

Das cores do silêncio: O significado da liberdade no Sudeste escravista — Brasil, século XIX (Mattos), 125n

Das faisqueiras, catas e galerias: Exploração do ouro, leis e cotidiano das Minas Gerais do século XVIII (1702-1762) (Flávia Reis), 56n

Dávila, Jerry, 215n, 228n

Davis, David Brion, 36n

De que lado você samba?: Raça, política e ciência na Bahia da pós-abolição (Sampaio), 205n

Declaração dos Direitos do Homem e do Cidadão (1789), 92

"degenerescência racial", teoria da, 94, 193n, 212, 216, 227, 229

democracia, 236, 258

"democracia racial", mito da, 143, 153, 210n, 211, 219n, 220, 224, 230-1, 233-5, 237, 240-1, 243, 247, 249-50

Demócrito, 11

"desastres naturais", mortes decorrentes dos, 274

Descobrimento do Brasil (1500), 23, 37, 39

Dessalines, Jean-Jacques, 89

Deus, João de (conjurado baiano), 83

Devotos da Cor: Identidade étnica, religiosidade e escravidão no Rio de Janeiro, século XVIII (Soares), 82n

Dia da Raça Brasileira, criação do (8 de setembro de 1939), 224

Dia do Fico (9 de janeiro de 1822), 109

Dia Nacional da Consciência Negra (20 de novembro), 257, 278

Dias, Henrique, 80

"Dinâmica da escravidão no Brasil: Resistência, tráfico negreiro e alforrias, séculos XVII a XIX, A" (Marquese), 64n, 120n

Diploma de brancura: Política social e racial no Brasil — 1917-1945 (Dávila), 215n, 228n

direitos civis, 116, 118-9, 130, 185, 236, 238-9

direitos humanos, 238-9, 248, 253, 263, 270

Diretório dos Índios, 70-2, 75

Diretório dos Índios: Um projeto de "civilização" no Brasil do século XVIII, O (Almeida), 71n

discriminação racial, 15, 75n, 77, 124, 143, 185, 233, 248, 260

Disney, Walt, 223

"dispensas de cor", solicitações de, 79

ditadura militar (1964-85), 235-7, 242, 244-50, 252*n*, 253-4, 256*n*, 258
ditadura varguista (1937-45) *ver* Estado Novo
Diwan, Pietra, 226*n*
doenças mentais, 198, 229, 267-8
Dois de Julho (independência da Bahia, 1823), 106, 111-2
Dolhnikoff, Miriam, 113*n*
Domingues, Petrônio, 167*n*, 188*n*, 205*n*, 222*n*
Dops (Departamento de Ordem Política e Social), 235
Dos barões ao extermínio: Uma história da violência na Baixada Fluminense (Alvez), 253*n*
Doutrina de Segurança Nacional, 248, 251
doxa (opinião), 11-2
Dragão do Mar (Francisco José do Nascimento), 149, 168
drogas e "guerra antidrogas", 269, 279
DSI (Divisão de Segurança e Informações), 251
Dubois, Laurent, 90*n*
Dum Diversas (bula papal de 1452), 29
Duque de Caxias: O homem por trás do monumento (Barreto), 140*n*

E

economia brasileira, 132-3, 162*n*
economia mundial, 101, 132
Editor no Império: Francisco de Paula Brito — 1809-1861, Um (Godoi), 124*n*
educação formal de negros e negras, 186-8
Educação, autoritarismo e eugenia: Exploração do trabalho e

violência à infância desamparada no Brasil (1930-45) (Aguilar Filho), 207*n*
Educandário Romão de Mattos Duarte (Rio de Janeiro), 206
"Eis o mundo encantado que Monteiro Lobato criou": Raça, eugenia e nação (Habib), 215*n*
El Mina, forte de (África), 35
Elesbão, santo, 80-1
Em costas negras: Uma história do tráfico de escravos entre a África e o Rio de Janeiro — séculos XVII e XIX (Florentino), 60*n*, 101*n*, 131*n*
embranquecimento, política de, 191-2, 194, 202, 218, 225, 231
Emicida, 277
empregadas domésticas, 173-76, 274
Encarceramento em Massa (Borges), 266*n*
encarceramento em massa, política de, 266
encomienda, 47-8
engenhos, 41-2, 52, 58; *ver também* açúcar/produção açucareira
Ensino de história e a ditadura militar, O (org. Cerri), 247*n*
entidades negras, 232, 250-1, 256-7, 272
"Entre o mito e os fatos: Racismo e relações raciais no Brasil" (Hasenbalg), 241*n*
Epimeteu (personagem mitológica), 280
Era Vargas (1930-45), 206, 208, 211-2, 218-9, 221, 225-6, 230, 232-3
Esaú e Jacó (Machado de Assis), 182*n*
Escola Militar da Praia Vermelha (Rio de Janeiro), 201
Escola Nacional de Belas Artes do Rio de Janeiro, 217

Escola Superior de Guerra (ESG), 250-1

escolas: públicas, 228; racismo nas, 273

escravidão: africanos escravizados, 33, 35, 37, 39, 41-6, 49-50, 56-62, 64, 66, 80, 93, 96, 101, 121-3, 131-3, 136, 146, 159, 161-2, 235; alforria/alforriados, 63-5, 69, 73, 76-7, 80-2, 112, 127, 136, 164, 168, 174-5, 185; de povos africanos em guerra, 34; elites escravocratas, 102, 123, 133-5, 147-8, 161, 163-6; escravizado moderno como propriedade privada, 60-1, 68-9; escravizados no Rio de Janeiro, 99-101; expectativa de vida para os escravizados, 166; força do sistema escravista no período joanino, 103; ilegalidade da (1831), 127-9; indígenas escravizados, 39-40, 42-5, 47-51, 62, 72, 75, 100; José Bonifácio e a, 113; legitimada pela Igreja católica, 29, 36n, 37, 50; manutenção da, 104, 112, 114-6, 122, 135, 163-4, 166-7; moderna, 42, 66, 188; na Antiguidade, 65; na perspectiva de iluministas e liberais, 93; no Antigo Testamento, 36; número de africanos desembarcados nas Américas e no Brasil, 46, 59, 62, 131-2, 136; origens na Revolução Neolítica, 65; percentual de escravizados na população brasileira (censo de 1872), 165; preços de africanos escravizados (séc. XIX), 102, 164; queima dos "arquivos da escravidão" (a mando de Rui Barbosa), 190; racialização da escravidão moderna, 66, 188; reescravização, 64; regime análogo à, 207; relação composta pelo escravizado e seu proprietário, 67; sexagenários, 166; sociedade escravista, 66, 68, 90, 114; Teoria da Escravidão Natural, 48; *ver também* racismo

Escravidão e cidadania no Brasil monárquico (Mattos), 120n

Escravidão e Estado: Entre princípios e necessidades, São Paulo (1835-1871) (Martins), 162n

Escravidão e morte social: Um estudo comparativo (Patterson), 66n

Escravidão e política: Brasil e Cuba, c. 1790-1850 (Parron), 114n

"Escravidão moderna nos quadros do Império português: O Antigo Regime em perspectiva Atlântica, A" (Mattos), 77n

Escravidão na África: Uma história de suas transformações, A (Lovejoy), 34n

escravidão negra, 186, 189

Escravos daqui, dali e de mais além: O tráfico interno de cativos na expansão cafeeira paulista (Motta), 147n

Escravos e libertos no Brasil colonial (Russell-Wood), 78n

Escritos de liberdade: Literatos negros, racismo e cidadania no Brasil oitocentista (Magalhães Pinto), 152n

Espanha, 48, 97

Espetáculo das raças: Cientistas, instituições e questão racial no Brasil (1870-1930), O (Schwarcz), 157n, 158n esquerda política, 232, 248

Estado de bem-estar social, 259

Estado nacional brasileiro, 110n, 121-2, 181, 211, 225, 242, 248

Estado Novo, 218-20, 222-4, 226-7, 230-1, 250

Estados Unidos (EUA), 66, 89, 97, 147, 163, 180-1, 211, 212, 239-40, 247, 250-1, 266, 277; 13ª Emenda Constitucional, 239; Leis Jim Crow (de segregação racial), 181, 239

Estandarte, O (jornal), 128-9, 147

Estrada de Ferro Central do Brasil, 150, 203

"Estruturas intocadas: Racismo e ditadura no Rio de Janeiro" (Pires), 248n, 256n

estudantes negros e negras, 17n, 273

estudos sociais, aulas de (na ditadura militar), 246

Etnicidade, gênero e educação: A trajetória de vida de d. Laudelina de Campos Mello (1904-1991) (Elisabeth Aparecida Pinto), 173n

eugenia, 157, 206, 208, 215, 225, 227-30, 240, 252

Europa, 28, 30-1, 34, 65, 91, 96, 180

exclusão racial e social, 76, 117-8, 177, 179, 183, 185-6, 193-4, 197, 257

Executivo, Poder, 116, 272

Exército brasileiro, 140-1, 201, 213, 257

ex-escravizados *ver* libertos

expectativa de vida para os escravizados, 166

Exposições Universais, 148

F

Faces do trabalho: Escravizados e livres (org. Goldmacher et al.), 204n

Falsa medida do homem, A (Gould), 94n, 155n, 156n

Fanon, Frantz, 238, 266-7

Farias, Eny Kleyde Vasconcelos, 106n

Farias Jr., Emmanuel de Almeida, 55n

Farroupilha, Revolta (Guerra dos Farrapos, RS, 1835-40), 139-40

fascismo, 225, 243

Faustino, Manuel, 83

Fausto, Boris, 224n

Fazenda Guarani, 254

federalismo, 180, 183

Feijó, Diogo, 129, 132, 134-5

"feitiçaria", acusações de, 196

Feitores do corpo, missionários da mente: Senhores, letrados e o controle dos escravos nas Américas, 1660-1860 (Marquese), 68n

Fernandes, Florestan, 241

Ferreira Santos, família, 102

Ferreira, família, 102

Ferreira, Ligia Fonseca, 127n

Ferrez, Marc, 148

ferroviários, greves de, 203

"Festa e resistência negra no Rio de Janeiro: Batuques escravos e as comemorações pela abolição em maio de 1888" (Moraes), 179n

Fiador dos brasileiros: Cidadania, escravidão e direito civil no tempo de Antônio Pereira Rebouças, O (Grinberg), 126n

Fick, Carolyn E., 90n

Fico, Carlos, 249n

Florentino, Manolo, 60n, 101n, 131n

Flores, votos e balas: O movimento abolicionista brasileiro (1868-1888) (Alonso), 151n

Floyd, George, 277-8

Fluminense Football Clube, 217

Folha de S.Paulo (jornal), 258

Fonseca, Marcus Vinícius, 187n

Fonseca, Selva Guimarães, 247n

Força da escravidão: Ilegalidade e costumes do Brasil oitocentista, A (Chalhoub), 135n

forte de São Pedro (Salvador), 139

fortes portugueses na África, 35

Fragmentos setecentistas: Escravidão, cultura e poder na América portuguesa (Lara), 78n

Fragoso, João Luís, 60n

França, 89, 96-7, 238; Revolução Francesa (1789), 92

Franca, Belisário, 207n

Francisco Montezuma e os dilemas da mestiçagem e da cidadania na construção do Império do Brasil (c. 1820-c. 1834) (Castro Jr.), 126n

Franco, Maria Sylvia de Carvalho, 125n

Franco, Marielle, 274

Frederico III, imperador do Sacro Império Romano Germânico, 28

Freitas, Décio, 53n

Frente Negra Brasileira, 174, 222, 231, 240

Freyre, Gilberto, 153, 209-11, 228

Fundação Cultural Palmares, 261

Fundo de Emancipação, 164

Fuzis e as flechas: A história de sangue e resistência indígena na ditadura militar, Os (Valente), 255n

G

Gabinete de Identificação Criminal (Rio de Janeiro), 229

Gama, Luiz, 85, 127-9, 151, 167, 181

Gana, 280

ganhadores negros, greve de (Bahia, 1857), 202

Ganhadores: A greve negra de 1857 na Bahia (Reis), 203n

Garcia, Elisa Fruhauf, 71n

Garcia, Esperança (escravizada), 21

Garcia, Januário, 256-7

Geledés (Instituto da Mulher Negra), 261

"Genealogy of Modern Racism, A" (West), 15n

genética, 218, 268

Genocídio do negro brasileiro: Processo de um racismo mascarado, O (Nascimento), 13n, 282n

genocídio no Brasil, 140, 280

Gil, Gilberto, 262

Gobineau, Arthur de, 158

Godoi, Rodrigo Camargo de, 124n

Góes, Weber Lopes, 215n

Goldmacher, Marcela, 204n

golpe militar (1964), 242

Gomes Barroso, família, 102

Gomes, Flávio dos Santos, 53n, 57n, 167n, 203n, 205n

Gomes, Nilma Lino, 260n, 282n

Gonzaga, Luís (conjurado baiano), 83

Gould, Stephen Jay, 94n, 155n, 156n

governo provisório (1930-34), 220

Grã-Bretanha *ver* Inglaterra

"Grande mentiroso: Tradição, veracidade e informação em história oral, O" (Amado), 106n

Grandes Navegações, 32, 33, 74

Grão-Pará, 70, III, 138

Grécia Antiga, II-2, 65, 280

Grespan, Jorge, 92n

greves, 182, 202-3, 220

"Greves antes da 'grève': As paralisações do trabalho feitas por escravos no século XIX, As" (Negro e Gomes), 203n

Grinberg, Keila, 104n, 110n, 126n, 138n

Grupo Palmares (1971-1978) e suas estratégias de enfrentamento ao racismo da ditadura de Segurança Nacional Brasileira, O (Macedo), 248n

grupos de extermínio, 253

Guarda Municipal de São Paulo, 222

Guarda Negra, 196-7

Guedes, Roberto, 79n

"guerra antidrogas", 269, 279

Guerra de Troia, 12

Guerra do Paraguai (1864-70), 141, 163

Guerra do Paraguai: Escravidão e cidadania na formação do Exército (Salles), 141n

Guerra dos bárbaros: Povos indígenas e a colonização do sertão Norte do Brasil, 1650-1720, A (Puntoni), 44n

Guerra Fria, 247

"guerra justa", conceito de, 37, 48-50, 100

Guerras de Independência (1822-3), 106-7, III, 140

Guimarães, Antonio Sérgio Alfredo, 232n, 241n, 248n

Guimarães, Carlos, 57n

Guimarães, Silva, 161

Guimarães, Ulysses, 258

"guinéus" (africanos), 29-30, 33, 49

H

Habib, Paula Arantes Botelho Briglia, 215n

Habsburgo, dinastia de, 145

Haiti: Declaração de Independência do Haiti (1804), 89; haitianismo, 95, 112; Revolução do Haiti (1791-1804), 63, 83, 90-1, 95, 96, 112, 118, 161

"Haiti" (canção), 262

Hall, Ruby Bridges, 239

Hasenbalg, Carlos A., 241n

hauçás, africanos, 235

Haximu, Massacre de (RO), 263

Hegel e o Haiti (Buck-Morss), 90n

Henriques (milícia negra de Pernambuco), 79-80

higienismo, 198-9, 214-5, 217n, 225

Hino à liberdade dos escravos (Maria Firmina dos Reis), 169

Hipócrates, II-3

História da educação dos negros no Brasil, A (Fonseca e Barros), 187n

História da vida privada no Brasil. v. 3: República: Da Belle Époque à era do rádio (org. Sevcenko), 202n

História do branqueamento ou o negro em questão, Uma (Houfbauer), 16n

história ensinada nas escolas (durante a ditadura militar), 246

História geral do Brazil: Antes de sua separação e independência de Portugal (Varnhagen), 144n

História geral do Brasil (Varnhagen), 144

historiografia brasileira, 53n, 79n, 82n, 98, 135n, 144, 167, 187n, 219-20

Hochman, Gilberto, 199n
holandeses na América portuguesa, 58, 80
Holocausto (Segunda Guerra Mundial), 94, 208
Holocausto Brasileiro. Genocídio: 60 mil mortos no maior hospício do Brasil (Arbex), 268n
Homem de Côr, O (periódico), 124
Homens de grossa aventura (Fragoso), 60n
Homens livres na ordem escravocrata (Franco), 125n
Honorato, Cláudio de Paula, 131n
hospícios e colônias de alienados, negro e negras em, 268
Houfbauer, Andreas, 16n
humanidade, supostas origens da, 94
Humanismo, 28-9

I

ianomâmis, indígenas, 263
Idade Média, 36n, 80
identidade brasileira, 143
"Identidade e diversidade étnicas nas irmandades negras no tempo da escravidão" (Reis), 82n
Ifigênia, santa, 80-1
Igreja católica, 28, 30, 36, 49-50, 58, 63, 67, 80-1, 183, 191, 206, 228, 235
igrejas do Rio de Janeiro, 81
Ilê Aiyê (entidade cultural de Salvador), 239
Iluminismo, 83, 89, 91-4, 161
imigrantes, 162, 189, 191-4, 202-3, 218, 225-7, 235-6
Imperatriz, cais da (Rio de Janeiro), 131

Império asteca, 65
Império do Brasil, 18, 61, 66, 85-169, 179, 181, 183, 185-6, 196, 203n, 245
Império marítimo português, 1415-1825, O (Boxer), 33n, 75n
Império português, 33, 46, 58-9, 69, 75n, 76, 87, 97-102, 108-10, 122, 130; *ver também* América portuguesa
Império Romano, 35, 65
Império Russo, 163
Império Serrano (escola de samba), 204
Impérios muçulmanos, 65
Imprensa e escravidão: Política e tráfico negreiro no Império do Brasil (*Rio de Janeiro, 1822-1850*) (Youssef), 133n
imprensa negra, 124, 232, 240, 251
Imprensa negra no Brasil do século XIX (Magalhães Pinto), 124n
Imprensa Régia (Rio de Janeiro), 99
Inconfidência Mineira (1789), 82-3, 181
indenizações a ex-senhores de escravos, 164, 166, 190
Independência do Brasil (1822), 87, 89, 98, 105, 107, 110, 122-3
Independência do Haiti (1804), 89
Independência: História e Historiografia (org. Jancsó), 110n
Índico, oceano, 41
indígenas, 15, 17, 19, 23-4, 38, 39-45, 47n, 48-52, 54, 56, 66, 70-2, 74, 100, 106, 113, 138-9, 144-5, 158-9, 186, 188, 199, 209, 211, 227, 247, 249-50, 254-5, 25-60, 262-4, 273-4, 279, 282; "aculturação" de, 254; assassinatos e massacres de, 263; catequese de, 49-51, 72, 159; como "negros da

terra", 39-40, 42, 50, 72, 75;
Diretório dos Índios, 70-2, 75;
dizimados pela violência e por
epidemias, 47; escravizados, 39-
40, 42-5, 47-51, 62, 72, 75, 100;
terras indígenas, 254; violência
sofrida durante a ditadura
militar, 254
infame comércio *ver* tráfico
negreiro
*Infame comércio: Propostas e
experiências no final do tráfico
de africanos para o Brasil (1800-
1850), O* (Rodrigues), 123*n*, 128*n*
Inglaterra, 14, 96-8, 103, 112, 122-3,
130, 146-7, 161-2, 238
Instituto de Pesquisa das Culturas
Negras (IPCN), 256
Instituto Histórico e Geográfico
Brasileiro (IHGB), 142-3, 145, 210
Instituto Medicamenta Fontoura,
214-5
insurreições *ver* revoltas e
insurreições de escravizados
*Integração do negro na sociedade de
classes, A* (Florestan Fernandes),
241
intelectuais negros e negras, 16, 133,
188*n*, 209, 241, 282*n*
*Intenção e gesto: Pessoa, cor e a
produção cotidiana da* (in)
diferença no Rio de Janeiro, 1927-
1942 (Cunha), 193*n*, 230*n*
Intendência-Geral de Polícia da
Corte, 102
interseccionalidade, conceito de,
275*n*
intolerância religiosa, 273-4
*Introdução crítica à sociologia
brasileira* (Ramos), 242*n*
"Introdução: O prelúdio
republicano, astúcias da

ordem e ilusões do progresso"
(Sevcenko), 202*n*
Invasões Holandesas, 58
Invenção do trabalhismo, A (Castro e
Gomes), 221*n*
Irmandade São José do Ribamar
(Pernambuco), 187
irmandades negras, 80-1, 150
Isabel, princesa, 151, 153, 167, 179,
197, 244-5
islamismo, 76
Itália, 28, 240
Itamaraty, 249
Itaparica, ilha de (BA), 106

J

Jacarezinho, Chacina do (Rio de
Janeiro, 2021), 279
*jacobinos negros, Os: Toussaint
L'Ouverture e a Revolução de São
Domingos* (James), 90*n*
janduís, indígenas, 52
Jamaica, 238
James, C. L. R., 90*n*
Jancsó, István, 110*n*
Jardim Botânico (Rio de Janeiro), 99
jazz, 233
Jeca Tatu (personagem), 212-4, 218
Jeca Tatuzinho (cartilha infantil de
Monteiro Lobato), 214-6, 227
Jequitinhonha, visconde de
(Francisco Jê Acaiaba
Montezuma), 125
jesuítas, 50-1, 67-8
Jesus Cristo, 50
Jesus, Carolina Maria de, 234
Jesus, Marize C. de, 248*n*
Joana Angélica, 111
João Alberto (vítima de violência
racista), 278

João III, d. (rei de Portugal), 41

João VI, d. (príncipe regente do Brasil), 97-8, 100, 103, 108-10, 112, 122

Jogo da dissimulação: Abolição, raça e cidadania no Brasil, O (Albuquerque), 167n

"Jogo duro do Dois de Julho: O 'Partido Negro' na Independência do Brasil, O" (Reis), 112n

Jorge, são, 81

Jornal do Brasil, 258

José Bonifácio (Dolhnikoff), 113n

José I, d., 70

José Piolho (quilombola), 54

jovens negros e negras, 239, 269, 271-2, 274

judeus, 30, 37, 76, 208, 240

Judiciário, Poder, 116

Juliano Moreira: um médico negro na fundação da psiquiatria brasileira (Ynaê Lopes dos Santos), 268n

Jundiaí (SP), 203

Junqueira, família, 173-5

K

Karasch, Mary C., 57n, 100n

Kehl, Renato, 225-6

King Jr., Martin Luther, 239

Kössling, Karin Sant'Anna, 248n

Koutsoukos, Sandra Sofia Machado, 180n

Ku Klux Klan, 212

Kubitschek, Juscelino, 247

L

"Laboratório da Nação: A era regencial (1831-1840), O" (Basille), 138n

Laboratório de Antropologia Criminal (Rio de Janeiro), 229

"laboratório racial", Brasil como, 240

Lacerda, João Batista de, 158, 175, 192, 193n

Lacombe, Américo Jacobina, 190n

Ladislau Netto, 159

laicidade da República brasileira, 183

Lanceiros Negros, 139-40

Lar, trabalho e botequim: O cotidiano dos trabalhadores no Rio de Janeiro da Belle Époque (Chalhoub), 193n

Lara, Silvia Hunold, 53n, 68n, 78n

Las Casas, Bartolomeu de, 48-50

Laudelina (sindicalista negra) *ver* Campos Melo, Laudelina de

Lavrador de café, O (tela de Portinari), 216

Leclerc, George-Louis, 94

Legado da militância negra pós-64 para a democratização das relações étnico-raciais, O (Marize Conceição de Jesus), 248n

"Legislação sobre escravos africanos na América portuguesa" (Lara), 68n

Legislativo, Poder, 116, 118, 164

Lei Afonso Arinos (contra discriminação racial, 1951), 233

Lei Áurea (1888), 151-2, 167, 179, 181, 190, 244, 256, 261

Lei Caó (criminalização do racismo, 1989), 262

Lei de 4 de setembro de 1850 (Lei Eusébio de Queirós, proibição definitiva do tráfico negreiro), 146, 160

Lei de 7 de novembro de 1831 (Lei Feijó, proibição do tráfico negreiro), 128-31, 133-6, 147; *ver também* africanos livres

Lei de Cotas (2012), 271

Lei de Reforma Eleitoral (Lei Saraiva, 1881), 165, 185

Lei de Terras (1850), 146, 160

Lei do Ventre Livre (1871), 148, 161, 163-5, 174, 187

Lei dos Sexagenários (Lei Saraiva-Cotegipe, 1885), 166

Leis Jim Crow (de segregação racial nos EUA), 239

Leis racializadas, 211

Lélia Gonzalez: Por um feminismo afro-latino-americano (org. Rios e Lima), 13n

Leopoldina, imperatriz, 110

LGBT, população, 253

liberalismo, 83, 91-3, 98

Liberdade por um fio: História dos Quilombos no Brasil (org. Reis e Gomes), 57n

libertos (ex-escravizados), 63-5, 73, 78-81, 111, 116-9, 124-5, 127, 134, 138-9, 141, 159-60, 165, 168, 189-90, 197; *ver também* alforria/alforriados

Lições para ordenar Salvador: Práticas de cura de dona Anália nas páginas do Diário de Notícias em 1940 (Soares), 227n

Lima, Carlos Eduardo de Freitas, 252n

Lima e Silva, Luís Alves de *ver* Caxias, duque de

Lima, Márcia, 14n

Lima, Nísia Trindade, 199n

Lineu (botânico sueco), 94

Linha de fé: A Companhia de Jesus e a escravidão no processo de formação da sociedade colonial — Brasil, séculos XVI e XVII (Zeron), 51n

Lisboa, 28, 37, 39, 97, 100, 108, 112; abolição da escravidão em (1761), 99; africanos escravizados em (1495), 35

Lloyd (empresa), 203

Lobato, Monteiro, 212-8, 225

Londres: 1 Congresso Universal das Raças (1911), 192

Lopez, Rodrigo, 12

Losurdo, Domenico, 92n

loucura, racismo e, 267

Louisiana (EUA), 97

Lovejoy, Paul F., 34n

Luanda, porto (Angola), 102

Luna, Francisco Vidal, 120n

Lusíadas, Os (Camões), 30

luta antirracista, 232, 248, 251, 279

Lutas antirracistas de afrodescendentes sob a vigilância do DEOPS/SP (1964-1983), As (Kössling), 248n

M

Macedo, Greice Adriana Neves, 248n

Machado, Maria Helena P. T., 167n

Macunaíma: O herói sem nenhum caráter (Mário de Andrade), 216

Magalhães, Mário, 236n

Maio, Marcos Chor, 191n, 199n, 241n

Maioridade, Golpe da (1840), 141

Making of Haiti, The: The Saint Domingue Revolution from Below (Fick), 90n

Mamigonian, Beatriz, 130n

mandonismo, 184, 197

Manifesto Antropófago e outros textos (Oswald de Andrade), 216

Manuel I, d., 37

Máquinas e operários: Mudança técnica e sindicalismo gráfico (São Paulo e Rio de Janeiro, 1858-1912) (Vitorino), 203n
"Mar português" (Pessoa), 32
Maranhão, 70, III, 128, 139, 168, 187
Marcha contra a Farsa da Abolição (Rio de Janeiro, 1988), 256, 261
marginalização sistêmica de negros e negras, 185, 197, 200
Maria Felipa de Oliveira: Heroína da Independência da Bahia (Faria), 106n
Maria I, d. (a Louca), 97
Maria Quitéria, III
Marighella, Carlos, 235-7
Marighella: O guerrilheiro que incendiou o mundo (Magalhães), 236n
Marinha brasileira, 201
Marquese, Rafael de Bivar, 64n, 68n, 114n, 120n
Martinica, 238
Martins, Antonio Marco Ventura, 162n
Martius, Carl von, 143-4, 192
Massacre de Haximu (Rondônia, 1993), 263
Massacre do Carandiru (São Paulo, 1992), 262, 264
Massacre dos Porongos (1848), 141
Mate Masie (aforismo do povo Acã), 281
Mato Grosso, 54-5, 57n
Mattos, Hebe Maria, 77n, 120n, 125n, 154n
Mattos, Ilmar Rohloff de, 135n
Mattos, Marcelo Badaró, 204n
Maurícia, d. Maria (mãe de Laudelina) *ver* Campos Melo, d. Maria de
Mbembe, Achille, 269

Médici, Emílio Garrastazu, 244, 249
Médici, Scylla, 244
Meillassoux, Claude, 34n
Mello e Souza, Laura de, 57n
Mello, Evaldo Cabral de, 58n
Menelick, O (periódico negro), 240
Menelik II, rei da Etiópia, 240
Menino 23: Infâncias perdidas no Brasil (documentário), 207n
meninos negros desaparecidos na Baixada Fluminense (2021), 279
mercado de trabalho, 177, 194-5, 224n, 246, 273
mercantilismo, 34, 66
mercantilização de africanos escravizados *ver* tráfico negreiro
meritocracia, falácia da, 273
mestiçagem/mestiços, 74, 76, 149, 158, 191-2, 198, 200-1, 211-2, 214, 216-8, 223, 247
Mestiço (tela de Portinari), 216
Miguel (menino negro de Pernambuco), 278
Mills, Charles W., 14
Minas Gerais, 43, 56, 57n, 77, 100-1, 134, 173-74, 219, 234
mineração de pedras e metais preciosos, 44, 47, 56, 61, 77, 83, 101-2
Minha formação (Nabuco), 153
Ministério da Educação e Saúde Pública, 220, 226
Ministério do Trabalho, Indústria e Comércio, 220, 226
minorias, violência contra, 15, 240
Miranda, Osvaldo Rocha, 206-7
miscigenação, 74, 77, 158, 192, 209-11, 243, 250
missionários católicos e protestantes, 47, 50, 63, 67-8, 70

"Modelos da história e da historiografia imperial" (Alencastro), 120*n*

Moderador, Poder, 115-6, 180

Modernidades negras (Guimarães), 232*n*

monarquia, 29, 32, 75, 194

Monteiro Lopes e Eduardo das Neves. Histórias não contadas da Primeira República (Abreu e Dantas), 188*n*

Monteiro, John Manuel, 44*n*

Monteiro, Lívia, 205*n*

Montezuma, Francisco Jê Acabaia de (visconde de Jequitinhonha), 125

Moraes, Renata Figueiredo, 179*n*

Moraes, Vinicius de, 233

Moreira, Adilson, 273*n*

Moreira, Juliano, 198, 213, 229, 267

Mosteiro da Batalha (Lisboa), 28

Mota, André, 226*n*

Motta, José Flávio, 147*n*

Moura, Clóvis, 188, 241, 242*n*

movimento antivacina (séc. XXI), 201

movimento negro, 249, 255-7, 261-2, 271

"Movimento Negro Brasileiro: Alguns apontamentos históricos" (Domingues), 222*n*

Movimento negro educador: Saberes construídos nas lutas por emancipação, O (Gomes), 282*n*

Movimento Negro Unificado (MNU), 251, 255

Movimento Revolucionário Oito de Outubro (MR8), 236

"'Mr. Perpetual Motion' enfrenta o Jim Crow: André Rebouças e sua passagem pelos Estados Unidos no pós-abolição" (Brito), 154*n*

Muaze, Mariana de Aguiar Ferreira, 148*n*

muçulmanos, 31, 34, 36-7, 65, 75

mulatos e mulatas, 74, 77-9, 124, 186; conotação ofensiva do termo, 78

mulheres negras, 74, 77, 79, 106, 159, 168, 173-8, 193, 234-5, 274-5

Munanga, Kabenguele, 282*n*

Mundo negro: Relações raciais e a constituição do Movimento Negro Contemporâneo no Brasil, O (Pereira), 222*n*

Museu da República (Rio de Janeiro), 196*n*

Museu Nacional (Rio de Janeiro), 158-9

Museu Real (Rio de Janeiro), 99

música negra, 81, 223, 239, 255, 262

Mutirão, O (jornal negro), 232

N

Nabuco, Joaquim, 151-4

"Nação e civilização nos trópicos: O Instituto Histórico Geográfico Brasileiro e o projeto de uma história nacional" (Salgado), 142*n*

nacionalismo, 230

"'Não tem informação': Mulatos, pardos e pretos na Universidade de Coimbra (1700-1771)" (Lucilene Reginaldo), 79*n*

Nascimento, Abdias do, 13*n*, 231, 262, 282*n*

Nascimento, Álvaro Pereira do, 202*n*

Nascimento, Francisco José do (Dragão do Mar ou Chico da Matilde), 149, 168

Nascimento, Maria Rita do, 235

navios negreiros, 57, 60, 149

nazismo, 207-8, 219, 243

necropolítica (política da morte), 269

Negação do Brasil, A (filme), 273*n*

Negociação e conflito: A resistência negra no Brasil escravista (Reis e Silva), 112*n*

Negócio do Brasil: Portugal, os Países Baixos e o Nordeste — 1641-1669, O (Mello), 58*n*

Negra, A (tela de Tarsila do Amaral), 216

negritude, 217, 238-9, 252-3

"Negro drama" (canção), 7

Negro no Rio de Janeiro, O (Costa Pinto), 241

Negro, Antonio Luigi, 203*n*

Negro: De bom escravo a mau cidadão (Moura), 188*n*

Negros da terra: Índios e bandeirantes nas origens de São Paulo (Monteiro), 44*n*

"Negros do Guaporé: O sistema escravista e as territorialidades específicas" (Farias Jr.), 55*n*

negros e negras: abolicionistas negros e negras, 167-9; adotando o sobrenome de seus ex-senhores, 175; afetados pelas reformas urbanas no Rio de Janeiro, 199; africanos livres, 128-30, 137; após a Proclamação da República (1889), 189; artistas negros, 217, 239; ascensão social de, 79*n*, 125, 241, 273; compadrio, 81-2; cotas raciais para, 271, 274; crianças negras, 187, 206-8, 218, 225, 229, 263, 274; educação formal de, 186-8; em hospícios e colônias de alienados, 268; estadunidenses, 233, 238, 240, 277; estudantes negros e negras, 17*n*, 272-3; falta de representatividade negra em espaços de poder e privilégio, 273; gradação dentro da "população de cor" (América portuguesa), 78; Guarda Negra (Império brasileiro), 196-7; homens negros, 79-80, 83, 111-2, 117, 124-5, 149, 151, 153, 175, 176, 188, 193-5, 201, 217*n*, 235, 237, 252, 264, 278; intelectuais negros e negras, 16, 133, 188*n*, 209, 241, 282*n*; jovens negros e negras, 239, 269, 271-2, 274; líderes revolucionários negros, 82, 83; manifestações culturais protagonizadas pela população negra, 205, 240; marginalização sistêmica de, 185, 197, 200; milícias negras, 79-80; mulheres negras, 74, 77, 79, 106, 159, 168, 173-8, 193, 234-5, 274-5; *negros da guiné* (africanos), 39; no mercado de trabalho, 177, 194-5; pelotões negros na Guerra do Paraguai (1864-70), 141; políticos negros, 259, 262; população livre de cor, 73, 76-7, 79, 118, 125; população negra, 15, 17, 71, 73, 78*n*, 82, 111, 118, 124, 136, 148, 152*n*, 157, 159, 165, 169, 174, 186, 187*n*, 188, 191, 193-6, 200, 202, 204-6, 212, 219-20, 222, 224-5, 231-2, 234, 238-9, 250-2, 256, 262, 264, 267-9, 271-2, 274; "problema do negro" (na ditadura militar brasileira), 249; proibição do uso de ouro, joias e roupas luxuosas (Brasil colônia), 79; protagonismo negro, 17, 242; "racismo do negro", 243-4, 250;

Rede de Historiadorxs Negrxs, 17*n*; reivindicações na Era Vargas, 222-3; resistência negra, 17, 19, 53, 55, 185, 187, 218, 261, 282; salários mais baixos para, 273-4; santos negros da Igreja católica, 80; segregação e apartheid, 185, 200, 203, 239, 250; sexagenários, 166; sistema judiciário brasileiro e, 270-1; sociedade civil negra, 261; solicitações de "dispensas de cor" (Brasil colônia), 79; termo negro associado à infâmia e à vileza (no Diretório dos Índios), 71-2; "tropas de cor" nas Guerras de Independência, 111-2

Neiva, Arthur, 212*n*

Neolítico, 65

Nicolau V, papa, 27-30, 37

Niger (jornal negro), 232

Nina Rodrigues, Raimundo, 195, 213

Nóbrega, Manuel da, padre, 50-1

Noé (personagem bíblica), 36

Nogueira, Oracy, 241

Nordeste brasileiro, 41-3, 55, 62, 161

Nossa Senhora do Rosário, devoção negra a, 80-1

"Nosso racismo é um crime perfeito" (Munanga), 282*n*

Notícias de Ébano (jornal negro), 232

Nova segregação: Racismo e encarceramento em massa, A (Alexander), 266*n*

O

O que é racismo (Santos), 282*n*

Ocidente, 11-2, 31, 76, 83, 91, 93, 95-6, 105, 115, 142, 180, 201

Ogum (orixá), 81

Oito Batutas (grupo musical negro), 223

oligarquias, 121-3, 182, 189, 197, 200, 202, 219, 237; oligarquia cafeicultora, 182, 186

Olinda (PE), 58

Oliveira, Anderson José M., 82*n*

Oliveira, Carlos Alberto, 262

Oliveira, Cecília Helena, 104*n*

Oliveira, Dennis de, 13*n*

Oliveira, José Machado de, 79*n*

Oliveira, Maria Felipa de, 106-7, 111

Onda negra, medo branco: O negro no imaginário das elites (Azevedo), 193*n*

ONU (Organização das Nações Unidas), 249

Ordenações Manuelinas e Filipinas, 69

orfandade de crianças negras, 175, 206

Orfeu de carapinha: A trajetória de Luiz Gama na imperial cidade de São Paulo (Azevedo), 128*n*

Oriente, 37

Oriente Médio, 31

Origem das espécies, A (Darwin), 154

orixás, culto aos, 81

P

"Pacto de todos contra os escravos no Brasil Imperial, O" (Almeida e Vellozo), 120*n*

"Padre José Maurício: 'Dispensa da cor', mobilidade social e recriação de hierarquias na América portuguesa" (Oliveira), 79*n*

"Padrões de propriedade de escravos nas Américas: Novas

evidências para o Brasil" (Schwartz), 120n

Palestina, 31

Palmares, a Guerra dos Escravos, 53n

Palmares, Quilombo dos, 51-2; *ver também* Zumbi dos Palmares

Palmares: Escravidão e liberdade no Atlântico Sul (Gomes), 53n

Palmares & Cucaú: O aprendizado da dominação (Lara), 53n

Pandolfi, Dulce, 219n

Pandora, mito da caixa de, 280

Panteras Negras, 239, 250, 252

papado, relação entre monarquia portuguesa e, 29

Paraguai *ver* Guerra do Paraguai (1864-70)

Paraíba, 219

pardos, 78, 186-7, 230

Parentucelli, Tommaso *ver* Nicolau V, papa

Paris, 223

Parks, Rosa, 239

Parlamento britânico, 96

Parron, Tâmis, 114n, 135n

Partido Conservador, 134-5

Partido Liberal, 135

Passarinho, Jarbas, 244, 246

Pataxós Hã-hã-Hãe, indígenas, 263

Patrocínio, José do, 150, 167, 187

Patterson, Orlando, 66n

Paty dos Alferes, 134

Paulo III, papa, 49

PCB (Partido Comunista do Brasil), 174, 232, 235-6

Pedretti, Lucas, 252n

Pedro I, d. (imperador do Brasil), 87, 89, 108-10, 112, 114, 116, 123, 130, 140

Pedro II, d. (imperador do Brasil), 127, 131, 139-41, 244

Pedro II, d. (rei de Portugal), 52

Pedro, d. (infante de Portugal), 27

Pele Negras, máscaras brancas (Fanon), 267n

Península Ibérica, 35, 75

penteado black power, 252

Pequena África (Rio de Janeiro), 201, 204

Pereira, Amilcar, 222n

Pereira, Leonardo, 205n

período joanino (1808-21), 98-104, 108, 131, 191

Pernambuco, 51-3, 58, 80, 116, 138, 186, 209, 278

Persistência de Jeca Tatuzinho: Igual a si e a seu contrário, A (Piccino), 215n

Pesavento, Sandra Jatahy, 138n

Pessoa, Fernando, 32

Petrópolis (RJ), 244

Piauí, 21, 52, 111

Piccino, Evandro A., 215n

Pinheiro Guimarães, família, 102

Pinto, Ana Flávia Magalhães, 124n, 152n

Pinto, Elisabeth Aparecida, 173

Pinto, Luís de Aguiar Costa, 241

Pires, Thula Rafaela de Oliveira, 248n, 256n, 265n

Plano de Integração Nacional (PIN), 254

Poços de Caldas (MG), 173-4, 204

polícia e violência policial, 209, 262, 264, 269-70

Polícia Militar, 103, 262, 278-9

Política da escravidão no Império do Brasil, A (Parron), 135n

Políticas da raça: Experiências e legados da abolição e da pós-emancipação no Brasil (org. Gomes e Domingues, 167n, 205n

políticos negros, 259, 262

Pombal, marquês de, 70, 99-100

população livre de cor, 73, 76-7, 79n, 118, 125

"Por uma socionomia oitocentista: Pensamento, vida e ação de André Rebouças, século XIX" (Silva), 154n

Portinari, Candido, 216

Porto Alegre (RS), 231, 261, 278

Portugal, 30-2, 35, 37-8, 45, 52, 58, 70, 75, 87, 108-10; *ver também* América portuguesa; Império português

Pós-abolição e quotidiano: Ex-escravos, ex-libertos e seus descendentes em Campinas (1888-1926) (Amancio), 205n

positivismo, 93-4, 144, 182, 199

Potosí, minas de (Bolívia), 43

Powell, Baden, 233

Prado Jr., Caio, 87

Prata Preta (estivador e capoeirista), 201

Preconceito de Marca: As relações raciais em Itapetininga (Nogueira), 241

preconceito racial, 31, 33, 228, 242-3, 249, 260; *ver também* discriminação racial; racismo

Preste João (rei africano lendário), 32

Prestes, Júlio, 219

Preto no branco: Raça e nacionalidade no pensamento brasileiro (Skidmore), 193n

"Pretos, brancos, amarelos e vermelhos: Conflitos e solidariedades no porto do Rio de Janeiro" (Arantes), 204n

Previdência Social, 259

Primeira República, 152, 165, 179, 181-2, 185, 189, 192, 193n, 194, 196-8, 205, 212-3, 218-20, 223, 225, 230

Primeira Vara Criminal de Curitiba, 270

Primeiro Reinado, 113n, 124, 130, 137

privilégio branco, 14-5, 19, 69, 78, 185, 200, 243, 246, 271, 273, 275, 279

Problema da escravidão na cultura ocidental, O (Davis), 36n

Problema vital (Monteiro Lobato), 212

Proclamação da República (1889), 176, 179, 182, 185-6, 189, 245

"Projeto pombalino de imposição da língua portuguesa aos índios e a sua aplicação na América meridional, O" (Garcia), 71n

"Projeto Unesco: Ciências sociais e o 'credo racial brasileiro', O" (Maio), 241n

Prometeu (personagem mitológica), 280

Proposta de Emenda à Constituição (PEC) das domésticas, 274

propriedade privada, 60-1, 68-9, 119-21

Província Cisplatina (atual Uruguai), 111

pseudociências racistas, 94, 156, 230

Psicologia social do racismo: Estudos sobre branquitude e branqueamento no Brasil (org. Carone e Bento), 282n

psiquiatria brasileira, 267

Puntoni, Pedro, 44n

Q

Quariterê, Quilombo de, 54, 55*n*

Quarto de despejo: Diário de uma favelada (Carolina Maria de Jesus), 234*n*

Que é racismo, O (Santos), 282*n*

Queda do escravismo colonial — 1776-1848, A (Blackburn), 97*n*

queima dos "arquivos da escravidão" (a mando de Rui Barbosa), 190

Queiroz, Marcos, 118*n*

Quem é bom já nasce feito: Sanitarismo e eugenia no Brasil (Mota), 226*n*

Querino, Manuel, 168

Questão Christie (1862-5), 147

"Questão Christie em perspectiva global: Pressão britânica, Guerra Civil norte-americana e o início da crise da escravidão brasileira (1860-1864)" (Youssef), 163*n*

questão racial, 73, 125, 194, 217*n*, 219*n*, 225, 228, 232, 236-9, 242, 248*n*, 252, 260, 261, 270

Questão social e política no Brasil: Discurso proferido em 20 de março de 1919, A (Barbosa), 214*n*

Quilombo (jornal do TEN), 232

Quilombo de Quariterê, 54, 55*n*

Quilombo dos Palmares, 51-2

Quilombo dos Palmares, O (Carneiro), 53*n*, 242*n*

quilombolas, 52, 54, 259

Quinalha, Renan, 253*n*

Quinto século: André Rebouças e a construção do Brasil, O (Carvalho), 154*n*

quitandeiras, 164

R

Raça como questão: História, ciência e identidades no Brasil (org. Maio e Santos), 199*n*

Raça pura: Uma história da eugenia no Brasil e no mundo (Diwan), 226*n*

Raça, ciência e sociedade (Maio e Santos), 191*n*

"Raça, doença e saúde pública no Brasil: Um debate sobre pensamento higienista do século XIX" (Maio), 199*n*

Raça, sexismo e desigualdade no Brasil (Carneiro), 282*n*

Raças humanas e a responsabilidade penal no Brasil, As (Nina Rodrigues), 195*n*

raças humanas, ideia de, 93-4, 156, 207-8, 210, 213, 218, 267

Race Critical Theories: Text and Context (org. Essed & Goldberg), 15*n*

Racial Contract, The (Mills), 14*n*

racialização, 15, 42, 66, 73, 90, 105, 112, 119, 121, 124-5, 137, 185

Racionais MC's, 7

racismo: à brasileira, 11-9, 23, 33, 38, 74-5, 87, 91, 115, 142, 211, 217*n*, 240, 242-3, 260, 262-3, 271-3, 280; ambiental, 274; beleza, ideia de (vetada para a população não branca), 229, 252-3; científico, 94-6, 122, 142-5, 154-8, 180-1, 191-2, 195, 210-15, 225, 230; como construção social, 282; como crime inafiançável (Lei Caó, 1989), 262; como sistema de poder, 14-6, 234, 237, 264, 281-2; como sistema político integral, 14; como um dos pilares da

República brasileira, 174; como verdade, 14; de Monteiro Lobato, 212; "depuração" das raças brasileiras defendida por intelectuais, 192, 194-5, 225, 231; desvelamento do, 14; diferença entre preconceito racial e, 242; discriminação racial, 15, 75n, 77, 124, 143, 185, 233, 248, 260; ditadura militar (1964-85) e, 237; estereótipos racistas sobre negros e indígenas, 41-2, 158-9; estrutural, 13-4, 232, 277, 280; estudos sobre, 15; Ku Klux Klan e, 212; lógica racista, 16, 195, 259, 264, 268, 269n, 273-4; loucura e, 267; luta antirracista, 232, 248, 251, 279; na história do Brasil, 17n; não dito, 272; negação da existência no Brasil, 211, 251; no ambiente escolar e nos livros escolares, 272-3; nos Estados Unidos, 250, 277; "pacífico", 168; PCB (Partido Comunista Brasileiro) e, 232; percepção parcial do, 15; perpetuação sistêmica do racismo, 13, 17n, 74, 247, 272; "racismo do negro", 243-4, 250; religioso, 273, 274; salários mais baixos para negros e negras, 273-4; sistêmico no Brasil, 242; violência policial, 269-70; visto no Brasil como *doxa* (opinião), 12-3, 260; *ver também* discriminação racial; preconceito racial

Racismo à brasileira: Raízes históricas (Silva), 282n

Racismo e antirracismo no Brasil (Guimarães), 241n

Racismo e eugenia no pensamento conservador brasileiro: A proposta de povo em Renato Kehl (Góes), 215n

Racismo estrutural (Almeida), 13n

Racismo estrutural: Uma perspectiva histórico-crítica (Oliveira), 14n

Racismo Recreativo (Moreira), 273n

Racismos: Das Cruzadas ao século XX (Bethencourt), 31n

Ramos, Alberto Guerreiro, 241, 242n

Ramos, Arthur, 227-8, 240

Ramos, Donald, 57n

Rancho Carnavalesco Recreio das Flores, 204

Ratts, Alex, 282n

Rebeliões da senzala: Quilombos, insurreições, guerrilhas (Moura), 242n

Rebouças, André, 133, 153-4, 167, 187

Rebouças, Antônio Pereira, 125, 126n

Recife (PE), 58, 203

Recôncavo Baiano, 223

Reconquista da Península Ibérica, 30, 37, 49, 51, 75-6

Rede de Historiadorxs Negrxs, 17n

reescravização, 64

reforma agrária, 113, 190

"Reforma do ensino de história, A" (Chaui), 247n

Reforma do Ensino Secundário (Reforma Capanema), 226

Reforma Eleitoral (1881), 165, 185

Reformatório Agrícola Indígena Krenak, 254

Regência (1831-40), 123, 131, 133-5, 137, 139, 141

Reginaldo, Lucilene, 79*n*, 82*n*

Reis, Flávia M. M., 56*n*

Reis, João José, 57*n*, 82*n*, 112*n*, 138*n*, 203*n*

Reis, Maria Firmina dos, 168, 169, 187

Reiventando o Otimismo: Ditadura, propaganda e Imaginário Social no Brasil, 249

religiões de matriz africana, 81, 89, 196, 205, 227, 268, 273

Renascença, 28

Repensando o Estado Novo (Pandolfi), 219*n*

"Repercussões da revolução: Delineamento do Império do Brasil, 1808-1831" (Oliveira), 104*n*

"Representação à Assembleia Geral Constituinte e Legislativa do Império do Brasil sobre a escravatura" (José Bonifácio), 113

República Bahiense (1837), 139

República Rio-Grandense (1836), 139

República Velha *ver* Primeira República

republicanismo no Brasil, 181*n*

"Republicanos de 14 de maio" (oligarquia cafeicultora), 186

Resistência (alcunha da Companhia dos Homens Pretos, primeiro sindicato do Brasil), 204

"Resistência Democrática: a questão racial e a Constituição Federal de 1988" (Gomes e Rodrigues), 260*n*

resistência negra, 17, 19, 53, 55, 185, 187, 218, 261, 281

revoltas e insurreições de escravizados, 89, 119, 121, 134-5, 139, 160, 181-2, 202

Revolta da Chibata (Rio de Janeiro, 1910), 201, 202*n*

Revolta da Vacina (Rio de Janeiro, 1904), 200, 202*n*

Revolta de Carrancas (Minas Gerais, 1833), 134

Revolta de Manoel Congo (São Paulo, 1838), 134

Revolta do Porto (Portugal, 1820), 108

Revolta dos Malês (Bahia, 1835), 134, 138

revoltas regenciais, 137, 140

Revoltas, motins, revoluções: Homens livres pobres e libertos no Brasil do século XIX (Dantas), 125*n*

Revolução Comunista (China, 1949), 236

Revolução Cubana (1959), 236

Revolução de 1930, 218-9, 225

Revolução do Haiti (1791-1804), 63, 83, 90-1, 95-6, 112, 118, 161

Revolução Francesa (1789), 92

Revolução Francesa e Iluminismo (Grespan), 92*n*

Revolução Neolítica, 65

Revolução Pernambucana (1817), 104, 108, 181

Ricci, Magda, 138*n*

Rio de Janeiro (RJ), 56, 60, 62, 81, 97-104, 108-9, 112, 114, 124, 131, 150, 164, 187, 196*n*, 199-206, 217, 229-31, 241, 249, 251, 256, 258, 261-3, 279; greves no, 202; Pequena África, 201, 204; reformas urbanas no, 199

Rio de Janeiro, estado do, 244, 279

Rio Grande do Norte, 52

Rio Grande do Sul, 139, 219

Rios, Flávia, 13*n*

Rocha Miranda, família, 206-8

Rocha, Arthur, 167-8

Rocha, família, 102

Rodrigues, Jaime, 123*n*, 128*n*

Rodrigues, Tatiane Consentino, 260*n*

Romanus Pontifex (bula papal de 1455), 29

Romero, Sílvio, 192, 213

Rondônia, 263

Roquette-Pinto, Edgard, 225-6

Rosários dos angolas: Irmandades de africanos e crioulos na Bahia Setecentista, Os (Lucilene Reginaldo), 82*n*

Rota 66: A história da polícia que mata (Barcellos), 269*n*

Rui Barbosa e a Queima dos Arquivos (Lacombe et al.), 190*n*

Russell-Wood, A. J. R., 78*n*

Rússia, 163

S

Saara, Sul do, 33-5

Sabinada (Bahia, 1837-8), 139, 181

Sabino, Antônio, 133

Sacro Império Romano Germânico, 28

São Domingos (futuro Haiti), 82, 89, 92, 95, 118; *ver também* Haiti

salários mais baixos para negros e negras, 273-4

Salgado, Manoel, 142*n*

Salles, Ricardo, 104*n*, 110*n*, 138*n*, 141*n*

Salvador (BA), 82, 139, 223, 235, 239, 261, 279

samba, 196, 204-5, 211, 223-4, 233

"Samba da benção" (canção), 233

Sampaio, Gabriela dos Reis, 205*n*

Sampaio, Patrícia Maria Melo, 71*n*

sanitarismo, 199, 215

Sankofa (aforismo do povo Acã), 281

Santa Catarina, 200

Santos (SP), 162*n*, 203

santos negros da Igreja católica, 80

"Santos negros e negros devotos: A Irmandade de Santo Elesbão e Santa Efigênia no Rio de Janeiro, século XIX " (Oliveira), 82*n*

Santos, Galdino Jesus dos (cacique Pataxó), 263, 265-6

Santos, Joel Rufino dos, 282*n*

Santos, Luiz Carlos dos, 283

Santos, Ricardo, 191*n*, 199*n*, 241*n*

Santos, Ynaê Lopes dos, 100*n*, 268*n*

São Paulo (SP), 127, 151, 216, 222, 224*n*, 233, 235, 261, 279

São Paulo, capitania de, 44, 52-3, 56, 110

São Paulo, estado de, 43, 44*n*, 202, 213, 219

São Paulo, província de, 162

"São Paulo: População, atividades e posse de escravos em 25 localidades (1777-1829)" (Luna), 120*n*

São Vicente, capitania de, 43

Sarney, José, 258, 261

Schopenhauer, Arthur, 95

Schultz, Kirsten, 101*n*

Schwarcz, Lilia Moritz, 157*n*, 158*n*

Schwartz, Stuart B., 43*n*, 120*n*

Segredos internos: Engenhos e escravos na sociedade colonial (Stuart), 43*n*

segregação racial, 185, 200, 203, 239

Segunda Guerra Mundial, 94, 174, 230, 240

Segundo Reinado, 135, 137, 145

Semana de Arte Moderna (São Paulo, 1922), 216

Seminário Internacional sobre Cultura Africana (Rio de Janeiro, 1964), 249

Senado, 116n, 118, 130n, 167, 184n, 190, 259

senhores de escravizados, 62, 67-8, 111

Sentidos do Império: Questão nacional e questão colonial na crise do Antigo Regime português, Os (Valentim Alexandre), 98n

Sepúlveda, Juan Guinés de, 48

Ser republicano no Brasil colônia: A história de uma tradição esquecida (Starling), 181n

Sertões, Os (Cunha), 213

Sevcenko, Nicolau, 202n

Seyferth, Giralda, 191n

Silenciando o passado: Poder e a produção da história (Trouillot), 90n

Silva, Ana Rosa Coclet, 113n

Silva, Antônio Carlos Higino da, 154n

Silva, Eduardo, 112n, 190n

Silva, Estêvão Roberto da, 167

Silva, Martiniano José da, 282n

Silveira, Nise da, 267

Simonal, Wilson, 239

sincretismo afro-católico, 81

sindicatos, 204, 221; Companhia dos Homens Pretos (primeiro sindicato do Brasil), 204; primeiro sindicatos de empregadas domésticas no Brasil, 174

sistema educacional brasileiro, 247

sistema judiciário brasileiro, 265, 268-71

Sistema Único de Saúde (SUS), 259

Sítio do Picapau Amarelo (Monteiro Lobato), 212

Skidmore, Thomas E., 193n

Slave Voyages (banco de dados), 46n, 132n

SNI (Serviço Nacional de Informação), 251

Soares, Luana Vanessa Costa, 227n

Soares, Mariza de Carvalho, 82n

Sociedade Antropológica de Paris, 155

sociedade civil negra, 261

Sociedade desigual: Racismo e branquitude na formação do Brasil, A (Theodoro), 282n

Sociedade dos Artistas Mecânicos e Liberais (Pernambuco), 186, 187

sociedade escravista, 66, 68, 90, 114

Sociedade Eugênica de São Paulo, 212, 225

Sortimento de gorras para a gente do grande tom (Gama), 85

Sou Negro e tenho orgulho: Política, identidade e música negra no black Rio (1960-1980), 252

soul music, 239

Souto Maior (governador de Pernambuco), 52

Sousa, Martim Afonso de, 41

Souza, Adriana Barreto, 140n

Souza, Cacilda Francioni de, 168

Souza, Felipe Azevedo, 203n

Souza, Jessé, 282n

Souza, Neusa Santos, 282n

Souza, Robério, 205n

Souza, Vicente de, 168

Sphinge monárquica: O poder Moderador e a política imperial, A (Barbosa), 115n

Starling, Heloisa, 181n

Stepan, Nancy, 226n

Subcomissão dos Negros, Populações Indígenas, Pessoas Deficientes e Minorias (Assembleia Constituinte, 1988), 260

Sublimis Deus (bula papal de 1537), 49-50

"sudaneses" (povos da África Ocidental), 107

Sudeste brasileiro, 43, 62, 123, 136, 148-9, 190

"supremacia branca", 15, 18-9, 228, 260, 275, 279

Supremo Tribunal Federal (STF), 279

"Supremo Tribunal Federal e a naturalização da barbárie" (Pires), 265n

talassocracia portuguesa, 32, 45

tambor de Mina (religião de matriz africana), 205

T

Teatro Experimental do Negro (TEN), 231-2

Tempo Saquarema. A formação do Estado imperial, O (Mattos), 135n

Teoria da Escravidão Natural, 48

Tereza Cristina, imperatriz, 131, 244

Tereza de Benguela (rainha quilombola), 54-5, 57

"Terra de Pardo: Entre forros, reinóis e lavouras de cana — Campo Grande, Rio de Janeiro, 1720-1800" (Cruz), 79n

Terra, Paulo Cruz, 204n

terras indígenas, 254

Theodoro, Mário, 282n

Thornton, John, 34n

Tia Ciata, 223

Timótheo, irmãos, 217

tipógrafos, greve dos (Rio de Janeiro, 1858), 202

Tiradentes (Joaquim José da Silva Xavier), 83

Todorov, Tzvetan, 47n

Toledo, Edilene, 203n

Tornando-se livres: Agentes históricos e lutas sociais no processo de abolição (Machado e Castilho), 167n

Tornar-se Negro: Ou As vicissitudes da identidade do negro brasileiro em ascensão social (Souza), 282n

trabalhismo no Brasil (Era Vargas), 220-1, 223, 230

traficantes de drogas, 269

tráfico negreiro, 35-6, 45-6, 50, 56-7, 59, 62, 69, 102, 104, 122, 128, 130-36, 146-7; abolição do, 90, 103, 122-3, 128, 130-4, 146, 161; comércio bilateral entre a América portuguesa e sociedades africanas, 59-60; desembarque clandestino de africanos no litoral de SP, 162n; traficantes brasileiros, 60, 63, 102-3; traficantes portugueses, 59; tráfico ilegal, 129, 162; tráfico interprovincial, 147-8, 161; tráfico transatlântico, 33, 39, 42, 45-6, 49, 54, 57-65, 96, 100, 101n, 102-4, 112, 119, 122-3, 128-32, 133n, 134-6, 146-7

Transamazônica, construção da, 254

transferência da corte portuguesa para o Brasil (1808), 62, 97-8, 107, 109

Tratado de Tordesilhas (1494), 55

Trato dos viventes: Formação do Brasil no Atlântico Sul, O (Alencastro), 60n
travessia atlântica, 57, 60-1, 131
"Tributo a Martin Luther King" (canção), 239
Trindade, Alexandro, 154
Trinidad e Tobago, 238
"tropas de cor" nas Guerras de Independência, 111-2
Trouillot, Michel-Rolph, 90n
Tudo pelo trabalho livre!: Trabalhadores e conflitos no pós-abolição (Souza), 205n
tumbeiros (navios negreiros), 57, 60, 149

U

Unesco (Organização das Nações Unidas para a Educação, a Ciência e a Cultura), 237, 240, 241
União dos Homens de Cor (UHC), 231
Universidade de Coimbra, 79, 113
Úrsula (Maria Firmina dos Reis), 169
Uruguai, 111
Urupês (Monteiro Lobato), 212-3

V

vacinação de escravizados, 200
"vadiagem", 194-6, 252
"'Vai ficar tudo preto': Monteiro Lopes e a cor na política" (Domingues), 188n
Vale do Paraíba, 132, 161
Vale, João Gomes, 102
Valente, Rubens, 254n

Valladolid (Espanha), 48
Valongo, cais do (Rio de Janeiro), 101-2, 131, 201
Valongo: O mercado de almas da praça carioca (Honorato), 131n
Vargas, Getúlio, 218-22, 225, 231, 236, 247; *ver também* Era Vargas; Estado Novo
varíola, epidemia de, 200
Varnhagen, Francisco Adolfo de, 143-4
Vaticano, 28
Velho, Domingos Jorge, 52-3
Velho, família, 102
Vellozo, Júlio César de Oliveira, 120n
Veloso, Caetano, 262
Vergueiro, senador Nicolau de Campos, 162
Versalhes tropical: Império, monarquia e a Corte real portuguesa no Rio de Janeiro, 1808-1821 (Schultz), 101n
Vespúcio, Américo, 37
Viana, Oliveira, 225
Viana, Paulo Fernandes, 102
Vianna, Larissa, 77n
Vida escrava no Rio de Janeiro (1808-1850), A (Karasch), 100n
Vidigal, major, 103
Vieira, Antônio, padre, 63
Vigário Geral, Chacina de (Rio de Janeiro, 1993), 263
Vila Bela da Santíssima Trindade (MT), 54
violência: policial, 269-70; sexual, 75
"Violência apaziguada: Escravidão e cultivo de café nas fotografias de Marc Ferrez (1882-1885)" (Muaze), 148n

"vitimismo", 13
Vitorino, Arthur José Renda, 203n
vodum (religião de matriz africana), 89
Volpato, Luzia Rios Ricci, 57n
"Vossa Excelência mandará o que for servido...': Políticas indígenas e indigenistas na Amazônia portuguesa do final do século XVIII" (Sampaio), 71n
voto censitário, 118, 165

W

war colleges dos Estados Unidos, 250
Washington Luís, 219
West, Cornel, 15
White, Charles, 94

X

X, Malcom, 239
Xavier, Giovana, 205n

Y

Youssef, Alain El, 133n, 163n

Z

Zamor, Emmanuel, 217
Zé Carioca (personagem), 223
"Zé do Caroço" (canção), 171
Zeron, Carlos Alberto de Moura Ribeiro, 51n
Zeus (deus grego), 280
Zito, Joel Araújo, 273n
"zona do não ser" (conceito de Fanon), 266-7, 269
zoológicos humanos, 180
Zoológicos humanos: Gente em exibição na era do imperialismo (Koutsoukos), 180n
"Zumbi" (Luiz Carlos dos Santos), 283
Zumbi dos Palmares, 52-3, 257, 283

© Ynaê Lopes dos Santos, 2022

Todos os direitos desta edição reservados à Todavia.

Grafia atualizada segundo o Acordo Ortográfico da Língua Portuguesa de 1990, que entrou em vigor no Brasil em 2009.

capa
Julia Custodio
preparação
Julia Passos
checagem
Érico Melo
índice remissivo
Luciano Marchiori
revisão
Ana Maria Barbosa
Jane Pessoa
Paula Queiroz

3ª reimpressão, 2025

Dados Internacionais de Catalogação na Publicação (CIP)

Santos, Ynaê Lopes dos (1982-)
Racismo brasileiro : Uma história da formação do país / Ynaê Lopes dos Santos. — 1. ed. — São Paulo : Todavia, 2022.

ISBN 978-65-5692-287-4

1. Literatura brasileira. 2. Ensaio. 3. Racismo — Brasil — História. 4. Relações raciais. I. Título.

CDD B869.4

Índice para catálogo sistemático:
1. Literatura brasileira : Ensaio B869.4

Bruna Heller — Bibliotecária — CRB 10/2348

todavia
Rua Fidalga, 826
05432.000 São Paulo SP
T. 55 11 3094 0500
www.todavialivros.com.br

fonte
Register*
papel
Pólen natural 80 g/m²
impressão
Geográfica